大学生心理健康与成长成才

曲媛媛　武传伟　张洁婷　主　编
谢　飞　李文婷　孙　蕾　王俊力　副主编

清華大学出版社
北　京

内容简介

心理健康教育是提高大学生心理素质及促进其身心健康和谐发展的教育，也是职业教育人才培养体系的重要组成部分。本书基于教育部心理健康课程教学的相关标准，充分遵循职业院校学生的认知特点及成长规律，内容涵盖大学生积极适应、高效学习、绽放自我、提升魅力、阳光心态、艺术沟通、逆风飞翔、爱中成长、互助共赢、共绘蓝图、疗愈心灵、幸福生活等主题，培养大学生自主、自助维护心理健康的意识和能力，提升他们的积极心理品质水平。本书每一章由学习目标、思维导图、案例导读、心理小贴士、心理训练游戏、案例讨论、心理测试、能量补给、拓展阅读等模块构成，便于学生在学习中探索自我及在训练中提升自我，从而深入挖掘大学生的潜能，促进其身心和谐、全面地发展。

本书可作为高等院校以及职业类院校心理健康教育课程的教材，也可作为提高大学生心理素养的参考读物，同时还可作为提升大学生心理健康水平的实用训练手册。

图书在版编目（CIP）数据

大学生心理健康与成长成才/曲媛媛，武传伟，张洁婷主编. —北京：清华大学出版社，2023.7
ISBN 978-7-302-64023-3

Ⅰ. ①大… Ⅱ. ①曲… ②武… ③张… Ⅲ. ①大学生－心理健康－健康教育－教材 Ⅳ. ①G444

中国国家版本馆 CIP 数据核字(2023)第 118805 号

责任编辑：张龙卿
封面设计：曾雅菲 徐巧英
责任校对：袁 芳
责任印制：宋 林

出版发行：清华大学出版社
网 址：http://www.tup.com.cn，http://www.wqbook.com
地 址：北京清华大学学研大厦 A 座 **邮 编**：100084
社 总 机：010-83470000 **邮 购**：010-62786544
投稿与读者服务：010-62776969，c-service@tup.tsinghua.edu.cn
质量反馈：010-62772015，zhiliang@tup.tsinghua.edu.cn
课件下载：http://www.tup.com.cn，010-83470410
印 装 者：三河市龙大印装有限公司
经 销：全国新华书店
开 本：185mm×260mm **印 张**：16.5 **字 数**：368 千字
版 次：2023 年 8 月第 1 版 **印 次**：2023 年 8 月第 1 次印刷
定 价：49.80 元

产品编号：102047-01

前言

党的二十大报告中指出，要不断增进民生福祉，提高人民的生活品质，鼓励大家共同奋斗以创造美好生活，不断实现人民对美好生活的向往。国家《“健康中国2030”规划纲要》中提到，要加大全民心理健康科普宣传力度，提高心理健康素养。大学生心理健康的素养水平不仅关系他们个人的成长和发展，也关系着我国人才培养的水准和国民的幸福感程度。

为全面贯彻党的教育方针，落实立德树人的根本任务，本书的编写根据教育部《全面加强和改进新时代学生心理健康工作专项行动计划（2023—2025年）》《普通高等学校学生心理健康教育工作基本建设标准（试行）》及《高等学校学生心理健康教育指导纲要》相关文件要求，以培育大学生具备积极心理品质为培养目标，以加强大学生心理健康教育为主要任务，将心理健康知识、能力、素养与正确价值观有机结合，全面提高大学生的心理健康水平。本书集结了多位教学一线心理教师的工作经验，从大学生熟悉的生活现象入手，用通俗易懂的语言讲解让学生听得懂、用得着、使得上的心理学知识。本书内容已经过多年教学实践的检验，现根据目前学生的心理健康特点重新进行讨论、研究、梳理、总结，期望从教学要求和学生成长两方面不断完善课程内容。

本书在原有教材版本基础上进行修订，突出特点主要表现在以下方面。

（1）在时效性上，更新了理论知识、案例、统计数据等相关内容，同时从可读性、实操性上改善了内容排布与叙述方式，以增强教材的适用性、科学性及先进性。

（2）本书各章新增“学习目标”“思维导图”“微课”“电子活页”“能量补给”等模块，以绿色、多元、高效的方式全面提升学生的学习效果。

（3）精心编排模块内容，全方位、多角度、深层次增进学生的学习体验。首先在章首设置“学习目标”“思维导图”，协助学生预览全章内容与重点；通过“案例导读”触发学生对本章内容的思考；正文中穿插“微课”“心理小贴士”“心理训练游戏（电子活页）”等，以扩充学生的相关知识储备，帮助学生加深知识理解并获得互动体验；正文后附有“案例讨论”“心理测试”“能量补给”“拓展阅读”，以丰富学生的思考切入点，延伸学生自主学习的兴趣。

（4）挖掘培养大学生积极心理品质的路径，将积极心理学理念引入教材，新增第十二章，并对第九章和第十一章进行了大幅度的调整，新增“朋辈互助”等相关内容，为学生提供实时且贴近需求的内容。

本书由曲媛媛、武传伟、张洁婷任主编，谢飞、李文婷、孙蕾、王俊力任副主编。

本书在编写过程中得到了很多领导和专家的帮助，在这里特别感谢山东外贸职业学院党委副书记黄维、学生工作处处长孙巧奎为本书的修订给予的大力支持和指导，感谢审阅书稿和提供宝贵意见的领导和教师们！同时，本书参考和引用了国内外诸多学者、同仁的大量研究成果，在此一并表示诚挚谢意！

由于编者水平有限，书中难免有诸多不足之处，真诚地欢迎广大读者给予批评、指正。

编　者

2023年3月

目录

第一章　知心健心　积极适应——心理健康与适应

【学习目标】

知识目标：了解心理产生的实质，掌握心理健康的标准和心理适应的概念，理解心理健康对个人成长及发展产生的重要影响。

能力目标：增强遵循心理规律的意识，能够自我感知心理健康尤其是适应性方面的问题，并尝试使用有效的调适方法。

素养目标：尊重客观规律，在问题面前学会理性思考，科学选择适合自己的解决方法。

思政目标：理解良好的心理素质是实现个人和社会价值的前提条件，使自己的思想和行为迅速融入新的生活，成为集体中不可或缺的一员。

【思维导图】

思维导图：心理健康与适应

【案例导读】

小明自从上大学以后非常郁闷。他在开学时积极参加社团面试，一心想着大展拳脚，然而心仪社团的面试没有一个能顺利通过，最终去了一个不怎么喜欢的社团，而且一直都是做跑腿打杂的事情，与一开始的设想相差甚远。大学的学习方式和高中存在很大的区别，他一时难以适应，再加上大学里藏龙卧虎，自己一直引以为傲的学习成绩也难以继续保持。最近和室友也常因为一些小事情发生摩擦，越吵越凶。似乎各种事情都不顺利，小明对现状越来越不满，一直心情低落，做任何事情都提不起兴趣，更别说专心学习了。

小明这是典型的对大学生活产生了心理不适应，而且因为社团的不顺心，还引发了他对自己的认知失调和人际关系的不融洽。大学中难免遇到不顺心的事情，因为他的消极对待，让他不仅对社团厌倦，还让他失去了自信，在学习上也落后于同学。大学本是一个收获友谊的地方，但他却因为消极的心理，以及与室友产生摩擦，心情也因此低落。

有类似感受的大学新生并不少见。那么他们应如何调整心态，让自己尽快恢复往日的自信和快乐呢？让我们一起从“心”开始——了解一下心理与心理健康，学会适应新生活，建设健康向上的心理环境。

第一节　心理与心理健康

一、心理的实质

心理是脑的机能。任何心理活动都产生于脑，即心理活动是脑的高级机能的表现；心理是对客观现实的反映，即所有心理活动的内容都来源于外界环境；心理是外界事物在脑中的主观能动的反映，会进一步影响到身体机能。客观现实是人的心理活动的依据和源泉，脱离了客观现实就会丧失人的心理活动。

心理现象是心理活动的表现形式，分为心理过程、心理状态和心理特征三类。

（1）心理过程是心理现象的动态表现形式，包括知、情、意三个方面，具体指的是人的感觉、知觉、记忆、思维、想象、言语等认知活动以及情绪活动与意志活动。

（2）心理状态是指在一段时间内相对稳定的心理活动。如认知过程的聚精会神与注意力涣散状态，情绪过程的心境状态和激情状态，意志过程的信心状态和犹豫状态等。

（3）心理特征是指心理活动进行时经常表现出来的稳定特点。如有的人观察敏锐、精确，有的人观察粗枝大叶；有的人思维灵活，有的人思考问题深入；有的人情绪稳定内向，有的人情绪易波动、外向；有的人办事果断，有的人优柔寡断；等等。这些差异体现在能力、气质和性格上。

在人的心理生活中，心理过程、心理状态和心理特征三者紧密联系（图 1-1）。

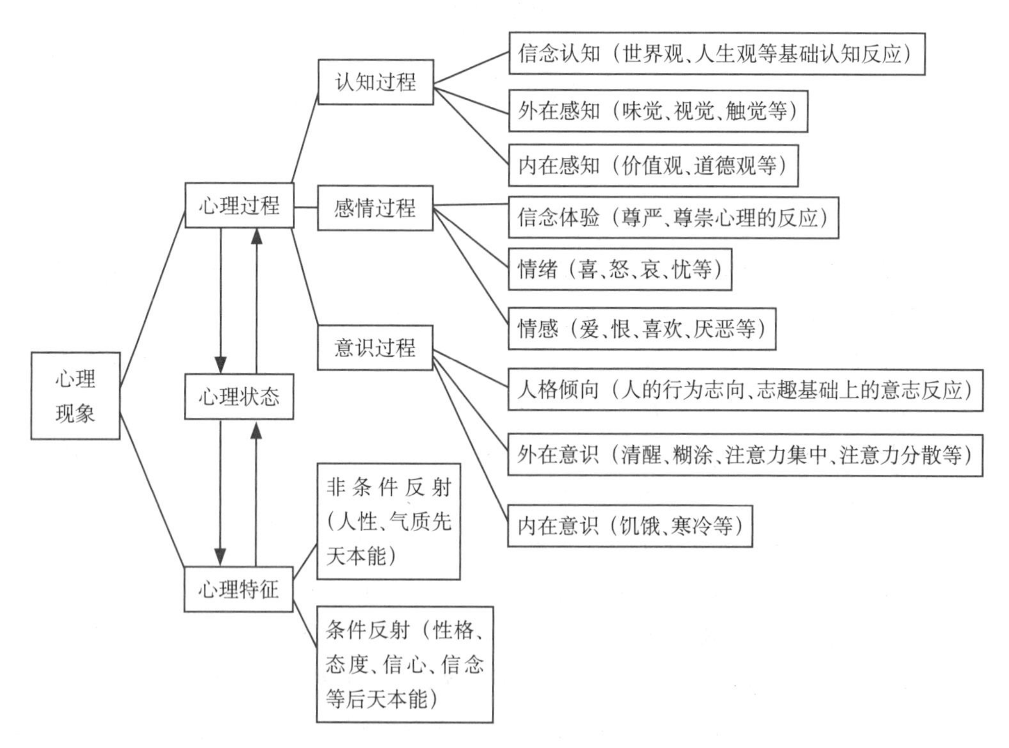

图 1-1　心理现象三分法

人们的心理活动是不断发展变化的,不同人的心理活动特点是不一样的,同一个人在不同的时间和环境下的心理活动特点也不相同。心理活动也会随着人的年龄增长而不断发展变化。

二、心理健康与标准

心理健康是健康的重要维度。世界卫生组织在 2001 年指出,心理健康是一种健康或幸福状态,在这种状态下,个体可以实现自我,能够应对正常的生活压力、工作富有成效和成果,以及有能力为所在社会做贡献。

心理健康的标准和心理健康的定义一样,迄今仍有诸多争议。不少专家根据自己不同的社会文化背景、研究维度、立场和方法,做出了很多不尽相同的表述。美国心理学家马斯洛和米特尔曼提出的心理健康的十条标准被公认为是“最经典的标准”。

(1) 充分的安全感;

(2) 充分了解自己,并对自己的能力做适当的估价;

(3) 生活的目标切合实际;

(4) 与现实的环境保持接触;

(5) 能保持人格的完整与和谐;

(6) 具有从经验中学习的能力;

(7) 能保持良好的人际关系;

(8) 适度的情绪表达与控制;

(9) 在不违背社会规范的条件下,对个人的基本需要做恰当的满足;

(10) 在符合集体要求的前提下,较好地发挥自己的个性。

微课:心理健康的十大标准

心理健康的标准不像生理健康的标准那样具体、精确和绝对。对心理健康状况的划分,一般用“常态”和“变态”或者“正常”与“异常”来表示。心理健康正常与否的界限是相对的,是一个连续体的两端,没有绝对的分界线。

三、大学生心理健康的标准

大学生心理健康的标准有很多种说法,一般有以下四个标准。

一是经验标准,即当事人按照自己的主观感受来判断自己的健康,研究者凭借自己的经验对当事人的心理健康进行判定。

二是社会适应标准,以社会中大多数人的常态为参照标准,观察当事人是否适应常态而进行心理是否健康的判断。

三是统计学标准,依据对大量正常心理特征的测量取得一个常模,把当事人的心理与常模进行比较。

四是自身行为标准,每个人以往生活中形成的稳定的行为模式即为正常标准。

综合国内外专家学者的观点,根据大学生的年龄特征、心理特征和角色特征,大学生心理健康应从以下几个方面把握。

1．智力正常

智力正常是大学生学习、生活与工作的基本心理条件，也是适应周围环境变化所必需的心理保证，因此衡量时关键在于是否正常、充分地发挥了效能，即有强烈的求知欲，乐于学习，能够积极参与学习活动。

2．情绪健康

情绪健康的标志是情绪稳定和心情愉快。包括以下内容：愉快情绪多于负面情绪，乐观开朗，富有朝气，对生活充满希望；情绪较稳定，善于控制与调节自己的情绪，既能克制，又能合理宣泄；情绪反应与环境相适应。

3．意志健全

意志是人在完成一种有目的的活动时所进行的选择、决定与执行的心理过程。意志健全者在行动的自觉性、果断性、顽强性和自制力等方面都表现出较高的水平。意志健全的大学生在各种活动中都有自觉的目的性，能适时地做出决定并运用切实有准备的方式解决所遇到的问题，在困难和挫折面前，能采取合理的反应方式，能在行动中控制情绪并做到言而有信，而不是盲目行动、畏惧困难、顽固执拗。

4．人格完整

人格是指个体比较稳定的心理特征的总和。人格完整就是指有健全统一的人格，即个人的所想、所说、所做都是协调一致的。也就是人格结构的各要素完整统一，具有正确的自我意识，不产生自我同一性混乱；以积极进取的人生观作为人格的核心，并以此为中心把自己的需要、目标和行动统一起来。

5．自我评价正确

自我评价正确乃是大学生心理健康的重要条件。大学生要自我观察、自我认定、自我判断和自我评价，做到自知，应恰如其分地认识自己，摆正自己的位置，既不以自己在某些方面高于别人而自傲，也不以某些方面低于别人而自惭形秽，能够自我悦纳，喜欢自己，接受自己，应自尊、自强、自制，自爱适度，正视现实，积极进取。

6．人际关系和谐

良好而深厚的人际关系是事业成功与生活幸福的前提。其表现为乐于与人交往，既有广泛而深厚的人际关系，又有知心朋友；在交往中保持独立而完整的人格，有自知之明，不卑不亢；能客观评价别人和自己，善于取人之长补己之短，宽以待人，乐于助人，积极的交往态度多于消极态度，交往动机端正。

7．社会适应性正常

个体与客观现实环境保持良好秩序。做客观观察以取得正确认识，以有效的办法对应

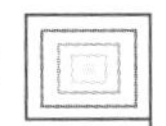

环境中的各种困难，不退缩，还要根据环境的特点和自我意识的情况努力进行协调，或改革环境以适应个体需要，或改造自我适应环境。

8．心理行为符合大学生的年龄特征

大学生是处于特定年龄阶段的特殊群体，大学生应具有与年龄与角色相应的心理行为特征。

此外，作为个体发展中的一个特殊而重要的时期，大学生心理健康的标准在上述一般标准之外，还需要包括能够保持对学习较浓厚的兴趣和求知欲望，能保持良好的环境适应能力，包括认识环境及处理个人和环境之间的关系。

需要指出的是，心理健康是一个相对的概念，心理健康的标准会随着不同的文化、不同历史时期和不同的社会环境而发生变化，并且心理健康是一个动态的过程，心理健康与否只能反映一个人某一段时间内的状态，而不是其一生的状态，我们不能仅凭一时的表现或者状态来判断自己或他人的心理是否健康。同时我们也不能因为自己在某个地方没有达到标准，就简单地认为自己心理不健康，还应该根据个人的具体情况进行诊断。总之，关于心理健康的标准只是一种理想的尺度，它在一定程度上帮助我们衡量个体的健康水平，为我们指明了提高心理健康水平的努力方向。

【心理小贴士】

心理健康的"灰色理论"

人的心理健康状态从健康到疾病之间没有明显的界限，它是一个连续变化的过程。国内学者张小乔提出心理健康的"灰色理论"的概念，如图 1-2 所示。如果将人的心理正常用白色来表示，心理不正常用黑色来表示，那么在白色与黑色之间存在着一个巨大的缓冲区域——灰色区域，而灰色区域又可划分为浅灰色与深灰色两个区域，分别代表不同的心理状态。这说明绝大部分人的心理健康状况都处在中间的灰色区域。

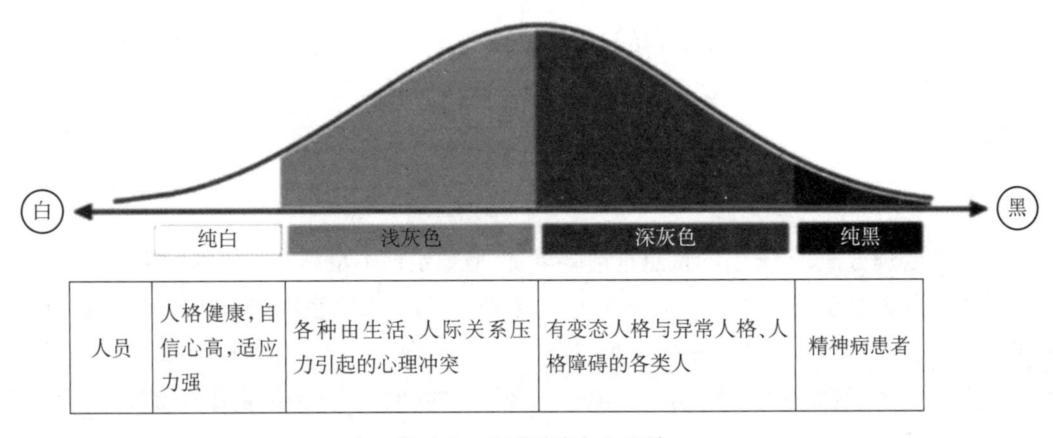

人员	人格健康，自信心高，适应力强	各种由生活、人际关系压力引起的心理冲突	有变态人格与异常人格、人格障碍的各类人	精神病患者

图 1-2　心理健康灰色理论

第二节　大学生的心理发展状况及心理健康教育的意义

大学生是一个特殊的群体,他们具备一般青年的心理特征,而又因为不同的学习和发展阶段产生了不同的心理感受,也面临着不一样的心理问题。

一、大学生心理发展的特点

1．智力发展达到高峰

大学时期是人生智力发展的黄金期,在这一阶段,大学生的智力发展达到最高峰,观察力、记忆力、思维力、想象力以及注意力等基本心理特征得到应有的发展。通过专业知识的学习,大学生对所学专业的认识水平达到了一定高度,喜欢抽象思维。大学生思维的独立性和批判性增强,对事物有自己独特的见解,开始用批评的眼光看待周围事物,喜欢怀疑、争辩,不盲从,拥有较好的逻辑思维能力,但辩证逻辑思维的基本能力有待提高。

2．独立意识增强

大学生正处于成年初期,有心理学家认为这个时期正是心理发展的“暴风骤雨期”。大学生活与高中生活相比,约束较少,时间自由,这给了大学生更多的独立自由的空间。学习和生活方式的巨大差异,使大学生的独立意识逐渐增强,使他们更加崇尚自由,热衷于探索新事物。

3．自我意识增强

自我意识指自己对自己的认识,包括认识自己的生理和心理状况,以及自己与他人的关系等。大学生活是群体生活,学生们一起上课、一起交流、一起生活,所以每个同学周围都有一群密切相处的人。他们开始形成明确的自我观念,有自己的想法与创意,对自我的评价仍然依赖外部评价系统,情绪变化较大。他们热衷于参加集体活动,渴望在活动中被关注,十分在意别人对自己的评价;他们开始初步认识自我,但并没有真正了解自我,对自己的力量和能力往往有过高的估计;他们愿意在公平的环境中施展自己的才华,并希望成为竞争中的优胜者。

4．情感丰富,富于激情

在情感心理方面,大学生的特点是情感丰富,但稳定性不足。大学生的情绪变化主要源于内部需求结构的变化。情感与大学生的需要、愿望和动机联系密切,一旦需要、愿望得到满足,动机得以实现,常引发大学生高兴的情绪;反之,则会表现出强烈的挫折感,引发消极情绪。大学生情感隐蔽性较强,消极心境常延续较长时间。个体情绪变化起伏较大,容易兴奋、激动、热情,也容易发怒、怄气、失落。生活中的挫折,如失恋、干部落选、学习成绩的变化、突发事件的发生,都容易使学生心理遭受打击。

5. 性意识增强

随着大学生年龄的增长,生理发育日渐成熟,性意识逐渐增强并明朗化。性意识的发展使大学生开始按照性别特征来塑造个性形象,并开始了对异性的关注与追求。但是大学生的心理成熟落后于生理的成熟,往往不能理性地对待恋爱中的挫折。

二、当前大学生心理健康问题

1. 心理健康的认识误区

现行教育模式下,大多数学生在一种固定的、学分制的制度体系中成长,把专业技能的成长看得尤为重要,实际学习中更关注的是分数或测评结果,没有意识到保持心理健康是一切行动或成功的前提条件,同时忽略了心理健康对他们成长发展的促进作用,甚至还有一部分人认为自己没有心理疾病,故而心理健康跟自己没有多大关系,同时对有心理障碍或心理疾病者敬而远之,甚至恐慌不已。这都是对心理健康的错误认识。

所以,提高大学生心理健康意识是心理健康教育的关键,大学生应该了解和学习必备的心理学知识尤其是心理健康知识,这有助于预防心理困扰,提升心理品质和素质,正确地看待自身或他人的心理状态,促进个人的健康成长。

【心理小贴士】

心理健康教育的三级目标

心理健康教育目标一般划分为三级:一级目标是以预防教育为主,面向全体学生,注重潜能的开发和心理素质的培养;二级目标是以解决心理问题为主,针对普遍的心理问题进行辅导和咨询,消除学生的心理障碍;三级目标是以治疗心理疾病为主,针对有心理障碍和疾病的个体进行心理诊断和治疗。

长期以来,实践的重心通常局限于三级目标和二级目标,而对一级目标缺乏足够的重视。因此,当代心理健康教育的最新理念就是要强化一级目标,兼顾二级和三级目标,实现三级目标之间的有机统一,使心理健康教育落实到全体学生,体现在学生成长的各个方面。

2. 大学生常见的心理问题

无论是本科还是专科大学生,由于在不同的阶段所关注的事情不同,而心理发展也有个体差异,所以会出现一些不同的心理问题。根据某高校近三年的新生心理普查平均数据来看,UPI(大学生人格健康调查量表)异常人数约占新生总人数的15%,SCL90(症状自评量表)异常人数约占总人数的18%。常见的心理问题主要表现为新生入学适应问题、学习方面的心理问题、人际交往方面的心理问题、恋爱与性心理问题和求职择业方面的心理问题等。

(1)新生入学适应问题。新生迈入大学校门后,面临的是陌生的环境、生疏的人际关系。对于绝大多数首次远离家门、离开长期依赖的父母和熟悉的生活环境的大学生而言,今后怎样独立生活及怎样适应新环境都会产生一定的心理影响,内心或多或少感到担忧。当对这种环境改变而出现的焦虑、不安、孤独感超过限度时，就会产生心理问题，出现失眠、食欲不振、烦躁、注意力不集中等症状。

（2）学习问题。大学生的主业仍是学习，绝大多数大学生都把学习看作分量最重的成才砝码。然而，大学教师的管理方式、授课方法、学习进度等都不同于中学，对自主学习和自我约束能力要求更高，一些大学生学习动力不足，对大学学习特点的不适应，使他们在学习方面常常会出现心理问题。这种心理问题主要表现在考试焦虑、成绩波动过大、学习动力不足、专业不满意、学习负担过重、学习方法不当、不会安排学习时间与计划等方面，一些学生甚至出现厌学情绪。

（3）人际关系问题。人际关系是大学生所面临的一个十分棘手的人生课题，有的大学生称其为“大学生的人生百慕大”。相对于中学生来说，大学生对人际交往更加重视，普遍认识到人际关系对于自身人生的意义，并试图提高这方面的能力。但是，由于他们缺乏经验和技巧，在交往过程中沟通不足、社交恐惧、关系失调、人际冲突等时有发生，从而容易导致心理失调。“中学知己不少，大学知音难觅”成了相当数量的大学生的感叹，尤其是大学一年级学生更容易产生这种心理。人际交往的不顺或失败使他们困惑、焦虑，严重者会造成心理障碍。

（4）恋爱和性问题。大学生由于性机能的成熟、性意识的觉醒、性心理的发展，大学生活又为他们创造了诸多交往的机会，他们渴望交异性朋友，向往爱情的学生常常会尝试恋爱的实践。但是，由于缺乏经验和指导，一些大学生常常会产生这样或那样的心理问题。大学生在恋爱和性方面的心理问题主要表现为异性交往困难、陷入三角恋而不能自拔、单相思而苦恋、失恋的痛苦、对性冲动的不良心理反应、性自慰行为产生的焦虑自责等。

（5）求职择业问题。在市场经济条件下，找到可以发挥自身潜能、满足个人兴趣、适应个人发展的工作并不容易。由于对自己不了解、对职业不了解、对走上社会缺乏心理准备、择业渠道不通畅等因素，都可能引发大学生的心理冲突而出现心理问题，如缺乏自信、过于追求功利、逃避社会、过于担忧等。

【心理训练游戏】

大树与松鼠

目的：使大学生认识到环境变化很快，人要么改变环境适应个体需要，要么就改变自我适应环境。人要善于抓住机遇，找准自己的位置。

心理训练：大树与松鼠

步骤：

（1）三人一组，其中两人扮大树，面向对方伸出双手搭成一个圆圈形成树洞；一人扮松鼠，并站在树洞中间；教师或其他学生担任自由角色。

（2）当教师喊松鼠时，大树不动，扮演松鼠的人就必须离开原来的大树，重新选择其他的大树；自由角色的人也可以抢占树洞成为“自由松鼠”，最后没有树洞藏身的松鼠为失败者。

（3）当教师喊大树时，松鼠不动，扮演大树的人就必须离开原先的同伴重新组合成一棵

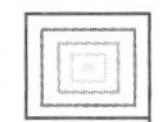

大树，并圈住某个松鼠，自由角色的人扮演自由大树，最后没有形成大树的人为失败者。

(4) 当教师喊地震时，扮演大树和松鼠的人全部打乱并重新组合，没有固定扮演角色限制，自由人员也加入，最后落单的人为失败者。

三、大学生心理健康教育的意义

陶行知先生曾说过：健康是生活的出发点，也是教育的出发点。

大学生作为社会上最活跃、最富有生机的人群，他们的生理和心理在迅速地变化，处于成熟与不成熟之间。而现实生活中，大学生又面临着学业成功、就业竞争、社会责任等各方面的压力。随着社会的发展，人们所承受的心理负荷也相应增长，人们所感受到的矛盾和冲突也在不断增加。与此同时，大学生生活中的人际关系复杂化等多元刺激也对大学生个体构成不同程度的心理压力。心理健康教育对大学生有效地抗御心理疾病，提高学习效率，完成学习任务，提高人际交往水平和生活质量有着重要的作用。现实生活中，每个人都应对自己的健康负责，积极地通过各种途径提高自己的心理健康水平。

【心理小贴士】

让生活失去色彩的不是伤痛，而是内心世界的困惑；
让脸上失去笑容的不是磨难，而是禁闭心灵的缄默；
没有谁的心灵永远一尘不染，战胜自我，拥抱健康；
沟通可以消除隔膜；
交流可以敞开心扉；
真诚可以融化壁垒；
心理访谈，健康人生从心开始。

——CCTV12《心理访谈》经典广告语

1．大学生心理健康教育是时代发展的基本要求

当代大学生面临着新的挑战，未来的社会，国家间的竞争就是综合国力的竞争，是科学技术的竞争，归根到底是人才的竞争。科技的发展、经济的振兴乃至整个社会进步，都取决于人才素质的提高和合格人才的培养。心理素质是人才素质系统中的基础，同时又渗透在思想道德素质、科学文化素质、职业素质之中。哪个国家拥有良好心理素质的年轻一代，哪个国家就拥有了未来。而心理健康是良好心理素质的基本要求。心理健康教育的目标是提高全体大学生的心理素质，优化每一个学生的人格，帮助学生解决成长、发展中的各种困惑及问题，增强适应现代社会生活的能力，开发个体心理潜能，提高心理健康水平，使全体学生都得到全面发展。

2．心理健康是大学生身体健康的基础保证

人的心理活动和生理活动是密切相关、相互依存的，不存在无生理活动的心理活动，也不存在无心理活动的生理活动。生理健康是心理健康的基础,而心理健康反过来又能促进生理健康。心理健康是身体健康的动力和保证。一个人只有具备心理健康的基本条件,才能保证人体的完整统一和全面健康,才能维护身体功能的协调稳定。

大学生的主要任务仍然是学习,而且涉猎大且范围更广。大学生也即将面临踏入社会并自力更生,所以更应该保证身心的健康,随时准备迎接各种挑战。

3．心理健康是大学生适应社会的可靠保证

健康是人生的第一财富,心理健康又是身体健康的动力和保证。对大学生来说,心理健康更是学业有成、事业成功、生活快乐的基础。心理不健康的人,在复杂多变的情况面前往往显得不太坦然,甚至惊慌失措、一筹莫展。而心理健康的人能与现实保持良好的接触,对周围的事物常有清醒的、客观的认识;既有高于现实的理想,又不沉湎于幻想。他们对生活中各方面的问题和各种困难,能以切实的方法加以处理,而不回避,处处表现出积极进取的精神面貌,从而能较顺利地适应社会环境的变化。

4．心理健康教育是大学生全面发展的基本条件

大学阶段是掌握专业知识技能和个人自我发展完善的重要时期,两大任务并驾齐驱,缺一不可。自我发展涉及的领域很宽,包括自我评价、社会适应、人际交往、情绪管理、挫折应对、科学思维、团体合作、婚恋态度、潜能开发、求职择业等,重视的是个人全面、健康而均衡的发展。随着我国改革开放的逐步深化及社会关系的日趋复杂,未来社会对人才素质的要求也将更加全面,尤其是心理素质的要求会越来越高。

第三节　大学生心理适应与调适

一、心理适应

心理适应主要是指人各种个性特征互相配合及适应周围环境的能力。一个人能否尽快地适应新环境,能否处理好复杂、重大或危急的特殊情况,与个人的心理适应性高低有很直接的关系。生物进化论的创始人达尔文指出“适者生存”。人类必须以最大的努力去适应环境,否则生命将难以维持。

良好的心理适应性是大学生心理健康的主要标志之一,也是大学生综合素质的一种集中体现,还是大学生在学习学业、集体生活、人际关系、社会环境和自我发展等方面,进行自我调整、自我管理、自我控制同周围环境达到和谐平衡的一种能力。大学生心理适应能力的提高,有利于学生发挥主观能动性,在自己的努力与社会环境的作用下,主动改变自己,顺应时代潮流和环境的变化,并利用环境,创造条件,运用资源,从而达到自己的奋斗目标,有利于自我实现,创造更多的人生价值。

【心理小贴士】

皮亚杰：智慧的本质就是适应

瑞士儿童心理学家皮亚杰认为，智慧的本质就是适应，适应的本质在于取得机体与环境的平衡。实现这种平衡需要通过两种形式：一是同化，即主体把环境因素纳入已有的认知图式或认知结构中，以扩展和充实自身的动作；二是顺应，即主体改变动作以适应环境因素的变化。如果机体与环境失去平衡，就需要行为主体改变自身的行为模式，重建平衡。这种平衡—不平衡—平衡的过程叫作适应。

二、大学生心理适应不良的主要表现

环境变化、社会关系或社会条件变化必然给大学生带来适应问题。有人说："主动地适应和主动地改变，你会成为命运的主宰者；被动地适应和被动地改变，你只能终生受命运的摆布。"所谓适应不良是指主体不知道如何适应环境，或者被动地适应和改变自己的心理状态和适应能力低下的表现。适应不良容易使人变得自卑、冷漠、固执、退缩、情绪化和暴力。大学生适应不良的表现是形形色色的，大学新生心理适应问题比较普遍。

1．难以适应生活新环境的焦虑心理

新生入学首先面临的就是生活环境的变化。进入大学后，失去了往日家庭的照顾，有的学生因缺乏独立生活的能力，一时生活上不能自理；有的学生开支无计划，时常出现"经济危机"；有的学生每天循环往复于三点一线（宿舍—教室—食堂），面对丰富多彩、目不暇接的校园文化生活无所适从；有的学生因缺乏集体生活的习惯，总希望得到组织与他人的照顾和帮助，不知道也不会关心他人；还有的学生来到新的城市"水土不服"，不适应学校的饮食，也有的对气候、语言环境与作息时间的变化不适应等。一些大学新生在遇到这些问题时常常束手无策，郁郁寡欢，致使他们出现烦躁、痛苦、紧张不安等焦虑情绪，以及疲倦、失眠、注意力不集中等现象。

2．理想与现实的落差形成的失落心理

在进入大学前，许多学生想象的大学都是校园风景如画，教室宽敞明亮，处处欢歌笑语，充满诗情画意。然而，进入大学，经过短暂的兴奋期之后，却发现现实中的大学并非自己想象的那么完美。有的学生感到自己所考上的大学与自己梦想的大学相差甚远；有的学生因为自己的高考失利，或是填报志愿时受到教师、家长的左右，所上大学并非自己所愿；有的学生对自己所学的专业不甚了解，或者根本就不是自己选择的，因而没兴趣，也学不进去。这些理想与现实的落差，致使一些学生常常怅然若失、忧心忡忡、情绪低落，感到前途渺茫、困惑失望，从而形成失落心理。

3．人际关系难以适应的抑郁心理

大学新生在中学阶段一般都有自己稳定的交际圈。上了大学后，同学们来自五湖四海，

初来乍到，彼此陌生，加之一些大学生还保留有青春期“闭锁性”的心理特点，自我保护意识比较强，同学之间交往较谨慎。不少学生涉世不深，社会阅历浅，不是交往范围狭窄，就是不能与人坦诚相待、开诚布公地交流思想。由于不愿意主动接近别人，思想情感得不到及时沟通和表达，很多大学新生出现人际关系不协调，感到“知音难觅”，产生了压抑、孤寂和烦闷的抑郁心理。

4．自我评价失调导致的自卑心理

大学是人才荟萃之地，能考上大学的学生多数是中学时的“佼佼者”，教师称赞，家长鼓励，同学羡慕，自我感觉良好。但真正到了大学，面对新的环境和新的挑战，原有的优势和平衡被打破，很多人从“鹤立鸡群”变成了“平庸之辈”。其中多数学生满怀信心和希望，开始新的拼搏，而有些学生却因原有的优势被削弱甚至丧失，自尊心受到严重挫伤，导致自我评价失调，由强烈的自尊心转变为自卑心理。

5．“经济危机”带来的压抑心理

目前，一名普通高校的学生每年需交纳5000元左右的学费，加上生活费和其他费用，每年需支出一两万元。这对一般工薪家庭来说已是一笔不小的支出，而对于来自贫困家庭的学生更是巨大的压力。大学里的日常消费不再局限于简单的吃喝拉撒等事项，有一些个性成长需求的支出，还有偶尔的交往聚会等消费，绝大多数学生的支出都来自家庭的供应，而且需要自己作支出“决策”。因此，有不少学生很难在短时间内达到心理上的平衡和从容应对，常感心理压抑，甚至自暴自弃。

6．失去奋斗目标的迷茫心理

经过高考的激烈竞争，很多学生感到筋疲力尽，在饱尝了成功喜悦的同时，认为进入大学可以好好放松一下，以补偿十几年的寒窗苦读。可到了大学，仍然要面临繁重的功课，这让他们不知所措。十几年苦读中，不少学生的学习目的就是考取大学，且是在家长和教师的双重推动下向这一目标冲刺的，学习上带有很大的被动性。进入大学后，这个目标已经实现，许多学生失去了奋斗目标和外界推力，他们以往学习上的被动心理明显表现出来，出现了徘徊和迷茫心理。

【心理小贴士】

大学生活较高中的变化

初入大学，周围的一切都是“新”的。事实上，由于我们国家的教育特点，中学和大学确实存在很大的差异，而大学生自身也会明显地感受到这种变化。

(1) 有了久违的放松感和自主性。原来的“高考紧箍咒”已经卸掉，慢慢忘记了中学时代的快节奏生活，丰富多彩的大学课余生活着实令人眼花缭乱，各种各样的讲座、讨论会、学术报告、文娱活动、社团活动、社会兼职、公关活动等扑面而来。很多大学新生常常心中没谱，过于放松和随性，无法迅速获取有效的心理支援，很难自主选择确定目标和方向，甚至会

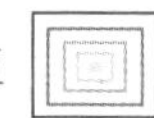

有迷失的感觉。

(2) 学习方式大变革。在大学,一堂课可能要讲一章的内容,一个多小时下来,书本翻过了十几页甚至几十页,很多课程没有连续性,专业课程几乎都是陌生的,而且再没有人会给你指导预习、练习或者复习,自习室里再也看不到教师的身影,学习更多的要“自力更生”。

(3) 人际环境的变化。班主任或辅导员一般不会天天见面,师生关系变得离散;上课经常是大合堂,一天几节课要跑好几个教室,再也没有固定的位置和同桌,同学关系变得松散;室友之间因为大事小情难免产生各种大大小小的冲突或矛盾;好像异性交往没有必要那么遮遮掩掩。如何在这样的情况下与教师同学们保持有效的联系和沟通,理解和应对寝室里的思想差异、生活方式差异,需要大学生思考并积极去面对。

高中生的大部分时间和精力都用在学习上,生活上的事情绝大多数由父母包办打理。上大学后,没有了父母、长辈的悉心照料,许多事情需要开始学会独自处理了。大一第一学期是从中学生到大学生的心理过渡期,带给大学新生的既有困扰和痛苦,更有机遇和革新,一时的彷徨、退缩、抗拒和视而不见,都是正常的心理反应,但如果无视这种反应,一味任其蔓延,必将严重影响到大学生正常的学习和生活,甚至导致出现不必要的心理问题。

三、大学生心理适应不良的调适策略

为了更快地适应新的环境,以饱满的热情投入大学学习生活,以积极的心态面对人生,适应环境,提高适应能力,促进全面发展,一般可以从以下几个方面调适。

1. 认知调节:尊重客观,面对现实

认知调节是适应环境的起始阶段,包括外部认知调节和内部认知调节两部分。

外部认知调节是指主体对变化了的外部环境及其对自身发展所具有的影响作用进行全面了解并做出新的判断的过程。环境及其变化是客观存在的,主观上熟视无睹不但逃避不了现实,反而成了环境的奴隶。如新生进入大学以后,其所处外部环境的变化是多方面的,包括自然环境、人际环境、社会环境、社会角色环境、心理环境等都起了很大的变化。这些都是客观现实,是不可回避的。要区别对待哪些变化是对自身发展影响作用比较大,哪些相对比较小并及时调整自己。

内部认知调节是指主体在对外部变化做出正确判断的基础上,对自身内部状态进一步了解与判断。实际上是一种在自我监控系统的参与下自我评价和自我意向调整的过程。

正确认识自我,调整角色。认识自我,正确评价自己和别人,合理地自我定位,完整的自我意识是调整角色,取得自我心理平衡,适应社会环境,搞好人际关系的前提。因为自我评价过高,容易引起别人的反感;自我评价过低,会产生自卑心理,导致离群孤独,失去自信。当认识自我,调整角色有困难时,可以向班主任、辅导员、心理咨询教师求助,也可以听听老乡、同学的意见,但主要靠自己独立思考,自我心理调整。

2．态度转变：主动适应，积极行动

认知调节的结果必然引起主体情绪体验的变化，同时也会导致行为意向的变化。在认知、情绪和行为意向中，正确的认知是基础，情绪是动力，行为是意向的外在表现。积极乐观的人生态度和愉快的情绪体验必然会引起态度的转变，态度决定一切，态度的转变是在正确的认知基础上及合理的情绪推动下做出的积极的行为意向，这种合理的调整是适应新环境的变化，保持和恢复心理平衡的一种背景条件（图 1-3）。主体的价值观念、目标期望水平、情绪情感体验的深刻性，对态度的转变具有重要的作用。因此，面对大学新环境、新生活，调整目标、加强道德修养，拥有科学的人生观和价值观，对适应新环境尤为重要。大学生难免遇到各种挫折和困惑。然而，在我们的生活中或在大学校园里，还有很多快乐和幸福的事情，而且还必须看到，挫折和困难总是暂时的，乌云总会过去，阳光灿烂的日子总比乌云密布的时间多。

图 1-3　积极态度和消极态度产生的结果对比

3．确立目标：学会学习，自强自立

大学生的发展目标决定了发展任务，这个发展任务是多方面的、多层次的，发展目标也是可涉及各个层面的，目标的确立指导着行为的选择，而行为选择实际上是一个比较与决策的过程，其核心是行为方式的调整和改变。在行为选择的过程中，远大目标的引导、坚毅顽强的意志品质和性格、高度的自尊与自信是影响行为选择的重要因素。目标的确立要根据社会环境和自我的条件，既要实事求是、脚踏实地，又要有远大理想，志存高远；既要有长期的发展目标，又要有近期的行动目标。目标的高度要适度，目标过高或过低都不利于大学生的发展。

（1）要学会求知。调整学习方法和习惯，努力掌握大学的学习方法，应尽快摆脱依靠教师学习的依赖心理，增强学习的主动性和自觉性，根据大学教学的特点和专业要求探索自己的学习方法。充分利用各种社会资源，必要时向教师、师兄师姐请教不失为良策。充分利用图书馆、实验室；注意课内教学与课外教学相结合；在上课时，必须快速做好课堂笔记；及时整理、复习和研究所学到的理论知识等。注意精与博的统一和协调；理工科的学生要学习选修一些人文课程；文科的学生要学习选修一些自然科学类的课程；多参加社会实践

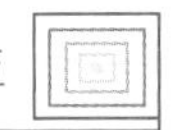

和教学实践活动，在实践中增长才干，提高适应能力。

(2) 要树立正确的专业思想。要以发展的眼光看专业，要有远大的理想和崇高的人生信念，不要被物欲横流的社会现象所冲垮，努力寻求个人价值与社会价值的结合点。

(3) 要自强自立。不但在完成学习任务中要勤奋刻苦、自强自立，在生活中更要自强自立，要学会生活，学会独立处理生活中出现的问题，学会面对种种困难和挫折，学会快乐地生活和学习。

4. 加强修养：主动交往，完善个性

(1) 学会与人交往，以积极的态度去适应人际环境，使自己融于集体中。有了良好的人际关系，才会有安全感、归属感和幸福感，心情才能愉快充实。

(2) 完善自己的个性。不断加强个性修养，提高心理素质和人际适应能力是大学生发展的重要内容。个性修养包括思想道德修养、心理素质修养、行为修养，特别是个性倾向方面的修养在个性自我修养中尤为重要。

(3) 学习人际交往理论与技巧。要学习人际关系的心理行为理论。人际交往既要讲原则，也要注意交往方法和技巧。人际关系的基本原则有真诚守信原则、平等尊重原则、互利互助原则、理解宽容原则、中庸适度原则等。

5. 学会调节：合理宣泄，积极咨询

人在适应社会环境中，难免有不适应或暂时不适应的时候，有压抑、孤独、痛苦、迷茫、紧张、焦虑等适应不良心理状态。我们必须学会调节，在调节中学会适应，提高适应能力。调节方法有以下几种。

(1) 合理宣泄。可以向亲人、朋友、同学和你认为可信的人倾诉心中的苦恼，也可以参加体育文娱活动或参加户外活动宣泄自己的不良情绪。

(2) 转移和升华。从消极的情绪转移到积极方面，从不适应的失败、挫折中吸取教训，把时间和精力升华到学习、工作和有社会意义的活动中去，既转移了痛苦的感受，又可能得到成就感的体验。

(3) 积极暗示。主要通过自我内部语言或文字的形式来激励自己。调节自己的情绪，增加自信心。

(4) 学会遗忘。克服恋旧心理，要面对现实，积极参与到现实的群体当中，并学会忘掉不愉快的事件。

(5) 充分利用各种资源。多与人交往和沟通，争取更多的信息。多向师长请教，向别人学习。在自我调整不奏效时，可以到学校心理咨询机构咨询，请心理咨询专业人员帮助你进行心理疏导，从中可以学习到一些调节心理适应能力的知识和办法。

6. 全面发展：增强素质，提高适应能力

要树立全面发展的观念，积极地寻求心理成长。在大学里，要自觉接受德、智、体、美、劳全面的教育，主动提升思想政治素质、道德修养、科学文化水平，将健康的心理素质、辩证唯物的创造性思维素质和健壮的身体素质纳入自己的成长目标。要主动参加学校的社团组织和其他集体活动，广泛交际，开阔视野；要积极参加户外锻炼，以培养和锻炼自己的体魄和意志。

【案例讨论】

小王是大一女生，高中三年虽然10多人一个宿舍，但是她一直住在下铺。大学入学前选铺位时未能如愿选一个下铺，入学后一直不适应，辅导员也进行了协调解决，但其他同学没人愿意换，自己又不想调到其他宿舍。

她经常独自哭泣，并不停地给家人打电话，要求退学回家。其辅导员和家人都非常担心，建议她找心理教师咨询。她在咨询过程中几次落泪，难以自控。不良情绪持续时间已经超过一个月，并且影响到学习，不想吃饭，不想回宿舍，出现社会功能退化。基于以上分析，初步评估是典型的环境适应性障碍问题，主要是对新生活环境不适应所致，没有显著的抑郁、恐惧症状。她由于一直在家庭中备受呵护，对父母非常依赖，在新的环境中感到强烈的失落和人际漠然，成长的信心受到打击，因而产生了退缩的行为。通过咨询和建立有效的班级、家庭、宿舍、社会支持系统，可以使其逐步适应新环境，并进入学习状态。

讨论：

1. 大家能否给她一些适应性调适的建议？
2. 你是否也有类似的困惑？自己是怎么处理的？

【心理测试】

大学生心理适应性测量问卷

亲爱的同学，请在5个备选答案中选择最适合你的一项。完成20道题目，可以帮助你了解自己的心理适应性。

1. 假如把每次考试的试卷拿到一个安静、无人监考的房间去做，我的成绩会更好一些。
   A. 很对　B. 对　C. 无所谓　D. 不对　E. 很不对
2. 夜间走路，我能比别人看得更清楚。
   A. 很对　B. 对　C. 无所谓　D. 不对　E. 很不对
3. 每次离开家到一个新的地方，我总爱闹点毛病，如失眠、拉肚子、皮肤过敏等。
   A. 完全对　B. 有些对　C. 不知道　D. 不太对　E. 不对
4. 我在正式运动会上取得的成绩常比体育课或平时练习的成绩好些。
   A. 是　B. 似乎是　C. 吃不准　D. 似乎不是　E. 正相反
5. 我每次明明已把课文背得滚瓜烂熟了，可是在课堂上背的时候，却总要出点差错。
   A. 经常如此　B. 有时如此　C. 吃不准　D. 很少这样　E. 没有这种情况
6. 开会轮到我发言时，我似乎比别人更镇定，发言也明显要自然。
   A. 对　B. 有些对　C. 不知道　D. 不太对　E. 正相反

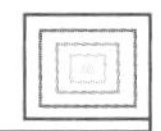

7. 我冷天比别人更怕冷,而热天又比别人更怕热。

A. 是　B. 好像是　C. 不知道　D. 好像不是　E. 不是

8. 在嘈杂混乱的环境里,我仍能集中精力学习、工作,效率并不大幅度降低。

A. 对　B. 略对　C. 吃不准　D. 有些不对　E. 正相反

9. 每次检查身体,医生都说我"心跳过速",其实我平时脉搏很正常。

A. 是　B. 有时是　C. 时有时无　D. 很少有　E. 根本没有

10. 如果需要,我可以熬一个通宵,精力充沛地学习和工作。

A. 完全同意　B. 有些同意　C. 无所谓

D. 略不同意　E. 不同意

11. 当父母或兄弟姐妹的朋友来我家做客的时候,我尽量回避他们。

A. 是　B. 有时是　C. 时有时无　D. 很少有　E. 完全不是

12. 出门在外,虽然吃饭、睡觉、环境等变化很大,可是我很快就能习惯。

A. 是　B. 有时是　C. 是与否之间　D. 很少是　E. 完全不是

13. 参加各种比赛时,赛场上越热烈,观众越加油,我的成绩反而越上不去。

A. 是　B. 有时是　C. 是与否之间　D. 很少是　E. 不是

14. 上课回答问题或开会发言时,我能镇定自若地把事先想好的一切都完整地说出来。

A. 对　B. 略对　C. 对与不对之间　D. 略不对　E. 不对

15. 我觉得一个人做事比大家一起干效率高些,所以我愿意一个人做事。

A. 是　B. 好像是　C. 是与否之间　D. 略不对　E. 不是

16. 为求得和睦相处,我有时放弃自己的意见,附和大家。

A. 是　B. 有时是　C. 是与否之间　D. 很少　E. 根本不是

17. 当着众人和生人的面,我感到窘迫。

A. 是　B. 有时是　C. 是与否之间　D. 很少是　E. 不是

18. 无论情况多么紧迫,我都能注意到该注意的细节,不爱丢三落四。

A. 对　B. 略对　C. 对与不对之间　D. 略不对　E. 不对

19. 和别人争吵起来时,我常常哑口无言,事后才想起该怎样反驳对方,可是已经晚了。

A. 是　B. 有时是　C. 是与否之间　D. 很少是　E. 不是

20. 我每次参加正式考试或考核的成绩,常常比平时的成绩更好些。

A. 是　B. 有时是　C. 是与否之间　D. 很少是　E. 不是

计分规则与结果解释：大学生心理适应性测量问卷

【能量补给】

1. 日常学习生活中,你能在自己身上发现哪些突出的心理现象?你会怎么解释它们?

2. 请评估一下你目前的心理健康状况，你会评____分。（分数为 0 ～ 10 分。0 表示非常不健康，10 分表示非常健康）。

3. 结合本章学习，你计划做些什么来提高你的心理健康水平？

【拓展阅读】

1. 图书《走进心理学》

该书作者是威廉 · E. 格拉斯曼和玛丽莲 · 哈达德。心理学是和我们的生活紧密相连的学科，我们有时快乐，有时悲伤，有时专心致志，有时心猿意马，有时将信将疑，有时悲喜交集……人的心理世界是多么不可思议！本书以通俗的语言、丰富的事例、科学的阐释，引领我们走近心理学——探究人类心理奥秘的科学。

2. 电影《美丽心灵》

英俊而又十分古怪的数学家约翰 · 纳什（罗素 · 克劳饰）读研究生时便发明了他的博弈理论，短短 26 页的论文在经济、军事等领域产生深远的影响，他开始享有国际声誉。但纳什出众的直觉受到了精神分裂症的困扰，使他向学术上最高层次进军的辉煌历程发生了巨大改变。面对这个曾经击毁了许多人的挑战，纳什在深爱着他的妻子艾丽西亚（詹妮弗 • 康纳利饰）的相助下，与被认为是只能好转、无法治愈的疾病做斗争。经过十几年的不懈努力，完全通过意志的力量，他一如既往地坚持工作，并于 1994 年获得诺贝尔奖，他在博弈论方面颇具前瞻性的工作也成为 20 世纪最具影响力的理论。而纳什也成了一个不仅拥有美好情感，并具有美丽心灵的人。

第二章　挖掘潜能　高效学习——学习心理

【学习目标】

知识目标：了解大学学习的特点与学习心理特点，了解大学生常见学习心理问题的表现及成因。

能力目标：合理进行时间管理，适当提高学习效率，提升自主学习的能力。

素养目标：增强自主学习意识，激发学习动力，拥有良好的学习心理状态。

思政目标：端正学习动机，挖掘个人潜能，激发学生责任感，培养大学生为祖国建设贡献力量的高尚学习动机。

【思维导图】

思维导图：学习心理

【案例导读】

沐子是一所高职院校的大二学生。她最近越来越觉得自己难以静心学习了。

日常生活中，沐子经常上着课，私下却不自觉地在玩手机，学习效率低下。自我调整后，也设定了学习目标，想要考取专业证书和大学英语四级证书。但是沐子空有目标，课余时间经常对着手机玩上半天，后面自己又懊悔不该把用来学习充电的时间玩乐。手机成了沐子的"时间杀手"，半个学期快过去了，沐子即将面临考试，可是她似乎还没有做好准备……

学习是人类生活的永恒主题，更是大学生的主要任务。你的学习高效吗？本章与你共同探讨如何学习——首先是学习概述，然后看看影响学习效率的因素有哪些，最后了解一下如何开发学习潜能。

第一节 学习概述

【心理小贴士】

现代人才学中有一个理论叫作“蓄电池理论”,认为人的一生只充一次电的时代已经过去。只有把自己打造成为一块“高效蓄电池”,能够不间断地充电,才能持续地释放能量。

一、学习的概念

生活中,鹦鹉经过训练会模仿人类说话,小狗狗经过训练可以帮助警察执行搜毒、搜爆的任务,那这些行为属于学习的范畴吗?是的,动物的这些行为也是学习。从广义上讲,学习是人类和动物共有的心理现象。人类和动物的行为一方面来源于本能,即先天的遗传,例如蜘蛛织网、鸟儿飞翔等;而另一方面,人类和动物的行为是在后天的过程中习得的,例如马戏团的小狗会做算术,猩猩会骑自行车等,这些行为是通过后天训练形成的。

但是,人类的学习又与动物具有本质的不同。首先,动物的学习是被动地适应环境,而人类的学习是自觉的、有目的的活动;其次,动物的学习一般是机械地模仿,而人类的学习具有创造性。正是由于这种创造性,人类个体和社会才得以不断发展和进步。

那人类的学习是从什么时候开始的呢?是从牙牙学语开始,还是从蹒跚学步开始?其实,当我们还在妈妈肚子里的时候,就已经开始学习了。心理学家通过观察婴儿吸吮奶嘴的频率和强度发现,刚出生的小婴儿就已经学会分辨母语的节奏和其他语言的节奏是不同的,相比其他语言,小婴儿更偏好母语,而这种学习的最初形式充分说明人类对学习和体验新事物所具有的天生欲望。可以说我们的成长和发展的过程就是不断学习的过程,所以关于学习,我们需要更新一下观念:学习不仅指发生在学校里的学习,也指发生在我们生活的方方面面;学习不仅是某个阶段的特定行为,也是贯穿人类一生的重要话题。

在这里,我们将学习定义为由于经验所引起的行为或思维的持久变化。我们每个人成长的过程中都拥有丰富的学习经历和学习体验。

二、大学学习的特点

大学新生的学习困惑

晓琳是一名大一新生,近来她常常有这样的困惑:大学应该怎样学习?高中时晓琳迫于高考的压力,每天的时间都被教师安排得满满当当,很少有自己空闲的时间。进入大学后,空闲时间很多,晓琳却有点不知所措。看看周围的同学有的忙着搞社团活动,有的忙着谈恋爱,还有的忙着打工兼职……似乎大家都有自己的事情做,学习反而成了大学生活的副业。大学里,很多课程只有期末一次考试,舍友经常说“大学及格万岁”,晓琳反而更困惑了:大学究竟应当怎样学习呢?

很多刚刚进入大学的同学也会和晓琳一样有这样的困惑,大学的学习与高中相比,在很多方面有了很大的变化。具体来说，大学学习具有以下特点。

1. 学习内容的专业性

大学属于专业教育阶段，学习的内容除了一些综合基础课、通识课程外，基本围绕专业方向和需要展开，学习的内容围绕某一专门领域进行深入的学习。大学学习活动的专业化程度较高，职业定向性较强，实质上是一种“学习—职业”活动。因此，对专业的兴趣也就直接影响了学习兴趣，并影响学业状况和大学生活。

2. 学习的自主性

进入大学后，大学生有了相当大的自主空间。如果说高中的学习像吃“盒饭”，教师把菜搭配好，学生只负责消化即可；那么大学的学习就像是吃“自助餐”，大学需要自己选吃什么，吃多少。如何选课，如何安排学习时间，如何选择上课方式，全凭自己做主。

3. 学习的多样性

在高中，教师课堂讲授是最主要的学习途径；在大学，除了课堂之外，还有许多方式和途径，图书馆或资料室查阅文献，参加技能竞赛、听讲座和报告，参加实习、实训、各种校园社团活动，开放大学、网络课程、App 打卡学习等使得大学生的学习途径越加丰富。同时，与高中相比，大学的评价也更加多样化。学业成绩不再是评价的唯一标准，大学里的人际沟通能力、领导管理能力、艺术创作能力、动手能力等的重要性也凸显出来，而这些能力对大学生的综合能力的发展具有重要的意义。大学不再唯“学习成绩”而论，也就意味着学生的成才标准的多样化。

4. 学习的探索性

大学的学习过程更加注重书本结论之外的新观点的探索和钻研。这就要求大学生不但要掌握所学的知识，而且要掌握知识形成的过程，了解学科发展状况和存在的问题，掌握科学的研究方法，培养独立思考和探索创新的精神。而死记硬背、墨守成规、创新不足的大学生将不能适应大学的生活。

大学期间学习将会影响人的一生。如果大学期间虚度了光阴或者仅仅是用来学习书本上的知识，那么大学最宝贵的时间就被浪费了。大学期间，我们需要学习专业知识，并将所学的知识像编织渔网一样，让知识形成体系，做到“广、博、专、精”。经常会有大学生问：学这个知识有用吗？将来工作能用上吗？大学的学习不应当功利化，正是那些看似无用的知识才是知识的意义所在。同时，大学生也要具备批判思维的能力，不被教条所束缚，学会从不同的角度来看问题。

【心理小贴士】

“玉不琢，不成器；人不学，不知道。”知识是每个人成才的基石，在学习阶段一定要把基石打深、打牢。学习就必须求真学问，求真理、悟道理、明事理，不能满足于碎片化的信息、快餐化的知识。要通过学习知识,掌握事物发展规律,通晓天下道理,丰富学识,增长见识。人的潜力是无限的,只有在不断学习、不断实践中才能充分发掘出来。全面建成社会主义现代化强国,发展是第一要务,创新是第一动力,人才是第一资源。希望广大青年珍惜大好学习时光,求真学问,练真本领,更好为国争光、为民造福。

——习近平在北京大学师生座谈会上的讲话(2018年5月2日)

三、学习的生理基础

人类的大脑结构精妙绝伦,令人赞叹,任何一项学习活动都离不开它。

大脑结构较为复杂,其各叶功能各有分工,但也相互关联。大脑大致分为大脑半球、脑干、小脑,以及大脑和脑干之间的间脑。如图2-1所示,大脑不同部分的功能不同,大脑皮质控制人体的逻辑思维,包含前脑的新皮层;左半脑一般控制人体语言、推理、逻辑分析、计算、记忆、语言,阅读等;右半脑一般控制人体的情感、直觉、视觉、知觉、美术、音乐节奏、形象记忆以及身体协调等;丘脑则承担神经反射、肌肉融洽以及人体的均衡;枕叶影响人体的视觉效果;额叶控制人体的感情、个性化以及个人行为;颞叶负责处理听觉信息,也与记忆和情感有关;顶叶影响人体的语言思维能力。大脑一旦出现损伤,就会出现相应的支配功能的受损。

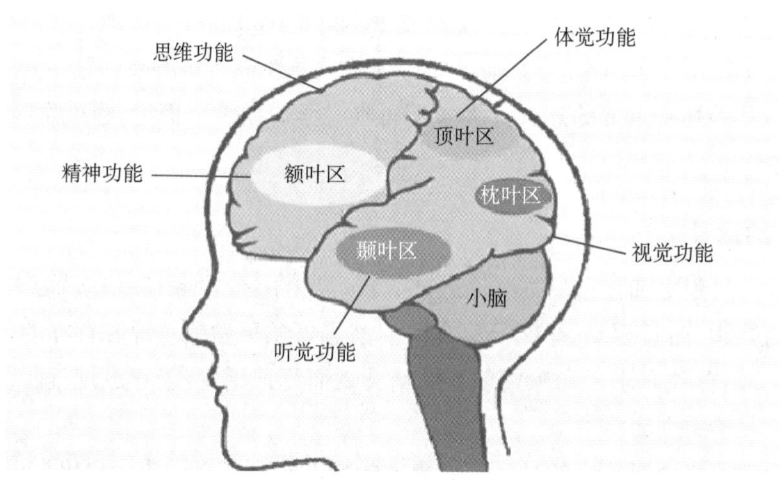

图2-1　人的大脑

大脑的功能是否能发挥,取决于它工作时的环境状态。大脑也服从“用进废退”的规则,长期不动脑,很有可能的结果就是“变笨了”;而经常使用大脑,则会越来越聪明。

大脑是一个多元综合体,对情绪、时间、生理节奏乃至场所、环境都很敏感。它能关注到我们的意识所关注不到的东西。而且,当我们提取存储的记忆和数据以资学习时,大脑往往会添加一些我们先前并没有注意到的细节。夜间,当我们睡觉时,大脑还会勤奋工作,寻找在白天的生活琐事中隐藏着的联结和更深层的寓意。它更看重有一定意义的事情,讨厌无趣的东西。如果大脑就是一部学习机器,那它一定是一部古怪的机器,它的怪异之处就在于,越是开发利用,其工作效率也就越高。

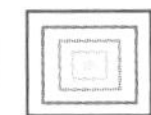

【心理小贴士】

有损大脑的十大生活习惯

(1) 长期饱食。现代营养学研究发现，进食过饱后，大脑中被称为“纤维芽细胞生长因子”的物质会明显增多。这些纤维芽细胞生长因子能使毛细血管内皮细胞和脂肪增多，促使动脉粥样硬化发生。如果长期饱食，势必导致脑动脉硬化，出现大脑早衰和智力减退等现象。

(2) 轻视早餐。不吃早餐使人的血糖低于正常供给，对大脑的营养供应不足，久之对大脑有害。此外，早餐质量与智力发展也有密切关系。据研究，一般吃高蛋白早餐的儿童在课堂上的最佳思维普遍相对延长，而食素的儿童情绪和精力下降相对较快。

(3) 甜食过量。甜食过量的儿童往往智商较低。这是因为儿童脑部的发育离不开食物中充足的蛋白质和维生素，而甜食会损害胃口，降低食欲，减少人体对高蛋白和多种维生素的摄入，导致机体营养不良，从而影响大脑发育。

(4) 长期吸烟。德国医学家的研究表明：常年吸烟使脑组织呈现不同程度的萎缩，易患老年性痴呆。因为长期吸烟可引起脑动脉粥样硬化，日久导致大脑供血不足，神经细胞变性，继而发生脑萎缩。

(5) 睡眠不足。消除大脑疲劳的主要方式是睡眠。长期睡眠不足或质量太差，会加速脑细胞的衰退，聪明的人也会变得糊涂起来。

(6) 蒙头睡觉。随着棉被中二氧化碳浓度升高，氧气浓度不断下降，长时间吸进潮湿空气，对大脑危害很大。

(7) 不愿动脑。思考是锻炼大脑的最佳方式。只有多动脑筋，勤于思考，人才会变得聪明。反之，不愿动脑的情况只能加速大脑的退化，聪明人也会变笨。

(8) 带病用脑。在身体不适或患疾病时，勉强坚持学习或工作，不仅效率低下，而且容易造成大脑损害。

(9) 少言寡语。大脑中有专司语言的中枢，经常说话也会促进大脑的发育和锻炼大脑的功能，应该多说一些内容丰富、有较强哲理性和逻辑性的话。整日沉默寡言、不苟言笑的人并不一定就聪明。

(10) 空气污染。大脑是全身耗氧量最大的器官，平均每分钟消耗氧 500 ~ 600 升。只有充分的氧气供应才能提高大脑的工作效率。用脑时，特别需要讲究工作环境的空气质量。

第二节 学习的影响因素及心理调适

一、学习动机影响学习

最近，小帅同学正在准备导游资格证的考试，他给自己设定了每周的学习任务。他打算利用周六上午的时间完成自己的学习任务。周六起床时，小帅发现已经 8 点多了，吃完早餐到自习室后，他发现自习室的人真不少！于是，他拿出手机，拍照发了一条朋友圈：今天在图书馆学习的人真多……过了一会儿，朋友圈下面好多人评论，其中一个是很久没联系的朋友，两人趁机在微信上聊了起来。舍友邀请自己下午去打篮球，小帅想到自己的篮球鞋有些旧，是时候该买双新的了，于是开始在网上“淘宝”。等购物结束，想起要复习的时候，时间已近正午。小帅懊恼起来：马上该吃午饭了，怎么一页书都没看完！

面对很多“应该”去做的事情，我们常会拖延或找借口，甚至觉得自己应该去做，但是就是不想做。影响我们坚持或放弃、拖延或执行的原因就在于动机。

1．学习动机概述

动机是一种激发、引导、维持并使行为指向特定目标的力量。指向学习的动机就叫学习动机。

动机有强弱之分。生活中我们也常常发现这样的现象：去面试的同学有时越是过于在意这个面试机会，最后发挥得越不好，反而是那些抱着试试看心态的同学最后通过了面试。这又是什么规律呢？

有研究者发现，人类动机的强度和活动效率呈现倒 U 形曲线关系，动机过高或过低都会使活动效率下降，中等程度的动机才有利于问题的解决。任务难度不同，动机的最佳水平也会变化。动机的最佳水平随着任务的性质不同而不同。任务比较简单时，工作效率随动机的提高而上升，而随着任务难度的增加，动机的最佳水平有逐渐下降的趋势，如图 2-2 所示，这个定律由心理学家罗伯特·麦恩斯·耶克斯（Robert Mearns Yerkes）与约翰·迪林厄姆·多德森（John Dillingham Dodson）发现，因此被称为耶克斯—多德森定律。

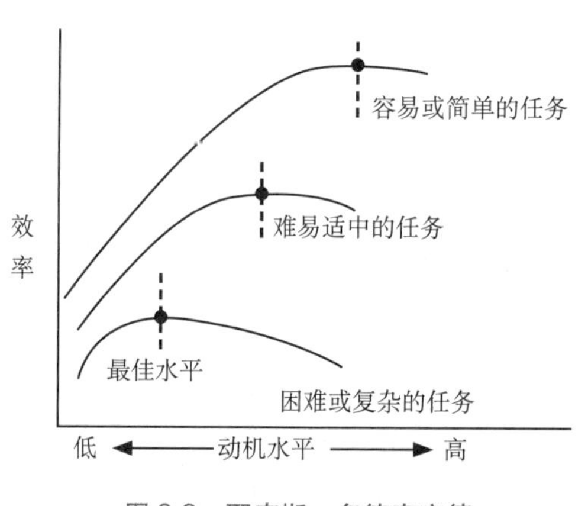

微课：耶克斯—多德森定律

图 2-2　耶克斯—多德森定律

2．学习动机的分类

1）内部动机和外部动机

动机有内、外动机之分。例如，小朋友为了得到父母、教师的表扬或者为了避免受到父母、教师的批评而进行学习，这就是外部动机。外部动机是在外界的要求或者外力的作用下产生的。内部动机则是由于个体内在的需要引起的动机。从效果来说，具有内部动机的人能够独立、自主和积极参与，具有强烈的好奇心，所以能坚持不懈，忍受失败和挫折。而外部

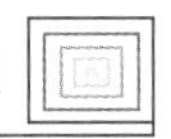

动机只是为了达到外在的目的或目标，一旦目标达到，动机就会下降；失败则有可能选择放弃。真正具有持续推动力的是个体的内部动机。当然，内外部动机的划分也不是绝对的。由于动机是推动人的活动的内部心理过程，因此任何外界的要求和力量都需要转化为人的内在需要才能成为活动的力量。

【心理小贴士】

德西效应

一位老人在一个小乡村里休养，但附近有一群十分顽皮的孩子，他们天天在老人的屋子边大吵大闹。老人制止了无数次，仍然没有效果，终于老人想出了一个办法。

他把孩子们都叫到一起，告诉他们自己很喜欢他们到这里来玩，并说他们以后每天来玩都可以得到奖励。孩子们逐渐习惯于获得奖励，老人却逐渐减少所给的奖励，到最后老人一分钱也不给了。于是，孩子们觉得待遇不公正，认为“不给钱还想我们给你热闹，做梦”，再也不到老人的房子附近大声吵闹了。

进行一项愉快的活动，如果提供外部的物质奖励，反而会减少这项活动对参与者的吸引力，这就是著名的“德西效应”。学习的过程也是如此，我们应当激发自己的内在动力，即积极主动、持之以恒的兴趣以及坚强的意志，而不是仅仅依靠外部物质激励。

2）高尚的动机与低级的动机

根据学习动机内容的社会意义，学习动机分为高尚的动机和低级的动机。判断学习动机的高尚与低级的标准是看它是否有利于社会和集体。

（1）高尚的动机的核心是利他主义，学生把当前的学习同国家和社会的利益联系在一起，也就是说把学习看成是为社会做贡献。

（2）低级的动机的核心是利己的、自我中心的，学习的动机只来源于自己眼前的利益。把学习看成是猎取个人名利的手段。

3）近景性动机和远景性动机

根据动机行为与目标的远近关系，也就是作用时间长短，学习动机可以分为近景性动机和远景性动机。

（1）近景性动机与近期目标相联系。例如，为了通过即将到来的英语四级考试而刻苦学习，这种就属于近景性动机。

（2）远景性动机与长远目标相联系。例如，周恩来总理说的“为中华之崛起而读书”。

4）直接动机和间接动机

按学习动机与学习活动的关系，可以分为直接动机和间接动机。

（1）直接动机由学习活动本身直接引起，表现为对所学习的学科内容或学习活动的直接兴趣和爱好。

（2）间接动机与社会意义相联系，是社会观念、父母意愿以及教师期望在学生头脑中的反映。

5）成就动机

学习的动机还与成就动机有关。成就动机是个体希望从事对他有重要意义的、有一定困难的、具有挑战性的活动，在活动中能取得完满的结果和成绩，并能超过他人的动机。心理学家奥苏贝尔认为，学校情境中的学业成就动机至少应包括三方面的内驱力，即认知内驱力、自我提高内驱力、附属内驱力。

（1）认知内驱力是指一种学生渴望了解和理解，要求掌握知识以及系统地阐述问题并解决问题的倾向。这种内驱力，一般说来，多半是从好奇的倾向中派生出来的，属于内部动机。在有意义的学习中，认知内驱力是最重要而稳定的动机。

（2）自我提高内驱力是个体要求凭自己胜任工作的才能和工作成就而赢得相应地位的愿望。自我提高内驱力与认知内驱力不一样，它并不是直接指向学习任务本身。自我提高内驱力把成就看作是赢得地位与自尊心的根源，它是一种外部的动机。

（3）附属内驱力是学生为了保持家长和教师等的赞许或认可而努力学习的一种需要。它是一种外部的动机。在儿童早期，附属内驱力最为突出。

二、情绪影响学习

1．情绪对学习的影响

提到学习，你会觉得快乐吗？英国心理学家托尼·布赞曾经做过调查："在我调查人们对'学习'一词联想的30年里，出现了10个主要的词语或概念，它们是枯燥、考试、家庭作业、浪费时间、惩罚、毫不相干、无休止、令人厌恶、憎恨和恐惧。"

生活中我们也常有这样的经验：当情绪好的时候，学习的劲头就大；当情绪低落的时候，学习的效果也就差；当你上喜欢的教师的课时，听讲就格外认真，效果也特别好……可以说，情绪与学习有着息息相关的关系。

【心理小贴士】

学习如何像玩游戏一样快乐？

很多人会有这种感觉：看一小时课本会感到很难受，精神涣散；而玩一小时游戏却精神抖擞，兴奋异常。那么，这是为什么呢？

最大的区别就在于，游戏是一个可以让你马上产生收获和反馈的行为，大脑不停地接受信息和处理信息，处于兴奋状态。

心理学家斯金纳曾经做过一个实验，实验设置如图2-3所示。将一只饥饿的小白鼠放入一个有按钮的箱中，每次按下按钮，则掉落食物。一开始小白鼠在箱内误打误撞，触碰到了按钮，食物掉落，很快，小白鼠自发学会了按按钮，并且会不停地按按钮。

学习也是同理，想要快乐学习，就要建立"奖励"和"学习"之间的良性关系。具体做法是：每学完一段时间或一段内容，就给自己一个奖励反馈，比如学英语30分钟，可以玩手机5分钟，奖励可以让你马上产生反馈和收获感、愉悦感甚至多巴胺，那么学习就是一件开心的事情，开心就会激励你不断重复。这样执行下来，那么学习就会变成一件有成就感的可以产生快乐的事情。在奖励和反馈的同时也做好学习记录，以便形成进度表格，每隔一段时间回顾总结。例如，以一周、一个月为周期，这样的记录类似于每次游戏过关的分数总结，这样也有利于形成愉悦感、成就感，激励我们不断学习。

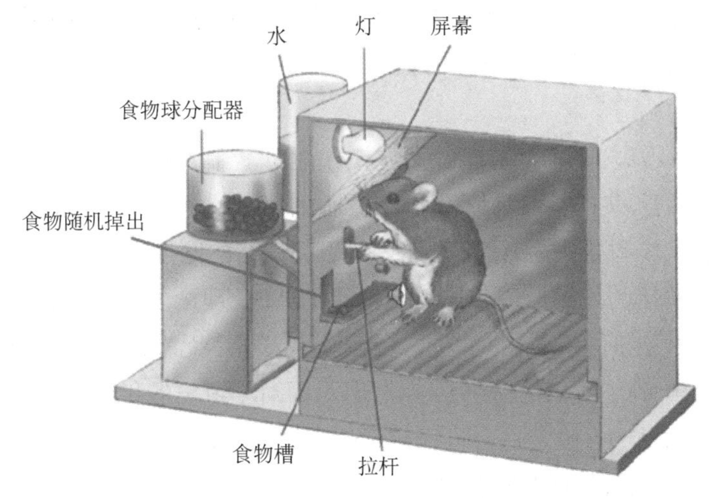

图 2-3 斯金纳箱

当一个人对学习和教师持有欢迎的态度时会产生喜爱、欢乐等肯定的体验；对学习持反对或拒绝的态度时就产生憎恶、悲哀等否定的体验。无论是心理学的研究结果还是人们的教学实践经验，均表明情绪、情感在人的学习活动中具有巨大的调节作用，在一定程度上决定着人们的学习行为。

2. 常见的学习情绪问题

某高职院校大三的淼淼最近很苦恼。她报名参加了专升本考试，通过考试，淼淼就可以进入本科阶段继续学习。为此，从大二暑假开始，淼淼就制订了详细的学习计划，可是看到周围同学都在埋头学习，淼淼压力也很大。临近考试前的两个月，淼淼的压力越来越大，学习状态也越来越差。学习没有效率，看过的知识也记不住，白天吃不下饭，晚上胡思乱想，睡眠质量很差……

淼淼的这种情况属于学习焦虑。焦虑是对尚未发生的事情的一种担忧或恐惧的状态，有时我们会在事情尚未发生时，设想糟糕或失败的结果以及可能会产生的不良后果，对这种感觉有一种无能为力的痛苦的心理体验。

1）学习焦虑的表现

学习焦虑会有以下一些外在表现：学习压力大，精神高度紧张，记忆力下降，情绪紧张、焦虑、恐惧、心慌、失眠等。学习焦虑表现在考试上即为考试焦虑。还有一种情况属于“化装后”的焦虑，即通过防御或者逃避表现出来的行为，例如，对学习抱无所谓的态度，学习心不在焉，有“破罐子破摔”“我就这样了”等想法。

2）学习焦虑的原因

学习焦虑产生的原因，从内部来说一般有以下三种：第一种是理想与现实差距过大时，就会产生强烈的心理冲突；第二种是自信心不足，导致焦虑；第三种则是以往学习中的失败或挫折经历，导致对相似情境的焦虑。

从外部因素来说，大多数的学习焦虑与压力相关。来自学业和考试的压力，来自家长"望子成龙"的压力，来自同学间竞争的压力，来自就业的压力等。

3）学习焦虑的调适

（1）学会调整认知。要充分发挥自我调节的能力，控制焦虑的程度。通常人们会认为，诱发性事件导致我们不良的情绪反应，比如，我们可能会认为考试是导致淼淼焦虑的原因。但是，美国心理学家埃利斯认为，诱发事件只是引起情绪的间接原因，人们对事件所持的信念、看法才是引起情绪的直接原因。这就是情绪的 ABC 理论。埃利斯认为："人不是被事情困扰着，而是被对这事的看法困扰着。"俗话说"天下本无事，庸人自扰之"，正说明了我们对事件的认识影响到了我们的情绪反应。所以，面对学习焦虑和考试焦虑，我们要学会正确认识和评价自己的能力，确定适合自己实际的学习目标，增强自信心和毅力，不怕困难和失败，保持适度的自尊心，降低对胜败的担忧。

（2）面对学习任务要充分准备。找到适合自己的学习方法，制订符合自己节奏的学习计划，并预留休息时间，注意劳逸结合。在对学习产生焦虑情绪的时候，适当地转移注意力。这里推荐的方法就是"有氧运动 + 激励歌曲"。在学习间隙，建议增加体育锻炼，以慢跑为主，跑步时可以播放一些励志歌曲。慢跑到出汗为止，运动出汗可以把肌肉内的压力激素皮质醇排除，焦虑感就会降低，同时身体容易产生内啡肽激素，让人产生一种愉快感。在这双重作用下，可以让我们暂时远离负面思想。

（3）学会自我暗示和放松，要控制焦虑的程度。面对学习任务的时候，不搞"疲劳战术"，注意合理安排时间。法国作家大仲马说过："人生总是由一串无数烦恼组成的念珠，达观的人总是笑着念完这串念珠的。"学习任务繁重的时候要学会给予自己积极的心理暗示，同时要注意保证有充足的体育锻炼和充足的睡眠，保证有充沛的精力、清醒的头脑、健康的身体和良好的情绪。

三、意志影响学习

小金刚进入大学的时候学习热情很高，下定决心要拿奖学金，还报了自学本科学历的考试，参加了多个社团。可她总是对事情只保持"三分钟热度"。

自考周末上课，小金爱睡懒觉，常因此迟到，学习效果自然不好，第一次考试就有两门课不及格，于是退出自考；几次社团活动后，小金也失去兴趣，慢慢也不去了；听学姐说，所学的专业需要考从业资格证，便买来一堆复习资料，着手看书，可是计划却总也完不成……时间一天天过去，小金什么也没做成，对什么都不感兴趣，什么也不想做，越来越强的挫败感弥漫内心……

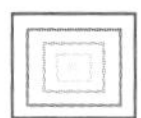

大学里不乏类似小金的情况。入校时信心满满，可往往是“雷声大，雨点小”。面对外界的诱惑，对自己的计划“善始者实繁，克终者盖寡”，做事情不缺热情和能力，但是往往有计划却缺乏相应的行动，或者计划不合理带给自己挫败的体验，要么遭遇挫折后选择放弃和逃避。

1．意志力的影响因素

意志是个体有意识地支配和调节行为，通过克服困难，以实现预定目的的心理过程。对于每一个需要克服的障碍，都离不开意志力。意志力也并非生来就有，也并不是不可改变，它是一种可以培养和发展的技能。学习过程并不是一帆风顺的，总会遇到各种各样的困难，这时意志力就会影响到学习的过程和学习的效果。

由于意志力是不断波动的，所以想要提高意志力，就要了解意志力的影响因素。

（1）情绪状态。我们都有这样的体验：当情绪高涨的时候，做事情就比较有动力，而情绪不佳的时候，往往也会做一些负向的事情。的确，情绪低落的时候会导致意志力薄弱，而情绪高涨时，意志力会增强。

（2）个人经历。美国心理学家塞里格曼做过一个经典的实验：把狗关在笼子里对狗电击，每次电击之前都会有一个蜂音器响起。开始，狗上蹿下跳，试图逃出笼子逃避电击。但经过多次努力，狗发现根本逃不出笼子。于是，只要蜂音器一响，狗就安静地等待电击。后来，塞里格曼把笼门打开，然后打开蜂音器。结果，狗不但没有逃出笼子，反而躺在地上呻吟、颤抖。

塞里格曼指出，人和动物一样，在面临一种无法改变的客观条件时，都会产生一种无助感，久而久之，即使客观条件改变了，他们仍然不能从已形成的无助感中摆脱出来。塞里格曼称这种消极悲观的心理状态为习得性无助，它使人们失去希望，放弃努力，被动地承受灾难和痛苦。

（3）周围环境。近朱者赤，近墨者黑。意志力有时也会通过周围的环境相互传染、相互影响。例如，如果周围的人都在吸烟，那么一个人想要戒烟是很困难的。

2．提高意志力的方法

（1）冥想。冥想是所有意志力训练效果最快的。通过冥想，你可以训练大脑的专注度和抵制神游的冲动。研究表明，5分钟的练习冥想只要做2～3天，你的注意力就能更加集中，获得更多的能量，同时也缓解压力。

（2）利用最后期限。很多人有这样的经验：考试之前挑灯夜战或者考试中的最后一分钟注意力会高度集中，精神非常紧张，人变得高度亢奋。同样的道理，研究人员发现给自己设定一个期限，也可以提高意志力，还能提高效率。将要做的事情列成表，确定好要完成的最后时间，然后坚持完成。参与者照这样做了两周后，不仅原来的事情做完了，还空出了很多时间来进行健身、调节饮食，吸烟及喝酒的量也减少了。

（3）遵循由少到多、由易到难的原则。不要在一开始就追求完美，刚开始少做一点。可以先做一件事，做你容易坚持的事情，然后不断地增加难度。不要想着21天就可以养成一个习惯。不同习惯的人所需要的天数不一致，一个新的科学试验得出的结论是：培养一个长期的习惯大致需要66天。要注意，在培养习惯的过程中，一定要坚持下去，不能中途停止。

【心理训练】

懒惰的时候不妨试试普瑞马法则

在学习和生活中，我们可能都有这样的经验：想要做某件事情，但过了好久发现还是没有做，或者觉得有力气使不出来，或者总觉得生活是灰色和抑郁的，等等。

这类情况反映在生活中，就是生活好像总是被一种惰性缠绕，知道存在的问题，但又不知道从何处入手来改变。你如果有兴趣坚持用一周的时间尝试普瑞马法则，就会发现自己变得与以前有很大不同；如果能继续坚持，那惰性生活方式就永远不会再接近你，而你将获得不错的成就。

可以先用一天到两天时间给自己做一个行为记录，把你通常每天要做的事情记下来，包括记录你所有的生活活动。即使粗粗地记，大约也会有几十件事情。然后把其中一些吃饭、穿衣等必须完成的事情剔除。此后，把剩余下来的几十件事情按照自己的兴趣排列，把自己最不喜欢做的事情放在最前面，把自己最喜欢做的事情放在最后。

最后，你就可以在下一周进行行动了。每天一早起来，从你最不喜欢的事情开始做起，坚持做完第一件事情，再做第二件事情……一直做到最后一件你喜欢的事情。

在整个过程中，开始会觉得困难，但只要花很少的力气稍稍坚持，你就能顺利进行下去。千万不要剔除那些你不喜欢做的事情。

心理训练：普瑞马法则一周训练记录

这种生活方式对于改变惰性具有很好的效果。对于经常有抑郁心情的人，这种生活方式也将直接改变其行为，只要坚持，抑郁的生活方式就会永远结束。

如果你多坚持一段时间，你将发现生活和工作都是十分轻松有趣的事情！

（4）改变周围的环境，帮助你完成目标。尽最大可能为了实现目标而改变环境，比如你要坚持学两个小时英语，在开始的时候就去选择一个安静的地方，并且把手机调成静音，以防被其他琐事打扰等。

（5）利用公开承诺的力量。将自己的目标告知周围的朋友，并请周围的朋友来监督你，如在朋友圈打卡等，同时也可以利用手机内的打卡软件，比如背诵英语单词及进行打卡分享等。

（6）给自己一些想要的奖励。将大的目标进行细分，转换成每天的目标。每天的目标完成后，可以给自己一些奖励。

像锻炼身体的肌肉一样，意志力锻炼也是一项马拉松。比如，你第一次训练不可能一口气跑26千米，要从少到多地循序渐进。这些简单的方法可以使你更加高效地完成工作，对意志力有很大的提升。

四、注意力影响学习

你有没有沉浸式体验的经历？当我们进行活动时如果完全投入情境当中，注意力专注，并且过滤掉所有不相关的知觉，即进入沉浸式状态。比如当我们在解答一道数学难题时可能会自动忽略周围同学的说话声，再如玩游戏时的那种全身心投入的感觉也是沉浸式体验。沉浸式体验会使你的注意力高度集中。那么什么是注意力呢？

注意力是对一定活动对象的指向和集中。注意力是人的各种心理过程正常进行的保证，可以说没有注意力，人的各种心理活动将很难进行。同样，大学生的学习也离不开注意力和专注。

在心理学上，个人精神完全投注于某种活动的感觉被定义为心流，心流产生时会有高度的兴奋及充实感。“心流”一词听起来比较学术，“沉浸式体验”可能会更接地气。“沉浸式体验”一词一诞生，便迅速被各领域应用，特别是在游戏和数字展示领域。通常我们看到的比较容易产生沉浸式体验的虚拟方式有游戏、VR、AR 等，这些都可以很好地营造氛围，让个体有很强的代入感。

1．注意力不集中的表现

大学生注意力障碍主要表现为上课时思想开小差，不能专心听课，经常胡思乱想，容易受到手机等无关事物的吸引，自己不能控制思维；容易受到环境的干扰，一点小刺激就会引起注意力的转移，长时间不能静下心来。

2．提高注意力的方法

我们每个人的注意力都是一种有限的资源，重视某些事情，就必定会忽略另外一些事情。如何将自己的注意力放在最重要的事情上呢？

1）专注当下，从做计划开始

如果担心自己经常忘事，那可以给自己配备一个助理——随身带一个小本子，记下自己需要做的事情，养成随记随做的习惯，每天记得定时查看列表。做计划可以给自己带来安定感。人们总是害怕未知、不确定的事物，害怕自己的金钱、精力投入后竹篮打水一场空，必须要时时看到进展才能让自己觉得安心。

同时，制订计划时不要盲目模仿别人的计划。每个人都是不一样的个体，按照你自己的时间、精力、喜好来订制，才能达到最好的成果。

2）不要让手机成为自己的绊脚石

身处信息时代，每天我们接收的信息量巨大，那么如何高效处理信息呢？不妨在工作和学习的时候，将手机调为静音，随身携带手表，看时间只看手表，防止自己拿出手机就做一些与自己学习无关的任务。这样，每天给自己一段专注于自己任务的时间。手机的出现不是让别人随时找到你，而是让别人在“你想让他们找到你的时候”找到你。

3）选择环境，排除无关干扰

不要再迷信“桌子乱的人平均智商更高”了。真正的聪明人，从不把自己桌子搞得乱七八糟——乱糟糟的桌子只会让你注意力涣散。英国神经学家奥利弗·萨克斯建议，如果你要在同一张桌子上完成2个完全不同的项目，那就把桌子划分成2个区域，在不同的区域做不同的工作。进入一个新的空间可以让大脑重启，从而保证创造力不受限。

4）学会取舍，只关注最重要的事情

将每天要做的事情按照紧急和重要与否进行分类，每天主要的精力放在最主要的事情上，放弃一些无用的娱乐和社交，"心无旁骛"会让你的学习效率更高。

第三节　学习的潜能开发

一、了解学习风格

每个人擅长学习的内容和最适合的学习方法不尽相同，有的人喜欢自己一个人学习，有的人喜欢几个人一起学习；有的人在早晨记忆力很好，有的人则在晚上记忆力好，等等。学习者在学习过程中表现出的一贯的、典型的、经常采用的学习方式就是学习风格。了解自己的学习风格，选择适合自己的学习方式，对提高学习兴趣和效率具有非常重要的作用。

下面是几种不同角度的学习风格分类。

1．对学习时间的偏爱

每个学习者都有自己的生物钟，表现在学习时间上也有不同的偏爱，在不同的时间段里进行学习会产生不同的效果。有人喜欢在清晨，有人喜欢在上午，有人喜欢在下午，还有人喜欢在晚上学习。根据学习者对不同学习时间的偏好，可将学习者分为四种类型，即清晨型（又称为百灵鸟型）、上午型、下午型、夜晚型（又称猫头鹰型）。在自己偏爱的时间段，学习者的学习效率最高。

当然，学习者偏爱什么时间段进行学习受许多因素的制约，其中有些因素如生活习惯等是可以调节的。了解自己的时间偏爱后，每一个人都可以合理、科学地安排作息制度和最佳学习时间，从而提高学习效率。

2．对感觉通道的偏爱

人们接受和加工信息并进行学习，要借助不同的感觉器官，如凭耳朵听，用眼睛看，用手摸等。由于个人身心特点的差异，不同的人对不同的感觉器官和感知觉通道有不同的偏爱。心理学的有关研究表明，不同认知通道的学习效果是有差异的。一般来说，只使用视觉通道仅能记住材料的25%，只使用听觉通道能记住材料的15%，而通过视听结合并使用多通道参与的学习活动则能记住材料的65%。不同感知觉类型的学习者在学习上有不同的表现，所应采用的学习策略也各不相同。从感知觉方面看，学习者主要有视觉型、听觉型、动觉型三种类型。学习过程中要充分运用多种通道，这样也可以达到良好的学习效果。

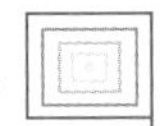

3．左右脑的差异

人的大脑两半球在进行思维活动时，在功能上表现为一侧优势，这种现象叫偏侧化或不对称性。由于生理类型的差异，有的学习者在心理能力上表现为左脑优势，有的是右脑优势，有的则是两半球脑功能和谐发展。根据个体的大脑优势半球差异，可以把学习者分为左脑型、右脑型、左右脑混合型三类。左脑型学习者的语言、逻辑性强，对细节问题特别敏感，善于分清主次，抓住重点，做事的自觉性、计划性、条理性强，有责任心。右脑型的学习者容易接受新东西，空间概念较强，喜欢以直觉的方式处理信息，善于把握整体。左右脑混合型的学习者则因学习情境、学习任务的性质等因素，有时较多地使用左脑，而有时较多地使用右脑。

总体来说，每个人善于使用的学习风格是不同的，只有正确认识自己的学习风格并采取相应的策略加以辅助，才能提高学习效率。

二、学习的记忆策略

很多同学会有这样的感受：复习了一会儿，明明这部分内容已经记住了，可是隔了几天发现自己又忘记了，这是怎么回事呢？这就是与记忆有关了。记忆是在头脑中积累和保存个体经验的过程。

德国心理学家艾宾浩斯研究发现：人类大脑对新事物遗忘存在一定的规律。这对应的就是艾宾浩斯遗忘曲线（图 2-4）。简单来说，我们学习新内容后如果没有复习，那么就会遗忘大部分内容。遵循记忆规律，那么学习的知识也就会很好地记住。其实道理很简单：学完一些内容，需要经常复习和反复使用，才能记得住、记得牢。

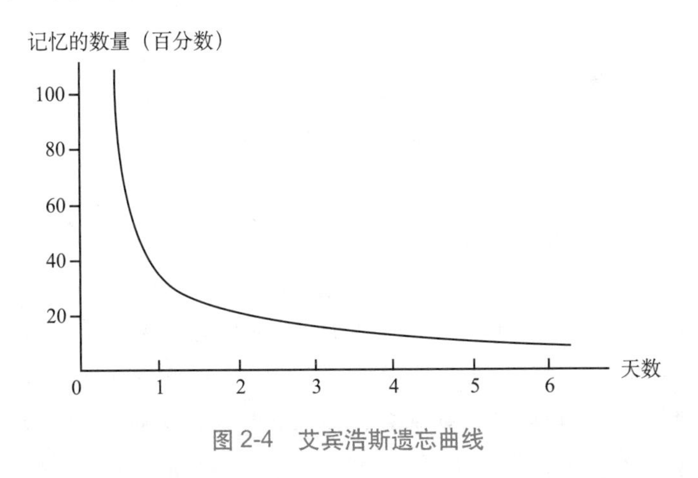

图 2-4 艾宾浩斯遗忘曲线

另外，艾宾浩斯遗忘曲线也告诉我们，机械记忆是低效的记忆方式。使用一些常用的记忆策略可以更有效地提高记忆效率。

（1）直观形象记忆法。从信息论的角度来说，直观形象产生的信息对大脑的刺激比语言文字要多得多。例如，教师教“灭”字时，把一个小纸团点燃放进杯子里，然后在杯子上盖一块铁板后火就灭了，学生便因此有了“火”上加“一块板”的“灭”字形象。

（2）歌诀记忆法。从许多人的学习经验中发现，人们对有节奏感的学习材料的记忆保存效果良好。歌诀记忆法便是用此原理，将学习材料（尤其是大量的、不规则的资料）编成歌词形式的节奏顺序，不但便于识记，也方便提取、保存。

（3）趣味记忆法。将抽象无趣的学习材料赋予有趣的联想便是趣味记忆法。除了学习成绩取得的成就感可促进学习以外，学习材料和教学技巧的趣味化也必须能让人对学习产生直接的兴趣。

（4）特征记忆法。特征记忆法是利用好奇心，在平常的学习情境中比较这种东西（或观念）跟那种东西（或观念）的不同，是一种发现特征并达到记忆目的的方法。

（5）分段记忆法。将学习材料先分为几个部分，慢慢学习，然后做整体的记忆，就是分段记忆法。

（6）比较记忆法。比较记忆法是把相反或相似的新旧学习材料相比较，可以集中注意力，有利于旧知识的复习和思维能力的发展，以此强化记忆。

（7）自我复述记忆法。自我复述记忆法是将学习材料变成自己的话，以加强记忆。此方法的优点在于必须要对学习材料集中注意，并达到充分理解。例如，读后感或参观心得都是汇总学习材料的好方法。

（8）谐音记忆法。背化学元素周期表或文科类事实性的教材，可以利用谐音的方式帮助记忆。

（9）复诵法。复诵法就是反复地背诵。可搭配分段记忆法将学习内容分段复诵，或在一天中分不同时段重复背诵。背诵时，对镜练习可以达到很好的效果。

（10）提问法。找一个同学或家人，针对所背诵内容相互提问。提问法还可避免单独学习时遗漏知识盲点。

三、做好时间管理

生命中的“大石块”

一天，教授为一群商学院学生讲课。教授首先拿出一个一加仑的广口瓶放在他们面前的桌子上。随后，他取出一堆拳头大小的石块，一块一块仔细地放进玻璃瓶里。直到石块高出瓶口，再也放不下了，他问道：“瓶子满了吗？”所有学生应道：“满了。”教授反问：“真的？”他伸手从桌下拿出一桶砾石，倒了一些进去，并敲击玻璃瓶壁，使砾石填满下面石块的间隙。“现在瓶子满了吗？”他第二次问道。但这一次学生有些明白了，“可能还没有。”一位学生应道。“很好！”教授说。他伸手从桌下拿出一桶沙子，开始慢慢倒进玻璃瓶。沙子填满了石块和砾石的所有间隙。他又一次问学生：“瓶子满了吗？”“没满！”学生们大声说。他再一次说：“很好。”然后他拿过一壶水倒进玻璃瓶直到水面与瓶口平齐。抬头看着学生，问道：“这个例子说明了什么？”一个心急的学生举手发言：“它告诉我们：无论你的时间表多么紧凑，如果你确实努力，你可以做更多的事！”“不！”教授说，“那不是它真正的意思。这个例子告诉我们：如果你不是先放大石块，那你就再也不能把它放进瓶子里了。”

那么,什么是你生命中的“大石块”呢?

1. 时间管理的理论

1）史蒂芬·柯维的时间管理理论

“一寸光阴一寸金,寸金难买寸光阴。”每个人的时间都是珍贵的资源,如何合理利用好时间达成自己的目标,这就需要进行时间管理。著名管理学家史蒂芬·柯维在《高效能人士的七个习惯》一书中提出了一种时间管理理论,即把工作或学习按照重要和紧急两个不同的程度进行了划分,如图 2-5 所示。时间管理坐标体系的核心理念是投入更多资源在重要但不紧急的事情上面,如编写新年度工作计划、高考前复习功课等,要将主要精力和资源投入到这些事务上,这样可以做到未雨绸缪,防患于未然；重要且紧急的事务,如火灾、危机等,需要马上处理；紧急不重要的事务,如接听电话、不速之客造访等,通常都是些小事情,但是来得却又很紧急,这类事务越少越好；既不重要也不紧急的事务,如客套的闲谈、聊天打牌和玩游戏等,适当休息一下皆可,不可过度沉迷。

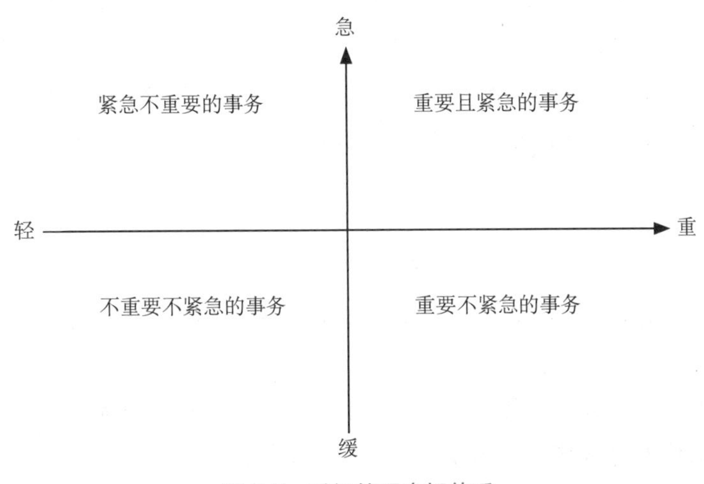

图 2-5 时间管理坐标体系

2）二八法则

二八法则又叫帕累托原理,是指世界上充满了不平衡性,比如 20% 的人口拥有 80% 的财富, 20% 的员工创造了 80% 的价值, 80% 的收入来自 20% 的商品, 80% 的利润来自 20% 的顾客,等等。这种不平衡关系就是帕累托发现的二八法则。该法则认为,资源总会自我调整,以求将工作量减到最少。抓好起主要作用的 20% 的问题,其他 80% 的问题就迎刃而解了。所以,在工作中要学会抓住关键的少数,要用 20% 的精力付出获取 80% 的回报。因此,这种法则又叫省力法则。在一天的时间里,我们要把 80% 的精力放在解决 20% 的重要事情上。

2. 合理安排时间的方法

这里推荐时间管理中最实用的两种方式。

1）番茄工作法

番茄工作法就是一种能让你在 25 分钟内高效专注的时间统计方法。

现在几乎人手一部智能手机，手机有时会是学习的重要干扰，但是如果善加利用，手机也可以是我们学习的利器。手机上的工作计时软件，可以在规定时间内集中注意力，提高学习效率，大家可以利用这些软件，让自己的学习更有乐趣。

【心理小贴士】

风靡一时的番茄钟

推荐大家下载番茄钟的 App，时间是 25 分钟。开始完成第一项任务，直到番茄钟响铃，你这时如果还处于高效专注的状态下，就不用停止学习，继续下一个番茄钟；如果累了，就休息 3 ～ 5 分钟，然后再继续，直到把学习任务完成。

2）充分利用“黄金时间”

“黄金时间”是人的精力最充沛、注意力最集中、学习效率最高的那段时间。人在精力最充足旺盛的时候，注意力和专注度是最高的，大脑反应速度也是最快的，这时做任何事情效率都很高。有些人是早晨，有些人是下午，也有很多人是深夜。在安排工作的时候，要将自己最重要和最困难的任务安排在黄金时间内，那么学习效率自然会提高很多。

【心理训练游戏】

时　间　银　行

问题：如果每天都有 86400 元存入你的银行账户，而你必须当天用光，你会如何运用这笔钱呢？

其实，每个人都有这样一个银行账户，那就是“时间”，每天都有新的 86400 秒进账，你打算如何利用好这每一秒，对人生进行投资呢？下面，我们一起做这样的一个小游戏——时间馅饼。

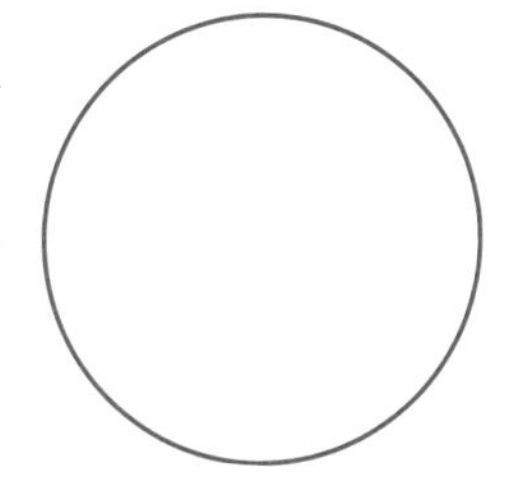

图 2-6　时间馅饼

图 2-6 的大圆圈代表生活中一天 24 小时，请你估计一下下列每项事宜所占用的时间，然后把自己的馅饼按各项的比例分割，画在纸上。

①睡觉；②上课；③人际交往（如与朋友会面、聊天等）；④与家人共处（包括吃饭、打电话、视频等）；⑤社团活动；⑥体育锻炼；⑦课外学习（如去图书馆）；⑧休闲娱乐（如玩手机、网购、玩游戏）；⑨其他。

心理训练：时间银行

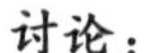

讨论：

1. 你对自己目前使用时间的情况满意吗？

2. 在你的理想中，应该如何使用时间？再画一个代表你理想时间使用的“时间馅饼”。

3. 你需要采取什么行动来改变目前的“时间馅饼”，使它更接近理想中的“时间馅饼”呢？

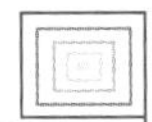

四、培养和训练创造性思维

大疆创新——中国人的无人机

1980年出生的汪滔，最早是通过漫画书认识了航模，对航模产生了兴趣。2003年，汪滔从大三退学又去了香港科技大学。在香港科技大学求学第三年，汪滔接触硬件研发，把本科毕业设计定在直升机的核心部件，即飞行控制系统。但在最后毕业演示时，汪滔的飞机还是摔了，毕业设计只得了一个C。后来，在研究生导师李泽湘的鼓励下，汪滔在读研的同时创业。最终，他在宿舍制造出飞行控制器的原型，2006年他和自己的两位同学用奖学金做起步资金，在深圳的一所居民楼里，正式开启改变世界的创业之路。2013年发布的"大疆精灵"，迅速占领了70%的市场份额。

2018年7月，大疆创新创始人汪滔和其导师香港科技大学教授李泽湘获得2019 IEEE机器人与自动化大奖（IEEE Robotics and Automation Award）。这一奖项是全球工程技术领域最重要的奖项之一。2022年，汪滔创立的公司位列"2022中国制造业民营企业500强"第313位。

在大众创新、万众创业的时代大背景下，创新成为一个炙手可热的词汇。其实，不仅仅是创业成功人士，每个人都拥有创造力。创造力可能是对已有的事物提出新想法，也可能是创造新东西。不要认为创造力是少数人的天赋，普通人也有创造力，区别就在于创造力是否能体现出来。只有当个体创造出产品的时候，个体创造力才会被感知。因此，人们感知到的创造力是个体外显的创造力。

1．创造性思维

创造性思维是伴随着创造性活动过程而言的，对创造性思维过程的分析最有代表性的、最有影响力的是英国的心理学家华莱士提出的四阶段理论，即创造性思维过程包括准备期、酝酿期、豁朗期和验证期四个阶段。

1）准备期

准备期是指提出创造、创作发明对象的阶段。这一阶段最重要的任务是：①明确创造目的；②掌握丰富的经验；③收集广泛的信息和掌握必要的技能。"独上高楼，望断天涯路"是其绝好的写照。

2）酝酿期

酝酿期是指将准备期所收集到的资料进行深入的探索和思考，通常在潜意识中进行的。表面来看，似乎难以产生有价值的想法，但是探索问题的解决方案，等待有价值的想法自然酝酿成熟并产生出来，创作者须付出百倍的勇气和顽强的毅力，刻苦钻研、精心构思、大胆想象、顽强探索。"衣带渐宽终不悔，为伊消得人憔悴"是这一阶段的写照。

3）豁朗期

豁朗期也称灵感阶段。个体经过充分的酝酿之后，由于思维者对问题的考虑是多方面的、周密的甚至是较长时间的思维活动，问题突然得到解决。它是创造性思维最富有智慧的高潮阶段。“豁朗”的经典例子是希腊科学家阿基米德解决测定王冠含金重量的问题。豁朗期可表述为“蓦然回首，那人却在灯火阑珊处”，即经过艰苦思索和顽强探索后，灵感终于出现。

4）验证期

问题的解决往往不是一下子就取得圆满成功的，而要在理论和实践上进行多次的论证和反复的修改。灵感所获得的观念尚需加以检验，在此阶段，逻辑思维和各种非逻辑思维交融在一起。可谓“苦尽甘来，光彩夺目降人间”。

2．创造性思维的培养

1）要注重知识的积累

能力的培养是以知识为基础，因此获得相关领域的知识是培养创造性思维的基础。创造性思维包括广度和深度两个方面，这就决定了获取相关领域的知识也必定要广泛和深入。踩在前人的肩膀上，才能走得更远，才能走得更稳，所以我们要培养创新能力，必须要先积累我们的基础知识。

2）运用发散性思维和远距离联想能力

发散性是创造的主要成分，发散性思维具有流畅性、变通性、独特性等特点。发散性思维就是人们沿着不同测序方向思考，重新组织当前信息和记忆系统中存储的信息，产生大量、独特的新思想。远距离联想就是将不同事物、概念或元素进行联想并重新整合的过程。比如由一个圆可以联想到数字 0、字母 O，以及排球、网球、乒乓球，或者是地球、月饼、硬币……这样的训练方法也有助于创造力的发展。

3）突破自己的舒适区

每个人都有自己的心理舒适区。在心理舒适区，我们感到熟悉、驾轻就熟；如果我们的行为超出了这些模式，就会感到不安全、焦虑甚至恐惧。生活中当我们面对新工作及接受新挑战时，内心会从原本熟悉、舒适的区域进入紧张、担忧甚至恐惧的压力区。心理学表明，人们天生喜欢稳定，喜欢待在舒适区，不愿意冒风险。而创新则意味着变化，意味着不确定性，意味着冒风险。所以，要勇敢地跳出自己的舒适区，接受新的环境和挑战。比如，尝试学习一项新的技能，研究一个新的领域，学会与背景、教育、观点各不相同的人相处，敢于接受别人的质疑和挑战等。

4）重视非智力因素的培养

兴趣、志向、信心、坚持力等非智力因素是创造活动过程中最稳定、最持久、最巨大和最经受得住考验的驱动力。科学研究表明，对于一个人来说，创造成就的取得，智力因素只占 25%，而非智力因素则占 75%。创新是复杂性的活动，需要创新者有坚定的理想和抱负，有顽强的意志力，有强烈的自信心，有聚精会神的专注力等优秀的心理品质。因此，大学阶段加强非智力因素的自我培养，对创造性思维的形成具有极强的推动作用。

【案例讨论】

女生620宿舍的学习之路

620宿舍是某高职院校的一个普通的大学女生宿舍，宿舍里有四名女生。

从年龄上排列，白雪是620宿舍的老大。高考时，白雪特别想考好，白雪觉得只有考好，自己才能对得起父母的期望。但是考试时，白雪却紧张到一度要晕厥，考试成绩自然也很差，分数只够进入一所专科院校。进入大学后，只要一想到考试，白雪就会紧张、焦虑，想到考试就吃不下、睡不香，自然也影响复习的效率。每到考试前一天晚上，白雪就会失眠、头痛，第二天只能昏昏沉沉去考试。进入考场，白雪依然紧张到不行，手心冒汗，脸色发白，考试成绩自然也好不到哪里去。更严重的是，白雪的紧张不仅仅只出现在考试方面，上台演讲，举手回答问题，甚至是小组讨论需要自己发言，白雪都会莫名地紧张。她恨不得当一只“鸵鸟”，把自己隐藏起来。为此，白雪不敢参加班级竞选，不敢参加社团竞选，更不敢面对考试，自己的生活、社交受到了严重的干扰，完全没有了高中时意气风发的样子。白雪很苦恼，大一上学期的期中考试后，白雪觉得不能再这样下去了，她来到了心理咨询中心，向心理教师倾诉了自己不为人知的苦恼。心理咨询教师与她一起制定了摆脱紧张的办法，经过多次咨询后，期末考试也随之而来，白雪参加考试的时候心态平稳，结果考了全班第一名的好成绩。

陈晨是620宿舍的老二，她来自农村，家里经济情况一直不是很好，但是学业成绩一直很优秀。上大学后，陈晨迷上了手机上网和直播，除了上网，好像没什么自己感兴趣的事情，学习没有动力，生活没有目标，有时候想到辍学在家的妹妹和年迈的父母她也恨自己不争气，可她的确找不到奋斗的目标与学习的动力，学习上得过且过，生活上马马虎虎，十分茫然又毫无目的，上课打不起精神，学习成绩自然也好不到哪儿去。

晓静是620宿舍的老三，来自于知识分子家庭。一直优秀的她一向对自己要求很高，当然这也与家庭期望有关，在父母的言传身教下，晓静从小就知道努力与奋斗。在大学，她进行了认真细致的生涯设计：要一步一个脚印向前走，成绩要拔尖，二年级想通过国家英语六级和托福考试，为将来出国留学做好准备；三年级想入党，使自己在政治上取得巨大进步，与此同时还会锻炼自己各方面的能力。于是，晓静在大学里像一只陀螺一样飞速运转着，十分珍惜大学的分分秒秒，因为她相信付出总有回报。

小秦是620宿舍的老四，她对国际贸易一直很有兴趣，高考时她填写了国际贸易专业，但事与愿违，她被录取到市场营销专业。拿到录取通知书时，她心都凉了，只觉得理想顿时化作泡影。没有别的选择，小秦怀着抑郁的心情上了大学。抱着既来之则安之的态度，她糊里糊涂地过着大学生活。专业课多了以后，小秦越来越没兴趣，越来越觉得心灰意冷，她常常跟宿舍里的姐妹抱怨说：“推销东西还用学吗？哪赶得上去做国际贸易呀！”她曾想过换一个专业，但学校不允许。好在大二的时候，学校开设了国际贸易专业的选修课，小秦毫不犹豫地将所有选修课都换成了国际贸易类，终于圆了自己的国际贸易梦。

讨论：

1. 白雪在考前特别想考好但最后却没有考好的现象，可以用哪种动机定律来解释？

2. 面对考试焦虑,你有什么好的方法和建议给予白雪?

3. 如果学习兴趣不足,你有什么办法帮助小秦?

【心理测试】

学习动机自测

这是一份关于大学生学习动机的自我诊断量表,共有20个问题,请根据自己的实际情况,逐一对每个问题作“是”或“否”的回答。为了保证测验的准确性,请认真作答。

1. 如果别人不督促我,我极少主动地学习。
2. 我一读书就觉得疲劳与厌烦,只想睡觉。
3. 我读书时,需要很长的时间才能提起精神。
4. 除了教师指定的作业外,我不想再多看书。
5. 在学习中遇到不懂的知识,我根本不想弄懂它。
6. 我常想:“自己不用花太多的时间,成绩也会超过别人。”
7. 我迫切希望自己在短时间内就能大幅度提高学习成绩。
8. 我常为短时间内成绩没能提高而烦恼不已。
9. 为了及时完成某项作业,我宁愿废寝忘食、通宵达旦。
10. 为了把功课学好,我放弃了许多我感兴趣的活动,如体育锻炼、看电影与郊游等。
11. 我觉得读书没意思,想去找个工作。
12. 我常认为课本上的基础知识没啥好学的,只有看高深的理论、读大部头作品才带劲。
13. 我平时只在喜欢的科目上狠下功夫,对不喜欢的科目则放任自流。
14. 我花在课外读物上的时间比花在教科书上的时间要多得多。
15. 我把自己的时间平均分配在各课程上。
16. 我给自己定下的学习目标,多数因做不到而不得不放弃。
17. 我几乎毫不费力就实现了好几个学习目标。
18. 我总是同时为实现好几个学习目标而忙得焦头烂额。
19. 为了应付每天的学习任务,我自己感到力不从心。
20. 为了实现一个大目标,我不再给自己制订循序渐进的小目标。

计分规则与结果解释:学习动机自测

【能量补给】

1. 请你为目前的学习动力打分,________分(分数为0～10分。0表示完全没动力,10分表示动力十足)。

2. 目前你学习上面临的困难是什么?

3. 回顾过去你在学习方面令自己满意或者让自己感到骄傲的一次经历。

4. 这次经历让你学到的经验是什么?

5. 带着这种经验来看目前学习上的困难,你想做什么“小改变”来改善当下学习的困境呢?

【拓展阅读】

1. 图书《如何学习》

书中,纽约时报科学记者本尼迪克特·凯里汇集了神经科学和认知心理学数十年的科研成果,为我们展示了大脑获取知识的途径和记忆的规律,提炼出10种颠覆常识的学习方法,告诉你如何通过拉开学习间隔、变换学习环境、交替学习等方式提升学习效率,甚至利用考试和睡眠也能加强记忆。

2. 图书《自控力》

该书是斯坦福大学最受欢迎的心理学课程。只需10周就可以成功掌握自己的时间和生活。提高自控力的最有效途径在于弄清自己如何失控及为何失控。如果你总拖到最后一分钟才开始工作,总是当“月光族”且透支信用卡,想放松一下却熬夜上网,一直想减肥却总是挫败,那么这本书就是专门为你而写的。本书为读者提供了清晰的框架,讲述了什么是自控力,自控力如何发生作用,以及为何自控力如此重要。

第三章　知己悦己　绽放自我——自我意识

【学习目标】

知识目标：了解自我意识的基本概念，认识自我意识发展的重要性，了解大学生自我意识发展的特点。

能力目标：识别在自我意识发展过程中出现的偏差及原因，掌握自我意识的调适方法。

素养目标：构建积极的自我意识，培养健康、稳定的自尊。

思政目标：树立正确的人生观和价值观，将理想自我融入中国梦，在贡献社会的奋斗中找到自我价值。

【思维导图】

思维导图：自我意识

【案例导读】

小李是一名大一新生，因为高考失利，他选择了自己并不太感兴趣的学校和专业。进入大学后，他开始逐渐迷茫。虽然像其他同学一样，上课、竞选学生会、加入社团，似乎忙忙碌碌，但却又不知道自己都在忙些什么。当一个人独处时，小李不禁会有这样的疑问盘旋脑海：这是我想要的生活吗？每天忙碌的事情究竟有没有意义？这个专业真的适合我吗？我到底擅长什么？离开校园时的自己会是什么样子？

当代许多青年人有着与小李相似的困惑：我是谁？我想要成为什么样的人？我每天在为何忙碌？我的价值在哪里？随着大学生身体的成熟、眼界的开阔、人际关系的扩大，大家开始更主动、更深入地探索自己存在的价值，在时代洪流中寻找自己人生的坐标。而这一切都意味着大学生自我意识的进一步觉醒。

那么，什么是自我意识？大学生的自我意识发展有什么特点？如何正确认识自己、悦纳自己？如何完善超越自我，不负时代、不负韶华，成就最好的自己？本章我们将一起探讨这些问题。

第一节 自我意识概述

“我是谁？”这是一个古老而永恒的命题。早在古希腊时期，“认识你自己”这句被镌刻到德尔菲神庙上的碑铭，就犹如一把千年不熄的火炬，引领着人们踏上漫漫的自我探索之路。

古人云：“人贵有自知之明。”约翰·保罗说：“一个人真正伟大之处，就在于他能够认识自己。”但认识自己绝不比认识世界更容易。对于大学生而言，自我意识是个体认识世界的出发点，也是个人成长和发展的基础。俄国心理学家科恩曾指出：“青年初期最有价值的心理成果就是发现了自己的内部世界。对于青年人来说，这种发现与哥白尼当时的革命同等重要。”

【心理小贴士】

你充满了神秘，你叫我。

——[法]保罗·瓦莱里

一、什么是自我意识

自我意识是对自己身心活动的觉察，即自己对自己的认识，具体包括认识自己的生理状况（如身高、体重、体态等）、心理特征（如兴趣、能力、气质、性格等），以及自己与他人的关系（如自己与周围人的关系，自己在集体中的位置与作用等）。比如，你满意自己的外表和性格吗？你满意自己的努力和成绩吗？你觉得周围的人是喜欢还是讨厌你？

自我意识为我们提供了一种个人身份感，即关于“我是谁”的意识，是个体感知到自身存在的心路历程。自我意识是人格的核心力量，也是衡量性格成熟的重要标准，它的核心内涵是一个人的人生观、价值观和世界观。

二、自我意识的结构

自我意识不是个单一的概念，它包括了一系列的“我”，是一种多维度、分层次的有机结构，是复杂的动态存在。自我意识的结构从不同的角度分析具有不同的解释，概括起来有以下几种。

1. 生理自我、社会自我与心理自我

1）生理自我

你认为自己是否漂亮？你对自己的身材是否满意？你觉得自己的声音是否很迷人？这些都属于生理自我的认识内容。

生理自我是个人对自己身体、生理状态的认识和体验，包括一个人对自己的身高、体重、容貌、身材等方面的认识，以及对温饱饥饿、劳累疲乏、病痛等方面的感受，还包括占有感、支配感和爱护感，它是自我意识的最初形态。

图 3-1　大学生对身材的关注

青年初期，大学生正处于生理自我的高度关注期，女生会在意自己的外貌是否漂亮，身材是否匀称，甚至脸上是否长痘等（图 3-1）；男生则会较多地去关注自己的体型、身高甚至声音的吸引力等。这个时期的学生往往开始通过健身、美妆及时尚的服饰来让自己变得迷人而有吸引力。然而，当下还有一些青年人沉迷于过度减肥、社交软件上的过度修图和整容，这些都是对自己的生理自我不接纳、不正视的表现。

2）社会自我

你觉得自己的人缘如何？你认为自己在同学中是否有很高的威信？你怎样认识自己和父母的关系？这些问题都涉及社会自我。

社会自我是个体对自己在社会关系、人际关系中的角色的意识，包括我们对自己在集体中的地位及自己与他人之间关系的评价和体验，如是否受人尊重和信任，在集体生活中举足轻重还是无足轻重等。

随着社会自我的发展，大学生的社会角色感、责任感和义务感不断增强，他们渴望得到他人和社会的认可、理解和尊重，一旦失去周围人的认同和肯定，就会感到孤独、寂寞。

3）心理自我

你觉得自己思维敏捷还是迟钝？做事果断还是优柔寡断？理解力、记忆力强还是弱？外向还是内向？是否很情绪化？自制力是否很差？这些都与心理自我有关。

心理自我是个体对自己的心理活动、人格特点、心理品质的认识和评价，主要包括对自己的能力、知识、情绪、气质、性格、理想、信念、兴趣、爱好等方面的认识和评价。

心理自我的发展意味着青年人逐渐脱离对成年人的依赖，表现出自我意识的主动性和独立性，开始追求自我的价值与理想。心理自我发展完善的大学生能够知觉并调整自己的心理活动及其状态，他们可以透过自我意识去认识外部世界，形成对待现实的正确态度，形成强大的信念，树立远大的理想，并根据自身需要与社会发展需要去灵活调控自己的心理和行为。

2．自我认识、自我体验与自我控制

1）自我认识

自我认识是个体对自己的认识与评价，即个体对自己各种身心状况的认识，以及在这个认识的基础上对自己做出的某种判断和评价。自我认识包括自我感觉、自我观察、自我概念、自我分析、自我评价等，主要解决“我是一个什么样的人”“我这个人怎么样”等问题。

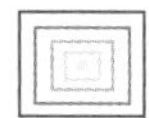

【心理小贴士】

通往自我的一扇窗——“乔韩窗口”

心理训练：“乔韩窗口”

美国心理学家乔恩和哈里曾提出一个关于自我认识的窗口理论——“乔韩窗口”，他们认为人对自己的认识是一个不断探索的过程。

每个人的内心都有四块领域。

第一块是公开的自我（开放区），即自己很了解，别人也很了解的部分。

第二块是秘密的自我（隐藏区），是自己了解但别人不了解的部分。

第三块是盲目的自我（盲点区），别人看得很清楚，自己却不了解。

第四块是未知的自我（未知区），是别人和自己都不了解的潜在部分，通过某些契机可以激发出来（图 3-2）。

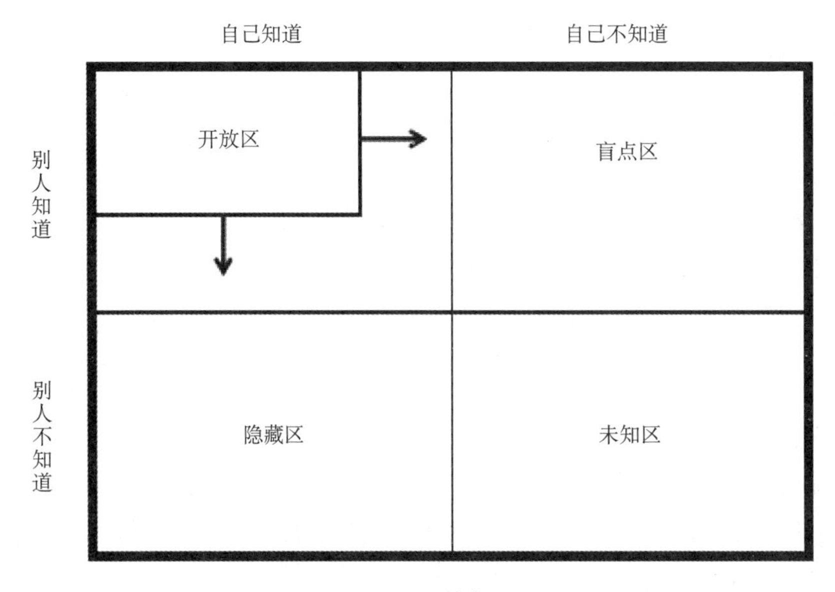

图 3-2 乔韩窗口

运用“乔韩窗口”的方法认识自己。

第一步，请 5 个或 10 个非常了解你的朋友列出你的优点和缺点。可以先从好朋友开始，看他们是怎样看待你的。如果想进一步客观地评价自己，再请那些你最不喜欢的人列出你的优缺点。也就是让别人作为你的镜子，利用别人给你的反馈，帮助你认识自己、评价自己。

第二步，拿出一张纸，自己列出自己的优点和缺点。然后将自己列出的优缺点与别人列出的优缺点进行比较，这便产生了上文列出的四种情况。

通过这个练习希望大家能够更加具体和全面地认识自己，发现自己眼中和他人眼中的“我”有何差距，缩小盲区，开发未知区；通过与他人分享秘密的自我，减少隐藏区；通过他人的反馈减少盲目的自我，缩小盲点区。随着公开的自我的扩大，我们对自己的了解会更多、更客观，活得也更真实。

2）自我体验

自我体验是伴随自我认识而产生的内心体验，是自我意识在情感上的表现。自我体验主要集中在“我是否能接纳自己”“我是否喜欢自己”“我是否是个有价值的人”等方面。自我体验的内容十分丰富，可以包括自尊、自爱、自信、自卑、自怜、自弃、自恃、自傲、义务感、责任感、优越感、荣誉感和羞耻感等。

3）自我控制

自我控制是对自己行为、思想和言语的控制，以达到自我期望的目标。自我控制包括自我激励、自我暗示、自强自律。自我控制是自我意识中的最高阶段，其核心是“我应该成为什么样的人”“我如何改变自己”“我怎样节制自己”等，常常以自主、自立、自强、自制、自律、自我监督、自我调节、自我控制等形式表现出来。

【心理小贴士】

自律是我们解决人生问题的基本工具，没有自律我们什么都解决不了。

——[美]斯科特·派克

自制力强的人，不易感情用事，常常会克制自己的情绪，做事有计划性，自我发展方向明确，给人以深沉、冷静、含蓄的印象。相反，自制力弱的人，与他人交往时易情绪化，常常会不顾场合宣泄一番，高兴时手舞足蹈，生气时乱发脾气，对将来愿意跟着感觉走，常常觉得自己计划完不成，拖延，面对压力时缺乏承受力。

3．现实自我、投射自我与理想自我

1）现实自我

现实自我也称现实我，是个体从自身的立场和观点出发，对自己目前的实际状况的看法和评价。比如，认为自己很有才华。

2）投射自我

投射自我也称镜中自我，是个人想象中他人对自己的看法和评价，以及由此而产生的自我感觉。投射自我有时候会与现实有一定的差距，比如，自己总感觉别人不喜欢自己，而其实他人并没有这种想法。

3）理想自我

理想自我也称理想我，是指个体要实现得比较完善的一种自我境界或形象，是个人追求的目标，如个人的生活目标，对将来的期待、抱负和成就，以及自己想成为一个什么样的人。

现实自我、投射自我和理想自我之间会存在一定的差异和冲突，如果不能准确地认清三者的差距，混淆理想与现实、想象与实际，就会破坏自我意识的完整和平衡，进而导致心理障碍。

 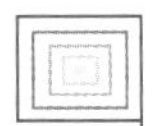

三、自我意识对大学生发展的影响

1. 自我意识是心理健康的主要标志

健全的自我意识是心理健康的主要标志。一方面,积极的自我意识可以增强大学生的心理抵抗能力和应对困难的能力感。有研究发现,个体的自尊程度越高,其心理抵抗能力就越强,在生活中也能更好地应对焦虑、抑郁及各种无法避免的困境。另一方面,大学生消极的自我意识容易诱发抑郁、强迫、人际关系敏感、精神疾病等不健康的心理。

2. 良好的自我意识是成功的基础

纳撒尼尔•布兰登认为:自我概念就是命运。如果一个人相信自己,相信自己值得快乐,相信自己有能力,那么他成功的可能性会更大。马斯洛指出,一个有稳固基础的自我形象是迈向自我实现的先决条件。拥有健康自我意识的大学生能够正确认识自我,规划自我,为自己制订合适的目标,并通过良好的自我控制规范自己的情绪和行为,对自己、对他人有正确的分析和判断,对自我有敏锐的觉察和反省,不断完善自我,最终达到自我实现。

3. 正确的自我意识能够创造良好的人际环境

艾里克森指出,人们必须首先去爱和尊重自己,才能真正地爱其他人。只有正确地认识自己,摆正自己的位置,才能在人际关系中做到不卑不亢,采取正确的态度和方法去认识他人和社会,建立和谐的人际关系。反之,自我意识不健全会造成个体无法适应社会及人际关系不协调的状况。

第二节 大学生自我意识的特点

自我意识并非与生俱来,而是在社会交往和语言思维活动中逐渐形成和发展起来的。青年期是个体自我意识发展和确立的关键时期,随着个体身心的不断成熟,生活经历的不断丰富,处于青年初期和中期的大学生进入自我意识发展的第三阶段,自我意识不断完善,人格趋于稳定。

一、大学生自我意识的发展过程

大学生的自我意识发展遵循一定的规律性,一般而言,大学生自我意识的发展会经历从分化到矛盾的突出,最后回归统一的过程。

1. 自我意识的分化

自我意识的分化是自我意识走向成熟的标志。随着自我意识明显地分化,原来完整统一的自我被打破,出现不同层次上的两个自我:一个是“理想的我”,另一个是“现实的我”。前者是个体希望达到的自我状态,它处于观察者的地位;后者是当前实际达到的自我状态,它处于被观察的地位。所以我们既是观察者又是被观察者。

由于自我的分化，大学生们开始主动、迅速地关注自己的内心世界和行为，开始意识到自己原来不曾注意的许多“我”的方面和细节，对生理自我、心理自我、社会自我每次细微变化产生新的认识和体验。此时，大学生的自我形象更加完整、立体，自我体验更加丰富、深刻，内省、自我沉思、自我分析增多。

2．自我意识的冲突

自我意识的分化，一方面增加和丰富了大学生的自我认识与自我体验，另一方面也激化了自我内部的矛盾、冲突和斗争。自我意识的冲突是大学生自我意识发展的必经阶段，它会给青年人带来不安、困扰和很大的内心痛苦，但同时也会促使大学生努力解决矛盾，实现自我意识的统一，从而推动自我意识走向成熟。归纳起来，大学生自我意识的冲突常见以下几个方面。

1）“主观自我”与“客观自我”的冲突

“主观自我”是指自己眼中的“我”；“客观自我”是指他人眼中的“我”。对于大学生而言，由于远离社会，缺乏社会经验，他们的视角往往被个人出身、成长经历、教育程度等局限，对自己的认识和评价难免与他人对自己的评价有所出入，表现出主观我与客观我的矛盾。例如，有很多大学生“初生牛犊不怕虎”，认为自己很优秀，但可能在他人看来却能力不足。

2）“理想自我”与“现实自我”的冲突

不自知的小凡

小凡是大一学生，自小聪明伶俐，父母对他的期待一直很高，他对自己未来的发展也有很高的定位。但由于高考失利，小凡没有进入自己期待中的学校。

进入大学以后，他不但没有奋力追赶，反而觉得自己处处比其他同学优秀。渐渐地，他开始放松对自己的要求，学习态度敷衍，懒惰且自制力差。每次教师找他谈话，他都没有在意，总觉得还有时间，自己只要稍稍努力，总不会很差。然而，在毕业招聘会上，小凡屡屡受挫，看到周围同学都找到了理想的工作，他开始感到彷徨无措。

在大学阶段，青年人会在社会要求、父母期望的影响下，不断勾画着理想中的自我形象，这个“理想的我”包括自己希望达到的理想标准，以及希望他人对自己产生的看法等。而大学生的“理想自我”往往充满理想主义色彩，很容易出现理想与现实的脱节（图 3-3），这种“理想自我”与“现实自我”的差距会给青年人带来很多痛苦与烦恼。

图 3-3　理想自我与现实自我的脱节

面对这种差距，如果大学生能学会积极调和，加倍努力，不断提高和完善“现实自我”，以实现“理想自我”，抑或是适当调整理想自我，树立更切实有效的目标，便可以激发个体奋发进取的积极性。反之，如果选择不再坚持“理想自我”的目

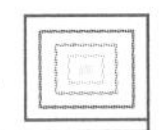

标，而只保持“现实自我”的水平，不求发展，或者怨天尤人，把失败一味归结于环境或他人，则很容易会陷入自暴自弃、颓废消沉、自我否定的状态，甚至导致心理障碍和精神疾病。

3）独立与依附的冲突

上大学后，青年人摆脱了家庭的束缚，开始独立生活。一方面，大学生的独立意识迅速发展，他们渴望独立，希望自己解决和处理问题，做出抉择，向成人们证明自己已经长大；另一方面，由于社会阅历和经验的缺乏，在面对重大、突发事件时，大学生在心理上仍然不能摆脱对父母、教师和朋友的依赖，这种独立意向和依赖心理的矛盾一直困扰着他们。

4）渴望交往与心灵闭锁的冲突

一方面，大学生渴望与人交往和分享，渴望真诚的友谊与爱情，同时希望得到他人的认同和理解，希望能成为群体中受尊重和欢迎的人，渴望找到知己来一起探讨人生真谛、分享生活中的点滴喜悦和烦恼；另一方面，青年人常常感到大学时期的交往不像中学时那么真诚自如，朋友之间的交往通常会保持一定的距离，大家习惯把心事深藏起来，或者把复杂深刻的情感寄托于日记或音乐，与父母之间缺乏深入沟通和交流。比如很多学生会抱怨，与家人通电话时，父母只是问自己在学校吃什么，吃得好不好，却从不问自己在想什么，因而大学生不再愿意主动敞开自己的心扉。这种渴望真诚的交往与自我闭锁的矛盾冲突使大学生时常感到孤独。

此外，还有一些自我意识的矛盾冲突，如自我接纳与自我排斥的冲突、个人我与社会我的冲突、追求上进与自我消沉的冲突等。这些由自我意识分化而带来的矛盾冲突是大学生自我意识发展的正常现象，它们一方面给大学生带来心理和行为上的焦虑与不适，另一方面也是促使大学生迅速走向成熟的必要动力。

3．自我意识的统一

自我分化、矛盾所带来的痛苦不断促使青年寻求方法以求得自我的统一，即确立自我同一性。自我同一性主要指主体我和客体我的统一、理想我与现实我的统一、自我接纳与自我排斥的统一，也表现为自我概念、自我评价和自我理想的辩证统一，即在搞清楚“我是什么样的人”的基础上，客观真实地评价“我这个人怎么样”，进而超越现实的自我，蜕变为“我应该成为的人”，达到自我实现。但由于大学生的成长经历、家庭教养方式、社会背景、智力水平、追求目标的不同，自我意识整合的方法和途径不同，整合的结果和统一的类型也不同。一般来说，我们把大学生自我意识的整合结果分为以下五种类型。

1）自我肯定型

自我肯定型是一种积极的整合类型。此类型的大学生对自我有清晰、客观、全面而深刻的认识，能够根据社会发展要求和自身情况，调整和确立正确的理想自我，并通过努力积极完善现实自我，最终促使现实自我与理想自我趋于统一，主观我与客观我趋于一致。自我肯定型往往体现在那些有抱负、有志气、努力进取的青年人身上，他们能客观了解自己的优势与不足，理性分析哪些是能够通过努力去争取的，哪些是无法改变的。

2）自我否定型

自我否定型的大学生经常处于消极的防卫状态，通过放弃理想自我，迁就和保持现实自我，以此缓解理想与现实的差距所带来的痛苦焦虑，他们常表现出不思进取、安于现状、庸庸碌碌、得过且过、消极应付，或者习惯于自我安慰，自我原谅，缺乏发自内心的理想追求，任凭自然发展。

3）自我萎缩型

自我萎缩型是一种消极的整合类型。一方面，对现实自我评价较低，自卑心理严重，常感到无价值感、自我否定、自我排斥；另一方面，随着理想自我的模糊甚至缺失，常表现为没有目标，很少对个人未来发展、个人与社会的关系进行积极主动的自我探索，没有生活激情，随波逐流，缺乏朝气，整日无所事事，虚度光阴。

4）自我扩展型

自我扩展型是一种消极且非常危险的整合类型。此类型的大学生通过对现实自我的过高评价，获得与理想自我的虚假的统一。这类人往往狂妄自大，自命不凡，经常做白日梦，常常沉浸于自我陶醉之中，在虚幻中度日，却不为实现自我而努力，他们往往有极强的虚荣心和自我防御心理，严重时可能会导致自恋或者反社会行为。

5）自我矛盾型

自我矛盾型的大学生内心矛盾强度大，持续时间久，难以达到自我的整合和统一。他们的心理发展极不平衡，自我认识和自我体验时好时坏，自我控制或强或弱，缺乏稳定性和确定性，难以获得清晰的自我同一感，进而致使自尊心受挫，价值观确立受阻，长久地找不到发展方向，无法兑现自己的承诺，承担属于自己的义务和社会责任；情感易冲动，思维缺乏条理；与他人的关系常常是表面的、凌乱的；他们虽然对自己父母安排的生活方式不满，但他们没有能力按自己的方式设计和安排生活。

【心理小贴士】

自我同一性与同一感危机

自我同一性是关于个体是谁、个体的价值和个体的理想是什么的一种稳定的意识。每个人在青年时期都在探索并尝试去建立稳定的自我同一感，即自我认同感。自我同一性的确立，就意味着个体对自己有充分的了解，能够将过去的自我、现在的自我和将来的自我联系起来，形成一个有机的整体，形成一个自己决定的、协调一致且不同于他人的自我，并对与自我发展有关的一些重大问题，诸如理想、职业、价值观、人生观等进行思考和选择。

有学者归纳出解决青年人同一感危机的四种方式。

(1) 同一性确立。体验过各种发展危机，经过积极努力，选择了符合自己的社会生活目标和前进的方向，以达到成熟的自我认同。

(2) 同一性延续。正处于体验各种同一性危机之中，尚未明确做出对未来的选择，但是正在积极的探索过程中，处于同一性探索阶段。

(3) 同一性封闭。在还没有体验同一性困惑的情况下，由权威代替其对未来生活做出选择。这实际上是对权威决定的接纳,属于盲目的认同。

(4) 同一性混乱(扩散)。无论是否经历过同一性危机,或是否进行过自我探索,他们并没有对自己的未来生活抱有向往或做什么选择,他们不追求自己的价值或目标。这也称为角色混乱。

二、大学生自我意识的飞速发展

1. 强烈关心自我的发展

大学阶段的青年人正处于"延缓偿付期",相对单纯的校园环境使大学生应承担的社会责任从时间上向后延续,这为他们全面深刻地反思自我提供了时间的现实可能性。在此期间,大学生开始围绕个人发展、个人和社会的关系,更加主动、积极地探索自我,更加深入细致地进行自我观察、自我分析、自我评价,他们开始注意自己行动的原因、结果,频繁地思考自己存在的价值和人生意义,并将理想自我与社会需求、国家命运结合起来。

2. 自我认识趋于客观

进入大学以后,随着年级的升迁,大学生的理性分析能力增强,知识储备增多,人际交往圈扩大,他们对自己的认知、分析、评价逐渐趋于客观,自我概念更加完整、丰富、稳定且更具有概括性,但有时仍有片面性,表现出高估或低估自己。

3. 自我体验丰富而复杂

大学阶段,青年人对自己的体验更加丰富、深刻,他们充满热情,自信、自强,对自己的外表、能力、性格等方方面面都表现出喜欢和满意。但这种自我体验并不稳定,具有一定的情境性和波动性,他们对与自己有关的事物都比较敏感,自我保护感强,常常表现为自信与自卑的相互交织。

4. 自我控制的能力提高

大学生自我控制的能力有了很大提高。他们喜欢独立思考问题、解决问题,不喜欢他人过多地干预。大学期间,学生们逐渐学会独自料理生活,照顾自己,合理地安排学习计划,并自觉监督计划的执行进度。很多大学生有强烈的自我设计欲望,他们常从多层次、多角度对自我进行观察、想象和设计,包括穿着打扮、言谈举止、人际交往态度、处事风格、价值观和理想等。

5. 自我意识水平存在年级差异

不同年级的大学生在自我的发展方面存在明显差异。大一新生的自我意识最低,内心矛盾冲突尖锐、思想斗争激烈、回顾与展望时间较多。由于新旧身份的转换,他们的自我意识表现出一定的"依赖性"和"盲目性"。大二学生往往充满理想主义色彩,容易想入非非。大三以后逐渐变得沉着稳定。

三、大学生自我意识的偏差

总体而言，大学生自我意识发展水平较高，但尚未完全成熟，因而容易出现各种偏差，引起自我意识发展问题，以致自我意识过强或过弱，影响大学生心理的健康成长。大学生常见的自我意识偏差主要表现为以下几个方面。

1．过度自我否定

自卑的小李

小李是一名来自偏远农村的大一新生，家里条件不是很好。她凭借自己的努力考上了大学，来到了梦想中的大城市，满是欣喜地开始新的学习和生活。可是，入校一段时间后，她开始慢慢悲观失望起来。周围很多同学来自城市，自己与他们之间有很大的不同。例如，舍友们常常会讨论一些新鲜名词和热门话题，而小李对这些几乎都一无所知，无法融入他们的交流；平日里舍友喜欢一起去大商场逛街、唱歌、购物、聚餐，而小李因为无法承担高额的消费，只好一个人待在宿舍。久而久之，小李与大家渐行渐远，时常感到很孤独。她觉得自己就是个农村穷丫头，永远都无法和别人相比，甚至开始怀疑自己的价值，觉得自己一无是处，没有一点儿自信心能过好大学生活。

自卑感是由对自己不满、自我否定而产生的内心体验。精神分析学家阿德勒认为，自卑是一种普遍现象，对每一个人来说，都存在先天的生理或心理缺陷，这就决定了每个人都有不同程度的自卑。但是，过度的自我否定和过分的自卑感则是一种消极的自我认识。

歌德曾说过："降临于人最大的邪恶是让他否认自己。"过分自卑的大学生对自己缺乏信心，怀疑自己的能力，否认自我存在的价值。过分自卑的浅层感受是"别人看不起自己"，而深层的体验是"自己看不起自己"。过分自卑的大学生常常夸大自己的不足而忽略自我的长处，他们或认为自己其貌不扬而担心被人歧视，或认为自己出身贫寒而被人排斥，或认为自己资质平平而没有前途。过分自卑的学生在批评、笑声、否定等与自我评价有关的一切方面都容易被刺痛，他们在人群中时常会感到不自在，害怕别人注意到自己，担心他人对自己有不好的印象，容易想入非非，产生心理孤立。此外，他们常常因为害怕失败而放弃努力，不敢接受挑战。过分的自我否定往往伴随着焦虑、压抑、内疚感等消极的情绪体验，甚至会导致心理问题和精神障碍。而诱发自卑的原因有很多，如多次的失败与挫折经历、他人长期过低的评价、身体或生活条件欠佳，不恰当的社会比较以及消极的归因方式等。

【心理训练游戏】

戴　高　帽

目的：学习观察和发现别人的优点，以及表达对他人的欣赏，增强人际间的良性互动。同时，学习接纳他人的欣赏，体验被表扬的愉悦感，增强自信心。

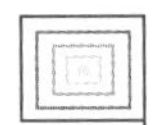

操作：5 ~ 10 人一组围圈坐好。请一位成员坐在或站在圆圈中央，其他人轮流说出他的优点及值得欣赏之处（如性格、相貌、处事等）。然后由被称赞的成员说出哪些优点是自己以前察觉的，哪些是不知道的。每个成员到中央戴一次高帽。

规则：说优点时态度要真诚，努力去发现他人的长处，但不能吹捧。参加者要注意体验被人称赞时的感受如何，要用心去发现他人的长处，做一个乐于欣赏他人的人。

2．过度自我接受

过度自我接受的人表现为过高地估计自我的价值与能力，这类大学生常常以一种过分积极的、膨胀的观点来看待自己。他们喜欢拿放大镜看自己的长处，拿显微镜看他人的短处，认为自己在外貌、社会地位、能力等方方面面都比其他人优秀，进而产生一种盲目乐观情绪，表现出很强的优越感，自命不凡、自我欣赏。在情感方面，他们与人相处时表现冷漠，缺乏对他人的关心和爱，很难与他人建立真诚、亲密的关系，这也是过度自我接受者同单纯自尊心强的人的主要区别。此外，过度自我接受者往往伴随着一种“自恋式虚荣心”，他们极度渴望得到别人的关注、赞赏和肯定，常常利用吹牛、撒谎、作假等非正常手段去争取这样的社会奖赏，如很多人沉迷于整容、在朋友圈炫耀非真实的信息等，以此获得并维持自己的优越感。

3．以自我为中心

“小公主”般的姑娘

小刘长得漂亮，家庭条件不错，从小受长辈宠爱，因而使她养成了“小公主”的脾气，总是十分任性。在学校里她也总是我行我素，很少顾及他人的感受。比如，每天晚上宿舍熄灯后，她仍会不顾舍友的休息，跟朋友煲电话粥到很晚。有时候在宿舍不想出门，便让舍友帮她跑腿带饭或者代取快递。但每当舍友请求她帮忙时，她却觉得浪费自己的时间，总是找各种理由推脱。在同学聚会时，她也总能把各种话题引到自己身上，并且很喜欢这种“焦点”的感觉。久而久之，舍友和同学都开始疏远她，她在学校里逐渐“失宠”了。

像小刘这样的学生属于典型的以自我为中心的人，他们凡事从自我出发，不能设身处地为他人着想，不能顾及他人的感受和需要，不尊重别人的权利，只关心自己的利益，不愿为别人做半点牺牲。他们总是认为自己是正确的，那些与自己观点不一致的人是错误的。他们喜欢把自己的意志强加于他人，对他人颐指气使，盛气凌人。总而言之，自我中心的人倾向于从一个狭隘的、自私的角度来认识世界，总感觉世界就应该围绕他们转动，一切都应该为他们服务。长此以往，他们很难赢得周围人的好感和信任，人际关系总是不和谐，行为做事较难得到他人帮助，容易遭受挫折。

4．过分追求完美

追求完美的大学生对自己的要求过高，甚至近乎苛刻，他们期望自己完美无缺，却不顾自己的实际状况，做事吹毛求疵，谨小慎微，不能容忍自己的任何失误。他们的内心充斥着各种绝对化的人生准则：我不能让人失望，要成功，要表现得能力过人，要配得上自己的位置，要和别人一样等。这种对自己的过分苛责往往会引发理想自我与现实自我的激烈冲突，让他们筋疲力尽，痛苦不堪，时常陷入对自己的怀疑与失望中。

5．从众

从众是指个人受到群体舆论的影响，而在自己的知觉、判断、认识和行为上屈从权威，与大多数人保持一致的自我保护行为，即我们平时所说的“人云亦云”“随大流”。从众的原因有很多，比如有的学生害怕被群体孤立，为了求得小团体的认同，而选择放弃主见；有的学生对自己的能力和判断缺乏自信，不敢自己独立作决定，只好随大流；此外，当下不少家庭和学校在教育中一味要求“听话”和“服从”，使学生形成了一种极富惰性的人格特质，压制了他们的独立思考精神。过强的从众心理会抑制青年人个性发展，束缚思维，扼杀创造力，使人变得无主见和墨守成规，丧失对价值观的独立选择和判断。例如，很多大学生在学业规划和职业选择上盲目从众，不能结合自身实际情况进行独立判断和思考。而当一种行为成为一种观念并形成潮流时，社会阅历不深的大学生也容易受其影响而盲目跟风。例如，当下一些青年人在价值观选择上缺乏独立判断，受到网上所谓“个性张扬”的文化影响，把不顾他人感受的情绪宣泄和任性表达当作真性情，并盲目效仿。

第三节　大学生自我的认知与完善

健全的自我意识是心理健康的主要标志，它在人格形成、发展和优化中发挥着强大的推动作用。大学阶段是自我意识发展的转折期和关键期，形成一个积极的自我意识对大学生的成长至关重要。所以大学生应该积极利用一切资源，修正自我意识偏差，树立正确的自我认识，悦纳自我，不断完善和超越自我，最终达到自我实现。

一、认识自己

1．以人为镜

我们无法直接看到自己的样子，但我们可以通过照镜子来获知自己的仪容。同样，直接洞悉自我往往很困难，我们需要一面镜子，而他人则可作为我们反映自我的镜子，正如著名心理学家荣格所说：“任何人对我们的理解都超过我们自己对自己的理解。”与他人交往，是个人获得自我认识的重要渠道。

【心理小贴士】

以　人　为　镜

唐太宗是一个文武双全、英明盖世的能人，但人非圣贤，孰能无过。在他身边有两位监督他言行的“明镜”：一为长孙皇后，另一位乃忠义贤良的魏征。皇上一有过错，他们立即会巧妙地指出。

据《贞观政要》一书所载：唐太宗喜欢一只小鹞子，一日正在玩鸟，魏征来了。太宗怕

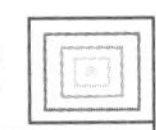

魏征指责自己，赶快把小鸟藏到怀中。魏征假装没看到，故意留下来与他商谈国家大事。太宗心里虽为鸟着急，却也怕暴露，因为他信任、敬畏魏征。等魏征走后，太宗取出怀里心爱的小鸟一看，早已命归黄泉了。他伤心地回到后宫，大发雷霆说："我非杀掉这个田舍翁不可！"皇后闻之，问明原委，立刻穿上大礼服向太宗行礼道贺："恭喜陛下！唐朝有魏征这样的好臣子，又有您这样的好皇帝，这是有史以来没有过的好现象，国家兴盛指日可待。"故使太宗渐渐平息了怒气。

唐太宗"以人为镜"来观察自己，真正做到了勇于改过、从善如流。后来魏征死了，唐太宗惋惜地说："以铜为镜，可以正衣冠；以古为镜，可以知兴替；以人为镜，可以明得失。而今魏征不在了，朕就少了一面镜子。"

1）比较法

心理学家吉根的实验

实验是这样的：首先请几名去银行应聘的人对自己的某几项个人品质做出自我评价，然后接待室里出现一个由主试合作者假扮的求职者。其中一组被试看到的是一位温文尔雅、衣着考究、手提公文包的人（干净先生）；另一组被试看到的则是手忙脚乱、穿着破烂、形容委琐的人（肮脏先生）。然后找借口让原应聘者重新填写自我评价表。

结果，遇到"干净先生"的应聘者的自我评价普遍降低了；而遇到"肮脏先生"的应聘者的自我评价普遍提高了。

在缺乏客观评价标准的情况下，我们可以通过与他人比较来评估自己的能力、水平、在团体中的相对位置以及自己的发展变化。俗话说，有比较才会有鉴别，从比较中我们能明确自己的优势，发现自己的不足，认识自己的能力水平，判断自己的目标是否恰当等。但在比较时应注意科学性和合理性，恰当选择比较对象、比较内容和比较方法。

（1）把比较的对象从"行动前的条件"转移到"行动后的结果"。比如，很多来自农村的大学生时常会拿自己的家庭与他人比较，进而产生自卑心理。我们应该学会用辩证发展的眼光看问题，看一下大学毕业后，谁取得的成绩更高，谁进步更大，这样的比较会更有意义。

（2）相对标准优于绝对标准。经常有大学生在与他人比较时会纠结于身材、相貌等不能改变的条件，这是一种消极的比较。我们应该把比较的关注点放在可变因素上，比如气质的提升、能力的锻炼等，这样可以更好地调动我们完善自我的主观能动性。

（3）选择条件相似的比较对象。与远不如自己的人比较会变得自满、不求上进，而与极其优秀的人比较则会导致自卑。所以，我们应选择身边与自己智力、背景等条件相似的人比较，以获得更加客观、真实的自我认知。

需要注意的是，比较法不仅包括与他人的横向比较，还包括与自己的纵向比较。哈佛《幸福课》的泰勒教授认为，"与自己比较"是独立型自尊获得的主要来源，有高独立型自尊的人倾向于从自己与自己的比较中获得价值感和能力感，他们关注的是"我是否进步了""我是否改进了""我是否发挥了潜能"。这样的人更容易获得稳定、成熟的自尊感。

2）他人评价法

他人评价法就是通过别人的评价来认识、了解自我的方法。俗话说“当局者迷，旁观者清”。了解他人对自己的看法，可以帮助我们更客观地认识自己，发现并正视那些曾被我们忽略的问题。

对他人的评价，我们要客观辩证地去看待，既不能全盘接受、过度在意，也不能全盘否定、熟视无睹，在接受他人的评价时要注意：重视与自己关系密切的人对自己的评价，因为他们对我们比较了解，评价也会较为全面、客观；重视大多数人对自己的比较一致的评价。

2．内省法

有人把内省比作“照亮思想和感觉的手电筒”，它可以把我们平时未曾注意和察觉的心理内容带入意识中，“君子检身，常若有过”，在自我认识层面，内省能帮助个体随时了解并认识自己的思想、情绪与态度，从而弥补短处，纠正过失，不断完善自我。

古语有“吾日三省吾身”，大学生应该在日常生活中养成经常反思的习惯，对自己的心理活动、行为进行剖析和评估。一般而言，我们可以从“我”与“己”的三个关系中认识自我：①自己眼中的我，从我们的身体、容貌、性别、年龄、学历、资质，到我们的思想、感觉、记忆等。②别人眼中的我，从别人对自己的态度、情感反应中反思自我。③自己心中的我，即理想我，反思理想自我与现实自我的差距。

在内省时，要全面、客观、独立地做出自我评价。首先，要把自己放在社会、学校、班级、家庭等不同的背景中进行定位，认识自身的条件、地位、作用和责任等。其次，注意从多个角度、多个侧面，全面分析自己的长处和短处、优点和缺点，以获得客观、中肯的自我评价。最后，在自我评价时要有独立的标准，避免盲目地接受他人的暗示和对权威、群体性心理的服从和依赖。

【心理训练游戏】

自我二十问——认识“我是谁”

第一步，问自己20次“我是谁?”。把头脑里浮现出来的答案一一写到纸上（如我是某某某，我是某学校的学生）。每次回答时间为20秒，如果写不出来，可以略去，当下一次提问时继续往下写。

我是……

我是……

……

第二步，对自己的答案进行分析，分析的内容包括以下几个方面：①答案的数量分析；②回答的内容分析；③回答的自我肯定性分析；④回答的内容是否涉及自己的未来。

心理训练：自我二十问

3．实践法

歌德曾说："人怎么能认识自己呢？通过观察是不可能的，必须通过行动。你去试验完成你的职责吧，你立刻就知道，你是怎样的人。"通过分析自己在活动中的表现和结果，特别是活动中的成功经验和失败经历，个体对自己的知识才能、性格、态度倾向、兴趣爱好会有更深入的认识和更客观的评价。大学生活丰富多彩，大学生可以在平时的学习、活动和社会实践中，反思自己的行动动机是否正确，行动过程有什么不足、行动结果是否有所收获等，从成败经验中发现自己的优势，分析自己的不足，进而在未来实践中扬长避短，不断完善和超越自我。

4．测量法

我们还可以通过一些较为成熟的、信效度较高的测验来了解自己，这是一种比较科学、准确的方法。比如，我们可以通过艾森克人格问卷、明尼苏达多项人格测验、九型人格测验等来了解自己的人格特征，通过斯坦福—比奈智力量表和韦克斯勒智力量表来测量自己的智力水平，通过霍兰德职业兴趣量表来了解自己的性格特点和职业兴趣。需要注意的是，选用心理测验时必须在专业人员的指导下进行测验并解释结果，不要随意使用心理测验。

二、悦纳自我

有人曾说过："一个不会悦纳自己的人，是难以快乐的。"悦纳自我意味着全然接纳自己，承认自己的全部优点和缺点，承认自己的所思所感所作所为，不要漠视或逃避，要勇于承担属于自己的责任和义务。

1．接纳不完美的自己

金无足赤，人无完人。我们每个人都有自己的局限，能力、学识、性格等都不可能尽善尽美。所谓"失之东隅，收之桑榆"，我们要平静而理智地看待自己的长处与短处，冷静地对待自己的得与失。只要换个角度看自己，我们会发现"虽然我不富有，但很健康；虽然我不漂亮，但我很善良；虽然我不聪明，但我很努力"。

尼布尔说："愿上帝赐我平静，去忍受我必须忍受的事；愿上帝赐我勇气，去改变我可以改变的事；愿上帝赐我智慧，让我分辨两者之间的不同。"针对那些能改善的部分，我们要采取积极有效的行动去完善，比如我们可以通过精美的妆容或者合适的发型、服装来提升气质，或者通过运动健身、合理饮食来改变身材；通过博览群书来丰富提升内在修养和外在谈吐。对于无法改变的部分，我们要学会正视、接纳，正如毕淑敏所言："对于不能改变的事情，捶胸顿足、怨天尤人也无济于事，要想保持心灵平和，重要的原则就是对那些我们所不能改变的事物安然接纳。"

【心理小贴士】

"阿甘"厂长陆鸿：用残疾之躯丰满人生

央视"感动中国"2022年度人物陆鸿（图3-4）出生于1979年，幼时一次高烧引发中毒性脑炎，导致小脑指挥神经失灵，落下终身残疾。残疾人的世界或黑暗或无声或倾斜，陆鸿的疾病导致其脸部肌肉时常痉挛，手指脚趾严重变形，走路跌跌撞撞，言语交流不畅，他在生活中面临的困难是健全人难以想象的。面对命运的不公，陆鸿没有怨天尤人，在陆鸿眼里，残疾只是一场人生考验。"我以前经常会问自己，别人为什么笑我？现在我常常问自己为什么不能做得更好？人生贵自强！"他认为即便是残疾人，也不能自卑，不能迷茫，而应接纳自我，主动融入社会。在工作四处碰壁后，陆鸿选择自主创业，他先后摆过修车摊，开过网店，办过影楼，后来从电子相册拓展到实体相册生产，把自己生产的相册卖到故宫、颐和园，甚至远销欧美，其工厂成了远近闻名的残疾人扶贫创业基地。有很多慕名来这学艺的残障人士，陆鸿都倾囊相授，他希望让所有像他一样有理想的残疾人都能发光发热，实现自我价值。如今，其公司收入达到1300万元，带动150多名残疾人脱贫致富。感动中国组委会在给陆鸿的颁奖词中写道："有人一生迟疑，从不行动；而你从不抱怨，只想扼住命运的喉咙。能吃苦，肯奋斗，有担当，似一叶扁舟在激湍中逆流而上，如一株小树在万木前迎来春光。在阴霾中，你的笑容给我们带来力量。"

图3-4 央视"感动中国"2022年度人物陆鸿

2．让"内在的批评"静下来

"内在的批评"是我们对自己的所有先验的批判想法。我们从小到大的教育，太过于强调严格的规矩和自我批评，却很少教我们如何鼓励自己。久而久之，在我们行动之前、行动中或行动后，脑子里总会冒出一些"内在批评"的声音："有什么意义呢""这行不通的""这一钱不值""还不够好"等。这种内在批评在自卑者和完美主义者中尤其严重，它会降低个体的自我满足感和价值感，产生自我否定与自我怀疑。在日常生活中，我们应该提高对"内在批评"的敏感性，及时地察觉、审视、纠正和消除这些无效、过度的自我苛责，增加积极的自我暗示，以此改善与自我有关的情绪体验。

【心理训练游戏】

自我慈悲训练

自我慈悲是指对自己的友善、宽容与关照。自我慈悲不同于自我放纵，不是没有原则地放任自己的欲望，而是在自己犯错或者做得不好时，能耐心鼓励自己、充分信任自己。大量研究发现，自我慈悲的人更少恐惧失败，有更强的效能感，能勇敢追求具有挑战的目标，表现出更强的内在动机、更少的焦虑情绪。

心理训练：自我慈悲训练指导语

现在,请扫旁边二维码,跟随我们,一起体验自我慈悲训练。

3. 个人诚实

纳撒尼尔•布兰登曾在《自尊的六大支柱》里提到,个人诚实对于提高自尊非常重要。坦诚意味着接纳自己,不逃避问题,使自己的行为和价值观相匹配,而虚伪和虚荣从某种程度上是自我否定和自我拒绝的表现。当我们说实话时,我们给自己传达了一个信息:“我的话是有价值的”“我的话很重要”“我很重要”。反之,当我们说谎来掩饰自己的不足,或者想不停地表现自己时,我们的潜台词是:“这样的我不够好”“我需要变成另一个人,让别人来喜欢我”。在日常生活中,我们要尽量做到言行一致,信守诺言,公平、正直、善良、热情地对待他人,对自己坦诚,同时对他人坦诚。

【心理小贴士】

培养自信的诀窍

1) 挑前面的座位

你是否注意到,无论是在哪种聚会中,后面的座位总是先被坐满。大部分占据后排座位的人都希望自己不会“太显眼”,而他们怕受到注目的原因就是缺乏信心。

坐在前面能建立信心。把它当作一个规则试试看,从现在开始就尽量往前坐。当然,坐前面会比较显眼。但要记住,有关成功的一切都是显眼的。

2) 练习正视别人

个人的眼神可以透露出许多有关他的信息。不敢正视别人往往意味着:我怕你;在你面前我感到自卑;我感觉不如你;我有罪恶感;我怕你看穿我。这些都是不好的信息。正视别人等于告诉他:我很诚实,而且光明正大,毫不心虚。正视别人,不但能给你信心,也能为你赢得别人的信任。

3) 挺起胸膛,让步态轻松稳健

心理学家告诉我们,改变姿势和速度可以改变心理状态。你仔细观察就会发现,那些遭受打击、受排斥的人,走路时都是懒懒散散、拖拖拉拉的,完全没有自信感。自信的人则是胸背挺拔,走起路来稳健轻松。所以,不妨试一下,挺起胸膛,加快加大步伐,你的自信心就会慢慢增长。

4) 练习当众说话

当众说话是建立自信最快的手段,在课堂上或公共社交场合要尽量发言。记住,只要敢讲,就比那些不敢讲的人收获大。不用担心别人会反对你的意见,有人反对是正常的,尽管大胆去说。而且不要最后才发言,要做破冰船,第一个打破沉默。

5) 不要吝啬你的微笑

自信、真诚的笑容不仅能治愈自己的不良情绪,还能立马化解他人对自己的敌意。自信的人时常挂着微笑。永远不要吝啬你的笑容,要尽情地笑,不但张开嘴,最好也能露出牙齿,要把你开朗的心情表露出来。要相信,爱笑的人运气是不会差的!

三、完善和超越自我

萨斯曾说:“我们经常会信口说什么尚未找到自我,但是事实上,自我并不是被找出来的,他是被创造出来的。”

1. 构建理想自我

1) 树立正确的人生价值观

人生价值观是指人们对自身的社会地位、人生目的和意义以及个人与社会集体、人与人之间关系等进行认识和评价时所持的基本观念。它是自我价值感形成、维持和提高的前提条件,对自我的发展具有导向和动力作用。大学阶段是人生价值观形成的关键期,我们在自我认知和自我评价时应秉持正确的人生观和价值观,将理想自我与社会历史的发展方向、集体和国家的利益联系起来,在实现社会价值的同时实现自我价值。

2) 想象出你想成为的人

构建理想自我的一种有效方法是想象出一个你想成为的人,即把你头脑中的“理想的我”具象化为脑海中的一个生动的形象。想象你的“可能的自我”(包括想要的和害怕的自我)不仅会帮助你实现目标,也会帮助你更有效地应对现在的生活。此外,想象“害怕的自我”,也有助于明确自我目标。比如,你可以想象一下减肥失败的“我”,学习或工作成绩平庸的“我”,以及被人孤立的“我”。总之,想象的形象越鲜明生动,越能帮助我们成为理想中的自己,尤其当我们为之付出努力时。

【心理训练游戏】

想象出你想成为的那个人

选择一个你可以放松并独处几分钟的安静地方。闭上眼睛,尽可能清晰地想象出你想成为什么样的人。

你的长相将会如何?

你的穿戴将会如何?

你的行为举止或谈吐将会如何?

你的感觉将会如何?

你是快乐、严肃还是放松的?

你将会在哪里?

你将会做什么?

心理训练:想象出你想成为的那个人指导语

你可以在每晚睡觉前重复这个练习——例如,重复一个星期。你注意到自己有什么变化吗?

3) 更强的自我导向

构建理想自我时,听取周围教师、长辈和朋友的建议和指导固然重要,但也不要忘记,学会倾听自己内心的声音:“我究竟是谁?我怎样才能认识到在所有表面的行为之下,这个真实的自我？什么对我来说是非常重要的，就算没有别人的认同、赞扬和欢呼，即使遭受反对或者批评，我也会做吗？我真正想过的是怎样的人生？我该如何成为我自己？”在自我实现的后期阶段，我们要学会逐渐脱离那个在社会压力和他人期望下产生的自我形象，充分地接纳和肯定内心深处的理想自我，形成更加独立、成熟的自尊。

2．提升现实自我

1）在行动中改变自己

一般来说，我们对自己的看法使得我们以某种方式行事。但同样地，如卡罗尔·塔佛瑞斯所说，我们的行事方式也会反过来改变我们对自己的认识，并且也可能改变别人对我们的看法。根据自我知觉理论，如果我们想在某个生活领域得到改善，最好的方法就是让自己的行为变得像改善了一样。比如，如果你想要成为自信的人，那么你要在举手投足之间假装是一个非常自信的人，这种外在行为会反作用于你的内在自我体验。渐渐地，你会发现，自己真得越来越自信。所以，改变自我，要从改变行为开始。

首先，从“修身养性”开始，加强自我管理。通过运动健身、调节饮食使自己保持良好的身体状态；通过读书与交友来开阔眼界、修炼心性；经常学习新的技能，比如一门外语、游泳、烹饪等，开发未知的自我潜力。同时，不要好高骛远，给自己树立切实可行的小目标，在不断达到目标的过程中积累成功经验，提高自我效能感，进而提升自尊感。其次，成为某方面有专长的人，从事自己擅长和喜欢的活动会让我们获得良好的自我感觉，增强自我肯定，同时有利于得到他人和社会的认同。最后，认真对待每一次选择和决定。从某种意义上讲，我们的决定塑造了我们的自我。当我们决定与某些人成为朋友，选择参加某个社团，或进入某个学校，选择某个专业时，其中涉及的人或事会参与塑造我们看待自己的方式。

2）做一个自律的人

自律是通往幸福人生的钥匙，但我们的自控力是有限的。我们每天高喊着健身减肥、早睡早起、每天学习英语，可总是会发现计划无限拖延。很多人会比较短视，渴求及时满足，所以不能靠“逼迫”来完成自我控制。

（1）树立信念。信念能为我们的自律行为提供精神上的正向反馈和内在动力。学会从根本利益和长远利益看问题，我们所有的自控行为都是为了“成为一个更好的人”。你的信念越强烈，就越能忍受改变过程中的痛苦与反复。

（2）锻炼意志品质。我们应该循序渐进，从小事做起，从点滴琐事中有意识地磨炼自己的意志品质，比如每天坚持运动、坚持记账或者阅读等。

（3）构建全新的习惯体系。培养自律的关键是利用我们有限的自制力，用积极的、新的习惯替换不良的、旧的习惯。我们的每一个习惯都是由一个触机和随之而来的惯性行为组成的。比如很多人习惯睡前玩手机，“躺在床上”便是这个触机，“玩手机”便是这个惯性行为。触机本身没有好坏，决定习惯好坏的是它引发的惯性行为。构建一个新的习惯体系包括分解行动目标、远离诱惑、建立记录和奖励机制等。比如，用睡前背单词来替代睡前玩手机,先从一个小的目标开始,每天记录下自己的成长和进步,时不时发个微博鼓励一下自己。

3）扬长避短

首先,客观审视自己,正视自己的优点和不足,发挥自己的长处,回避自己的短处。其次,增加人际交往,取长补短。孔子曰:"见贤思齐焉,见不贤而内自省也。"通过与不同的人接触、交流,发现他人身上的优点,学习更多的优良品质和丰富的知识;对于他人的缺点和不足,要认真审视内省,看看自己是否有同样的问题,并予以积极改正。

4）从批评中学习

他人的批评往往会冲击我们的自尊心,无论善意还是恶意,都会唤起我们不好的自我感觉,让我们产生自我怀疑,陷入沮丧、愤怒中。但接受批评往往是促进个人成长的最有效的方式。与其把大量的精力耗费在担心或者否定他人对自己的批评上,不如平心静气,积极正视,透过他人对自己的批评,你要思考:"这个人想告诉我什么?他是真诚的吗?"如果你常因为一个行为而受到批评,那么这个批评很有可能是正确的。批评你的人越有资格,你就越应该把他的话放到心上。在此基础上,积极行动来做出需要的改变,你可以直接向批评者询问:"如果你是我,你会怎么做"或者"你希望我怎么做",从而及时对自我形象做出切实具体的改变。

5）投身社会服务

【心理小贴士】

广大青年要肩负历史使命,坚定前进信心,立大志、明大德、成大才、担大任,努力成为堪当民族复兴重任的时代新人,让青春在为祖国、为民族、为人民、为人类的不懈奋斗中绽放绚丽之花。

——习近平

阿德勒在他的专著《自卑与超越》中提到,我们往往会通过四种不同的方式来超越自卑,支配统治型的人具有与人争胜比较的心,他们会努力把弱项变成强项,或者通过其他领域的优势来补偿自己的弱势,从超越他人中获得自尊感;依赖索取型的人通过寻求可以依靠的强者,来获取自己想要的一切,在其荫庇下获得强者的幻象;回避型的人通过回避困难和人群来避免失败感和自卑感。以上三种方式都会让人陷入对他人的利用、比较及更糟糕的人际关系中,或是变得敏感、扭曲、经验狭隘,通过这些方式建立的自尊感是不健康、不稳定的。阿德勒认为,唯一积极、健康的自卑超越之路是投身社会服务,社会利益型的人具有很强的社会兴趣,他们对别人有一种真诚的关心,将自己的价值感与更多的社会成员的幸福紧密联系在一起,从服务于人、为社会做贡献的角度来获取人生价值,他们善于合作、乐于助人,不求回报、追求双赢的人际关系。习近平总书记说,世界上最大的幸福莫过于为人民幸福而奋斗。我们在为社会服务的过程中会获得真正的意义感和真切的被需要、被认可的感受,从而获得稳定、真实的自尊。

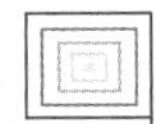

【案例讨论】

小红是某高职院校的一名大一新生,来自农村,家里有两个妹妹和一个弟弟,两个妹妹都已辍学,父母无固定收入来源,生活拮据。小红非常在意自己的出身,最害怕别人问起自己的家庭情况。此外,身材微胖、脸上有一点雀斑的她,对自己的长相也很缺乏自信。平日里,小红比较内向,常常沉默寡言,每天的生活都是寝室、教室、食堂三点一线,周末很少外出,大部分时间都是独来独往,和以前的同学也很少联系。

刚来学校时,丰富多彩的大学新生活曾让小红欣喜不已,她觉得来到一个新环境可以通过努力来让同学们认可自己。在一次班级组织的辩论赛上,小红鼓起勇气报名,当了一名辩手。然而,正式辩论时,由于过度紧张,小红表现得很糟糕,结结巴巴,愣是没有说一句完整的话,结果所在辩论队输给对方。事后,她觉得全是自己的过错而导致本队失利,认为自己的形象又一次被毁了,班级同学肯定都看不起自己;同时,她认为要是自己长得好看一些,就不致如此。从此以后,小红变得更加封闭,不喜欢参加任何活动,除非是辅导员要求必须参加的活动,不然宁愿在寝室睡觉。

小红与舍友关系比较和谐,没有发生过冲突争执,但她感觉自己与舍友之间的感情并不深厚,小红认为自己家很穷,室友都不愿意真心、主动地与自己交往,她常常感到自己长得太丑,因此没有人会喜欢自己。在寝室时,如果有舍友在讨论衣服、家庭或者过去的旅行经历时,小红总是感觉她们在显摆,遇到这种情况时,小红便会在一旁一言不发。

小红到现在没有一个异性朋友,她觉得没有男同学愿意主动和自己说话,他们总是喜欢和长得漂亮的女生说话。小红平时喜欢看小说和偶像剧,爱幻想,也羡慕剧情里的浪漫爱情,但小红从没在真实世界里谈过恋爱,刚来大学时曾暗恋过一个学长,可是最终没有勇气表白。用小红自己的话说:“我家穷,人也长得丑,也没有其他女孩那么多才多艺,没有人会喜欢我。”

小红平时学习很努力,经常泡在图书馆里,学习成绩在班上属于中等,可是她觉得这样依然不能让父母关注自己。在小红的印象里,父母感情不太好,经常吵架,而且有很强的重男轻女的思想,因为爸妈经常喜欢说“一个女孩子……”这让小红心里非常不舒服。虽然父母让自己读书,平时也从不打骂她,但小红仍认为父母并不是很爱她,她觉得,父母很少联系她,家中有什么事也不会和她商量,她常常觉得在家中没有参与感。

讨论:

1. 结合本章内容,谈一谈小红的自我意识出现了哪种偏差。
2. 根据案例和你的理解,谈一谈小红为何会出现这种自我意识的偏差。
3. 如果你是小红的朋友,你会如何帮助她摆脱这种心理困扰?

【心理测试】

自 尊 问 卷

亲爱的同学,请对照自己的情况回答问题,1 表示我同意,2 表示我非常同意,请在对应数字上打勾;如果你完全不同意,请写下 0。

1. 你是否认为自己是一个具有许多独特品质的优秀人才？ 1 2

2. 你是否喜欢、钟爱并关爱自己？ 1 2

3. 你是否独自享受高品质的时间了？ 1 2

4. 和别人谈论自己时你是否表达对自己的尊重和欣赏？ 1 2

5. 你是否珍惜自己获得的一切，并且不会为不擅长的事而担心——你不可能把所有的事情都做到？ 1 2

6. 你是否欣赏自己克服困难的方式？ 1 2

7. 你是否认真听取并仔细考虑别人对你的批评，听取那些有用的建议并舍弃其他无用的？ 1 2

8. 当别人过分要求你、挑剔你、为难你的时候，你是否能保持冷静和清醒？ 1 2

9. 你是否能很好地照顾自己？ 1 2

10. 你是否能接受别人对你的夸奖？ 1 2

计分规则与结果解释：自尊问卷

【能量补给】

1. 当你想到自己时，请观察，你的头脑中会冒出什么样的画面或者词语？请静下心来，听听你的大脑在说什么，并列出来：关于我自己，我有这么一个想法（画面）……并告诉自己，这些都是头脑中的一个“故事”。

2. 想一想，这些关于自己的“故事”都来自哪里，是小时候父母对你的评价，还是你所重视的某个人的一句话、一个眼神，抑或是某段经历？

3. 头脑中这些关于自己的“故事”，是否能帮助你创造更加充实、有意义的生活。如果紧紧抓住这个想法，它会帮助你成为你想成为的人吗？如果回答“是”，请将它们列入“有用的”一栏；如果回答是“否”，请列入“无用的”一栏。慢慢去练习，当那些关于自我的“无用”的故事再次袭来时，尝试不再卷入其中，看看会怎样。

4. 允许头脑中那些让你不舒服的自我评价、自我认知的存在，尝试着不要与之斗争，给它们喘息的空间，接纳它们本来的面目。

5. 认真想一想，你想成为一个怎么样的人？想象越具体越好。

6. 想一下，先从哪一件“小事”做起，慢慢接近你理想中的自己。这件“小事”你计划从何时开始，如何开始。

【拓展阅读】

1. 图书《自尊的六大支柱》

在本书中，作者［美］纳撒尼尔・布兰登系统回答了关于自尊的四个方面的问题：什么是自尊？自尊为什么十分重要？我们怎样才能提高自尊？他人对我们自尊的建设能起什么样的作用？作者第一次建设性地提出自尊建立的六大支柱：有意识的生活，自我接受，自我负责，自我保护，有目的的生活，个人诚实。

2. 电影《阿甘正传》

电影以20世纪50年代至70年代美国社会的风云变幻为背景，刻画了一个智力障碍者——阿甘（图3-7）单纯憨厚的性格及荒诞离奇的经历。电影通过阿甘传奇的一生，表达了一种乐观、积极向上、不畏惧、超越困境的勇气和自强不息、超越自我的精神。

图3-7 《阿甘正传》电影海报

第四章　优化人格　提升魅力——人格发展

【学习目标】

知识目标：充分了解人格的基本概念及不同流派人格理论，理解人格特点。

能力目标：发展有关人格的探究兴趣，梳理自身的人格特点，掌握完善人格的途径。

素养目标：理解和接纳自身人格的各种表现，养成健康积极的人格品质。

思政目标：培养有生命力的人生态度，形成和谐稳定的价值观念与环境。

【思维导图】

思维导图：人格发展

【案例导读】

“你是双鱼座？哦，那你一定十分敏锐又满怀超然梦想……”

“她是摩羯座……”

你身边是否常有同伴热衷于此类话题？或者，你本人也被这些渲染着神秘色彩的内容所吸引？希望借此来了解自己属于哪类人，会有什么样的个性特点，自己容易和哪类人聊得投机，又会和哪类人不合拍……好吧，星座也许不失为一种探索自我的有趣方式。不过，用出生日期来判断和确定一个人的性格是否妥当呢？

与星座热衷者们相似，心理学家同样热衷于对人格进行研究和分析，并致力于建立人格理论来说明人与人之间的不同，以及形成差异的成因，希望可以对人们在不同情境中所采取的行为进行预测。不过，作为学者，他们更喜欢借助科学的“拐杖”行走在寻求人格答案的研究道路上。

那么，你是否也愿意带上这根“拐杖”，跟随心理学家的脚步，重新认识自己？本章我们先一起了解各流派学者是如何论述人格概念的，然后回归到我们自身——大学生的人格特点，最后介绍大学生人格完善的途径。

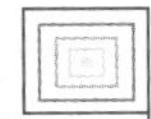

第一节 人格概述

对于人格的概念，学者们给出的定义达50多种，现代的定义也有15种之多。心理学家试图准确定义“人格”这个名词，但却无法就人格的本质达成共识，至今仍对此有激烈的争论。

【心理小贴士】

人 格

从词源上讲，人格（personality）源于古希腊的person，指的是古希腊戏剧中演员们所戴的面具。它代表了演员在戏剧中所扮演的角色和身份，相当于我国的京剧脸谱。这隐含了怎样的意思呢？人有双面性：展现在众人面前的一面，以及隐藏在面具背后的一面。

你是否记得初入大学校园，首次在班里介绍自己、结交新朋友的情形？大家是怎样描述自己的？也许曾有同学说，爱交朋友、爱笑爱闹、活泼开朗；也有人说，喜静，喜欢幕后支持性工作。听到这样的介绍，你会觉得前者更“外向”吧！当你瞬间做出判断时，你对人格的这样一个简单判断，刚好在某些方面跟特质流派的学者们不谋而合了。

一、特质流派的人格论

1．什么是特质

特质流派的理论源于2000年前即见雏形的类型论，类型论简单粗糙地把人分为偏内向、偏外向等类型，特质理论则认为，人格的结构其实要复杂得多，人格是由许多的“维度”构建而成的，而这些维度就是特质。在许多不同的维度上，或者说特质上，人们都表现出不同的指标水平，于是，这使我们每个人都有机会成为与众不同的个体。

【心理小贴士】

类 型 论

早在古希腊时代，对于人格的分类就产生了。例如，希波克拉底将人格和体液多少相对应，分为多血质、黏液质、抑郁质和胆汁质四种人格。

除此以外，还有体型说。内胚层型：体型矮胖，人格表现为情绪放松，喜爱社交；中胚层型：体型健壮，表现为自信、勇敢、精力充沛；外胚层型：体型瘦长，表现为思虑过多，爱好艺术，内向寡言。

同体液说一样，体型说也被证实与个体行为没有相关性。

出生顺序说认为：头生儿守旧，安于现状；次生儿创新，勇于突破。

面对这些迥异的个体，特质理论学家们并不在乎行为的成因是什么，也不关心行为机制，他们的目的是通过调查统计收集人格数据，以便清楚地描绘构成人格的维度。他们认为，一种典型的行为就代表了一种特质。假如你的舍友总喜欢收集成堆的废报纸、废纸片、废广告等一切疑似垃圾的物品，特质理论学家很可能认为他非常节俭，而不会像精神分析学家那样，去跟他谈谈他的童年经历，然后探究他为什么会这样做。

不过，特质理论学家们的研究也是有前提的。他们认为：一方面，人格的特质在时间和空间上的表现是稳定的。例如，一个人喜欢独处，那么他过去在家里如此，现在在学校如此，明天或者很久之后在公司也不会有太大的变化。另一方面，人群在人格维度上呈现正态分布，也就是说，在某一项特质上，大多数人处于中间水平，只有少数人处于两边极端水平。

2．代表人物

1）高尔顿·威拉德·奥尔波特

高尔顿·威拉德·奥尔波特是特质流派创始人。1921 年，他和自己的哥哥一起出版了《人格特质：分类和测量》，成为特质理论流派诞生的标志。

奥尔波特的研究认为，特质就是动机，是特质发动了人的行为，并且这种动机是有自主性的。例如，大学生入学时努力学习的动机可能是不想挂科，但之后，他渐渐喜欢上自己的专业时，学习的动机就变成了兴趣。同样的行为却是由不同的动机推动，这种变化证明了动机是有自主性的。

奥尔波特还对特质进行了分层，分为首要特质、中心特质、次要特质三个层次。首要特质是一个人最典型、最具概括性的特质，如林黛玉的多愁善感、葛朗台的吝啬；中心特质是构成个体独特性的重要特质，在每个人身上有 5 ～ 10 个中心特质，如林黛玉的清高、聪明、孤僻、抑郁、敏感等都属于中心特质；次要特质是个体不太重要的特质，往往在人们的爱好上有所体现，如食物、衣着等。

心理测试：气质类型

2）雷蒙德·卡特尔

雷蒙德·卡特尔是著名的人格心理学专家之一，一生著述颇丰。

【心理小贴士】

因素分析法

因素分析法是现代统计学中一种重要而实用的方法，它是多元统计分析的一个分支。使用这种方法能够使研究者把一组反映事物性质、状态、特点等的变量简化为少数几个能够反映事物内在联系的、固有的、决定事物本质特征的因素。

因素分析法的最大作用，就是运用数学方法对可观测的事物在发展中所表现出的外部特征和联系进行由表及里、由此及彼、去粗取精、去伪存真的处理，从而得出客观事物普遍本质的概括。此外，使用因素分析法还可以使复杂的研究课题大为简化，并保持其基本的信息量。

卡特尔出生于英国，童年经历了第一次世界大战，大学时由化学专业转向心理学专业。卡特尔毕业后受邀到美国从事心理研究，曾与奥尔波特共事。受到因素分析发明人斯皮尔曼的影响，卡特尔萌生用因素分析法研究人格结构的兴趣，最终形成了举世闻名的 16PF 人格问卷,也叫作卡特尔16种人格因素问卷。

与奥尔波特相比,卡特尔更关注人格的基本结构。他相信,人们都有一个共同的人格结构,而自己的工作就是去发现这些结构相同的根源特质。有了这些根源特质就可以更便捷地对不同的人进行比较。人格结构的根源特质如表4-1所示。

表4-1 人格结构的根源特质

特　质	高 端 表 现	低 端 表 现
乐群性	外向、热情	冷漠、刻薄
聪慧性	聪明	愚钝
稳定性	沉静、情绪稳定	不稳定、容易激动
恃强性	武断、好斗	温顺、随和
兴奋性	好动、活泼	冷静、严肃
有恒性	自觉、守规则	玩世不恭、漠视规则
敢为性	胆大、冒险	退缩、犹豫
敏感性	富于幻想、敏感	讲求实际
怀疑性	怀疑、警觉	信赖、接纳
幻想性	想象力强、不切实际	脚踏实地、现实
世故性	老练、精明	坦率、朴实
忧虑性	不安、焦虑	自信、满足
试验性	思想自由、求新	保守、传统
独立性	自立	依赖
自律性	受约束、强迫	任性、松懈
紧张性	有紧迫感	沉着、镇定

16PF人格问卷自1949年发表以来被翻译成40多种语言,在心理测量专业领域被誉为"世界十大心理测评"之一,一直沿用至今。1979年被引入我国,由专业机构修订为中文版。对此有兴趣的同学可以在网上搜索,或到心理咨询中心进行预约测试。

3. 特质流派的新理论

随着科技手段的进步和全球化背景下信息的交融,特质流派在卡特尔16个基本人格因素的思路上继续开拓,于20世纪90年代提出了五因素模型,也称大五模型。

该模型认为,人格的基本维度有五个:神经质,描述情绪的稳定程度;外向性,描述社交能量;开放性,描述对世界的开放态度;随和性,描述对他人的关注程度;尽责性,描述人们的责任心。各维度的高低分表现如表4-2所示。

表 4-2 五因素模型各维度的高低分表现

维　度	得分高的表现	得分低的表现
神经质	情绪消极、缺乏安全感、对自我不满意等	情绪平静、有安全感、自我满意等
外向性	爱好交际、精力充沛、乐观自信、友好等	爱独处、排斥他人等
开放性	喜欢新奇的事物、思维活跃、思想独立等	保守、看重规则等
随和性	易合作、富有同情心、信赖他人等	敌对、缺乏信任、在意竞争等
尽责性	有条理、有计划、尽心尽责等	马虎大意、虎头蛇尾等

虽然该理论得到普遍认可,但仍有学者质疑。例如,为什么人格的基本维度是这五个?这是五因素模型和特质理论学家都无法回答的问题。

特质流派与其他人格流派有很大的不同,特质流派是唯一一个没有治疗理论的流派。这与特质流派更多地关注正常人,以正常人为研究对象有关。与之相反,精神分析流派则是从研究精神病人出发的。从古典到新精神分析,精神分析流派的著名人物众多,他们对人格又有怎样的说法呢?

二、精神分析流派的人格论

1. 西格蒙德·弗洛伊德

自弗洛伊德创立精神分析学派伊始,便一直为世人所瞩目,对其评价也是仁者见仁智者见智,崇拜他的,把他与马克思、爱因斯坦齐名媲美;诋毁他的,把他看成“一头冲进人类文明花园的野猪”。这样的争议,都源于弗洛伊德对人格的解读。

1)心理意识的三个层面

弗洛伊德基于对神经性疾病的治疗经验和在法国时沙科教授给予他的引导,描绘了一幅前所未有的“心理画卷”。他提出,人类的心理意识有三个层面:意识层是最浅的表面一层,即人们传统意义上的心理;潜意识层是比意识层更为复杂、隐秘、富于活力且开阔的一层,且它又分为无意识层和潜意识层;无意识层由各种受到压抑或被遗忘了的情绪、欲望、动机组成,几乎无法进入人的意识层。潜意识作为意识和无意识的中介,在某些情况下可以使“伪装后”的无意识的信息进入意识层,如做梦。弗洛伊德用心理冰山理论形容说:露出水面的一小点是意识,潜藏在水下的巨大冰体是无意识,随着波涛而时上时下的是潜意识,如图 4-1 所示。

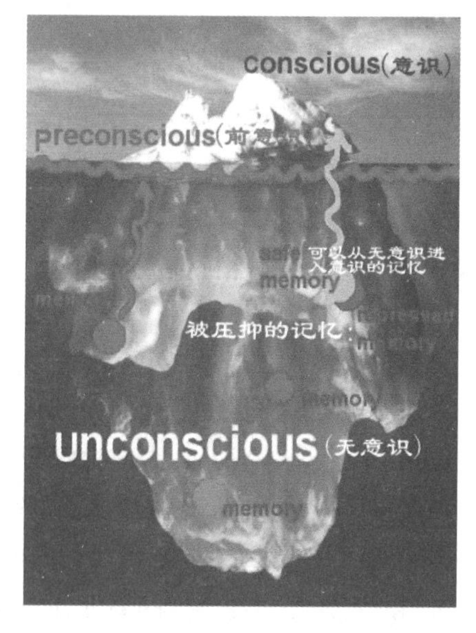

图 4-1 弗洛伊德的心理冰山理论

【心理小贴士】

释 梦

弗洛伊德所著的《梦的解析》出版时被认为“惊世骇俗”，书中分析了潜意识表象——梦。弗洛伊德将别人不敢接收的疑难精神病人接收下来，搜索他们的心理创伤，分析他们每一次怪异的梦境。他认为梦的方式有四种，即凝缩、换位、戏剧化和润饰。

由此，弗洛伊德在世人惊诧的眼光中指出，以理性意识为中心的心理学说根本就是自欺欺人，人类心理的基本部分和力量是来自无意识的。人的一切表现都是无意识所引发，绝非偶然。例如，一个人看似碰巧发生的口误、笔误，其实都是无意识在幕后指使。从此，无意识理论隆重登上心理学历史的舞台。

2）“三我”人格结构

后来，弗洛伊德在此基础上又提出人格结构理论，认为人格是由本我、自我、超我三部分组成。

本我是原始的、无意识的。它是一切心理能量的源泉，包含了所有欲望、冲动和生命力。唯一的行事原则就是获得快乐并避免痛苦，不理会任何道德的、规范的约束，只寻求个体的舒适、生存和繁殖。

自我是可以意识到的自己，依照意识来执行行动。它既要保证本我的冲动得以满足，又要使个体适应现实的需要。它遵循现实原则。

超我则是内化了的道德规范，是人格中的理想部分。它像本我一样非现实，严厉地监督、批判并管束个体的行为，要求自我遵循道德原则去管束本我。

这三个部分无休止地依照各自的原则决定着我们每分每秒的生活。

如果你一周后就要参加英语四级考试，却有朋友邀请你周末去他家开生日派对，这时候会发生些什么呢？本我会欢呼一声，大叫“太棒了，一定要好好热闹热闹，美美地吃顿大餐！”超我却紧皱眉头，严肃地批评：“你的考试练习题没做几套，踏踏实实学习才是正途！”自我瞧瞧超我，又瞅瞅本我，于是决定：周末在餐厅先自己吃顿好的，回头考完了再看看怎么补偿朋友和自己吧。

3）两种本能

弗洛伊德认为人的本能驱力是性，本能驱动了个体的行为。人类最基本的本能有“生本能”和“死本能”。“生本能”保持人类种族的繁衍和个体的生存；“死本能”也称为攻击本能，会危害生命，如自杀、酗酒等。

2. 卡尔·古斯塔夫·荣格

荣格曾师从弗洛伊德，两人关系密切，却终因在人格理论上的分歧而决裂。荣格认同弗洛伊德的无意识理论，继而提出集体无意识、原型和人格八类型。

1）集体无意识

荣格认为，集体无意识是远古时代祖先留下来的经验的储存，是对几千年来不胜枚举的细微变化和差异事件的记录。每个人的头脑中都遗传了这样一个相同的组成部分,无处不在地影响着每个人,影响着我们的社会。

2）原型

原型是集体无意识的表现,是人格的重要组成。其中“人格面具”是人们在生活中公开表现出的各种角色,是不同情境下的不同面具。例如,我们面对父母的样子跟面对同学时一定不同。“阿尼玛”是男人心灵中的女性成分,它能使男性拥有一些女性人格特征,如体贴、细腻等,同时,“阿尼玛”呈现的理想女性形象为男性提供了男女之间交往的模式。“阿尼姆斯”则是女性心灵中的男性成分。“阴影”是集体无意识中的先祖遗留,是人类原始欲望的代表,让人有疯狂的、攻击的倾向。“自我”与弗洛伊德的自我概念相同,是人格中的“调解员”,起到整合统一人格的作用。

微课：关于原型

3）人格八类型

人格八类型结合了内、外两类倾向和思维、情感、感觉、直觉四项技能对人格的划分,如表 4-3 所示。每个人都是一种或几种技能的综合体。

表 4-3　荣格的人格八类型

类别	外　倾	内　倾
思维	恪守规则、客观冷静、思维活跃。情感压抑	聪慧、特立独行、适应力差。情感压抑
情感	易感、喜交往、遵循权威传统。思维压抑	安静敏感、思想不外露、时而幼稚。思维压抑
感觉	享乐无忧、追求新奇艺术、适应性强。直觉压抑	安静被动、爱好艺术。直觉压抑
直觉	创造力强、易变、依感觉行事。感觉压抑	好思考新奇、偏执。感觉压抑

3. 阿弗雷德·阿德勒

阿德勒与弗洛伊德共事多年,受自身成长经历的影响发展出自己的理论,与弗洛伊德分裂,建立“个体心理学”。

阿德勒认为,人天生自卑,并受到环境的压抑造成抑郁之感。但人又有追求卓越和完美的倾向,且适度追求能促进个人发展,对社会有益；过度追求,则容易以自我为中心忽视他人,缺乏社会兴趣。在追求卓越的过程中,人们派生发展出不同的行为特征与习惯,即生活风格主要有以下四种类型。

(1) 支配统治型。支配统治型的人倾向于支配和统治别人,缺乏社会意识,很少顾及别人的利益,他们追求优越的倾向特别强烈,不惜利用或伤害别人以达到自己的目的。他们需要控制别人从而感到自己的强大和有意义。在儿童期,他们在地板上打滚、哭闹,希望父母向他妥协。

(2) 索取型。索取型的人相对被动,很少努力去解决他们自己的问题,他们对自己缺乏信心,希望周围的人能满足他们的要求。许多有钱的父母对孩子采取纵容的态度,尽量满足孩子的一切要求,以使他们免受挫折。在这样的环境下,孩子很少需要为自己而努力做事,

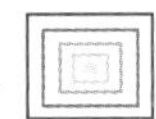

也很少意识到他们自己有多大的能力。

(3) 回避型。回避型的人缺乏必要的信心解决问题或危机，不想面对生活中的问题，试图通过回避困难从而避免任何可能的失败。他们常常是自我关注的、幻想的，他们在自我幻想的世界里感受到优越。例如，有些同学现实中失意，却沉迷于网络世界中虚幻却强大的自我角色。

(4) 社会利益型。社会利益型的人能面对生活、积极与人合作、为社会贡献自己的力量，他们常常生长于和睦的家庭，家庭成员相互帮助支持，人与人之间彼此理解、尊重。

在上述四种生活风格中，前三种是适应不良的，只有第四种才是适当的。

另外，除了自卑会影响人格的形成，阿德勒认为，家庭中孩子出生的顺序也很重要。

4. 新精神分析学派的理论

在弗洛伊德学派中，除了这些早期著名人物，后来还出现了众多的追随者，他们成了新精神分析的中流砥柱，并发展了精神分析新的理论。

其中，哈里·斯塔克·沙利文提出参与观察法和人际场域理论，对所有社会科学的当代方法学和社会建构论的概念产生巨大影响；埃里克·埃里克森的生命周期渐成论与认同概念影响了人类学、历史学和生物学；梅兰妮·克莱因对幼儿幻想生活的理论洞见、玛格丽特·马勒对儿童从与母亲的共生嵌合中获得心理出生所做的美妙描述，都影响了父母和研究者对儿童、儿童成长所需条件的理解；约翰·鲍比的依恋理论触发了关于母婴联结和亲子分离的专题研究，促进了关于孩子需求的养育环境与社会辩论；唐纳德·温尼科特对主观性的起源、“抱持环境”在母婴二元体中的地位所提出的理解，深刻地影响了整整一代人的育婴经验。此外，温尼科特提出的“过渡客体”和“过渡经验”的概念也影响了早期教育学研究和创造力、文化及审美体验的研究。

概括而言，新精神分析学派理论的不同之处在于：一是更强调个体此时所在的社会环境，较少关注过去的情况；二是更强调对个体生活经历具有持续影响的方面，而不是儿童期的冲突；三是更强调社会动机和人际关系的角色，而不是生物本能和对自我的关注；四是更强调自我的功能和自我概念的重要性，较少强调本我和超我之间的冲突。

三、行为主义流派的人格论

让我们把人生的时钟拨回到生命的前几年。当你在商场里摇着妈妈的手臂盯着柜台，意图得到心仪的玩具，却发现无论如何妈妈都不肯同意时，如果号啕大哭和倒地打滚儿能最终使妈妈妥协的话，那么从此以后你将倾向于用这种方式达成目的。于是，行为主义学家判断：用要赖威胁达成目标的人格特征就在“妈妈妥协”的刺激下训练形成了。

可以看出，行为主义学家不关心人格的结构，他们的研究重点在人格的发展和教育方面，他们认为学习和习惯是人格形成的重要因素，人的行为是可控并可以被改变的。

1．老鼠笼里诞生的理论

斯金纳是行为主义学派最负盛名的代表人物，被称为“彻底的行为主义者”。他在巴普洛夫和华生的行为主义影响下，用设计精巧的动物试验箱（斯金纳箱），研究出了“操作性条件反射”和“及时强化”。

对人类来说，这样的塑造程序可以用于培养孩子的好习惯。弗洛姆曾与斯金纳争论，反对其观点，认为人不是机器，更不是老鼠，不能被操作性条件反射技术控制。一次学术会议上，斯金纳坐在弗洛姆身边，听着弗洛姆激情飞扬的演讲，斯金纳决定做一次现场强化实验。他传了一张纸条给朋友：“请注意弗洛姆的左手，我将塑造一次他做出砍的动作。”每当弗洛姆举起左手时，斯金纳就会直视他；如果弗洛姆挥动左臂如同砍东西，斯金纳就微笑并点头赞许。但如果弗洛姆的手臂伸得比较直，斯金纳就撇开眼睛或表现出不耐烦的样子。如此这般五六次之后，弗洛姆不知不觉地开始用力挥动左臂，以至于他手腕上的表都被甩落在地。

斯金纳成功证明了自己的理论。的确，其理论在行为塑造和教学实践中得到了良好证明，对矫正和培养儿童都有很好的作用。但是，该理论单单强调了应该怎样做，而不能解释人格本身，对于我们每个迥异的个体而言，他的理论似乎显得过于机械和简单。

2．榜样的作用

艾尔伯特·班杜拉，社会学习理论创始人，斯坦福大学心理学教授。

班杜拉认为，人的行为受到个体、环境的影响，三者交互作用，并可以在观察中学习。这种观察学习或者模仿由四个阶段构成：一是注意阶段，注意和知觉示范行为各方面特征的阶段；二是保持阶段，示范虽然不再出现，但仍给观察者以影响，示范行为在记忆中被长时间保持；三是再现阶段，把记忆中的符号和表象转换成适当的行为，再现以前所观察到的示范行为；四是动机阶段，模仿者是否会经常表现出示范行为取决于动机力量，而外部强化、自我强化和替代性强化就是再现示范行为的动机力量。在这样的过程中，人们学会了行为或者规则。

【心理小贴士】

班杜拉的玩具娃娃试验

试验中，研究者让儿童观察成年人攻击一个玩具娃娃的行为。将儿童分为三组：第一组儿童在现场观看，成年人时而踢娃娃，时而打娃娃；第二组儿童看成年踢打娃娃的彩色录像；第三组儿童观看有攻击行为的卡通片。之后，研究者给儿童一样的玩具娃娃，并离开房间。结果发现，儿童都重复了成年人的攻击行为，甚至有的还加入了新的攻击行为。有意思的是，看现场表演和电视对儿童模仿攻击行为的影响更大一些，看卡通片对儿童行为的影响则要稍小。

可见，榜样的作用对儿童的影响是非常大的。

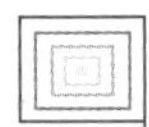

人们对榜样的学习无处不在，例如，幼儿园小朋友学会骂人、社区老奶奶学跳扇子舞、实习医生观察主治医师进行手术等。榜样的影响巨大，却不总是正向的。生活中，我们应留意自己的模仿行为。

四、人本主义流派的人格论

经历了精神分析和行为主义的洗礼，人们发觉这两个流派都忽视了人性中一些非常重要的东西：人的价值、潜能、自由、尊严，忽视了个体的自主作用。

这些恰恰是人本主义研究的主题，他们相信人们的真实自我需要一个良好的环境，如温暖、美好的祝愿、父母的关爱等，让自我得以实现。

1．马斯洛的需要层次理论

在理解人性问题上，马斯洛找到了一个非常恰当的突破口——人类的动机和需要。他提出了由低到高、由强到弱呈金字塔形状排列的需要层次理论，如图 4-2 所示。

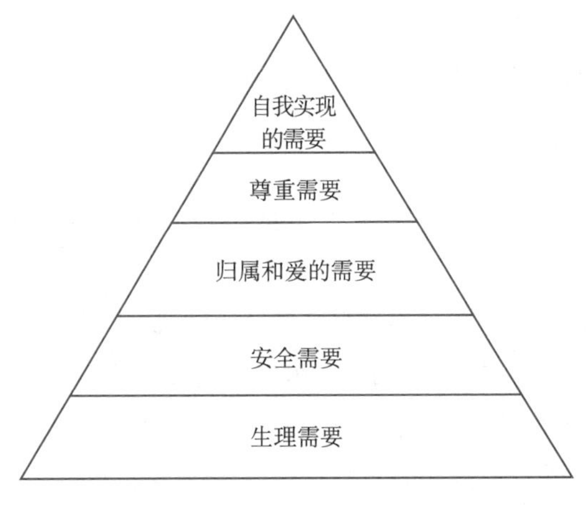

图 4-2 马斯洛的需要层次理论

1）生理需要

生理需要是人们最原始、最基本的需要，如食物、水、睡眠等。这些需要是人们行动的最强大动力，必须首先被满足。例如，如果长时间缺乏食物、安全和爱情，缺乏食物的饥饿需要会占据最大优势。当一个人被生理需要所控制时，其他一切需要都被推后。

2）安全需要

安全需要在生理需要被满足后出现，包括远离恐惧危险、被保护和稳定，以及对结构和顺序的需要。正常人身上一般都被满足了安全需要，但儿童阶段对安全的需要占据主导地位。人生发展中停留在安全需要的人可能会因为寻求安全感而导致婚姻不幸。

3）归属和爱的需要

归属和爱的需要是指人们渴望得到家庭、团体、朋友、同学的关怀、爱护、理解，是对友情、信任、温暖、爱情的需要。马斯洛指出，现在人们强烈感觉缺少朋友、妻子和孩子的爱，人们渴望与他人之间有亲密关系。

4）尊重需要

尊重需要分为两种：自尊和来自他人的尊重。自尊包括获得信心、能力、本领、成就、独立和自由的愿望；来自他人的尊重包括威望、承认、接受、关心、地位、名誉和赏识。尊重需要如果无法满足，人们就会产生自卑、无助、沮丧的情绪。

5）自我实现的需要

自我实现的需要是最高等级的需要，这要求人们能最充分地发挥自己的潜能，帮助自己成为所期望的人物，完成与自己能力相匹配的一切。马斯洛说："音乐家必须创作音乐，画家必须作画，诗人就要写诗。如果他最终想要达到自我和谐的状态，就必须成为他能够成为的那个人，必须真实地面对自己。"但人们完成这一过程所采取的方式不尽相同，这依赖于前面几层需要被满足的程度。

自我实现的人并非完美无缺，但他们能接纳自己，承认自己的弱点并努力改进。他们尊重自己，对自己满意。自我实现的人也更容易拥有高峰体验，因为这一阶段的人有个人发展的需要，他们不会像大多数人一样被焦虑折磨而曲解现实，他们能更清楚地评判他人和环境。当然，如果从来没有过高峰体验，也并不意味着心理素质没有达到高水平。记住，连马斯洛也说并非所有自我实现的人都会有那样的体验。

2．罗杰斯的来访者中心

卡尔·兰塞姆·罗杰斯认为，人们总是力图保持稳定的自我概念，但遇到与之冲突的体验时就会产生焦虑。

例如，假设你认为自己是一个受欢迎且平易近人的人，但有一天你听到有人说你冲动不好交往，你会怎样做？如果你是个完善的人，可能会愿意接受这个信息——有人不喜欢你。但是，不是每个人都能像你一样包容对自己不利的信息，为什么人们对此会难以接受呢？

罗杰斯认为，这是儿童构建自我的过程中被"有条件的积极关注"导致的。

1）自我建构

自我概念是对自身的个人建构，是在对重要他人的反应中成长起来的。孩子会相信来自父母、照顾者、教师的表扬或责备、呵护、压抑和批评，并进而将其纳入自我。

罗杰斯通过对来访者的近距离观察发现，有些人在前一轮谈话中还对自己信心百倍，到下一轮谈话时却感到自己一无是处。由此，罗杰斯认为自我并非固定的实体，而是产生于人际中对自我的知觉。

2）评价价值条件

多数人都是在"有条件的积极关注"环境中长大，很多父母都只在孩子们满足了自己的期望要求时才表现出关爱；如果父母对孩子的行为不满意，则收回爱以示惩罚。这样的结果就是，孩子学会了抛弃真实的感情和愿望，只接受父母赞许的那一部分自我。慢慢地，孩子开始拒绝承认自己的弱点和错误。

缺乏外在的积极关注，孩子自我关注的发展将受阻，并产生畏缩和歪曲的自我概念。如果婴儿始终生活在苛求和压抑的人群中，或者周围的信息令人困惑、不一致，那么他们就会

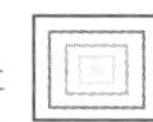

变得很混乱。

要获得完善的自我，提供“无条件的积极关注”才是正途。在无条件积极关注下，孩子会觉得不需要隐藏，知道无论自己做什么都会被接受、被信任、被爱。这能够让他们自由体验全部的自我，自由地把错误和弱点都纳入自我概念中，真实地表现自我。

心理咨询师可以在心理治疗中以来访者为中心，贯彻这种无条件积极关注的思想，从而达到治疗的目的。不只是父母和心理咨询师，我们的生活中有很多人都可以成为无条件积极关注源，如朋友、伴侣等。

五、认知学派的人格论

我们虽身处同一个世界，但是你眼中的世界一定与我眼中的不同，即“一千个人眼里有一千个哈姆雷特”。

认知学派对此非常认同。他们认为，每个人都有自己处理信息的模式，由于观察角度不同，会对客观事物有不一样的认知，这些认知及个人经验影响了人格的形成。

1. 乔治·亚历山大·凯利的“个人建构”

凯利认为“个人建构”是人格核心，它是人们在生活中通过对环境中的人、事、物的认识、期望、评价、思维所形成的观念。例如，你可以建构“黛玉是小心眼儿的”“宝玉是叛逆乖张的”；也可以这样建构“黛玉是才学浓郁的”“宝玉是追求自由的”。不同建构源于不同的人格特征。

2. 沃尔特·米希尔的“认知—情感”理论

米希尔认为，每个人都有不同的心理表象，从而使我们有不同的行为模式。例如，一棵圣诞树可以让一个人想到宗教信仰，也可以让另一个人回忆起家庭和假期的欢乐，亦可以让第三个人想起童年的悲伤回忆。

3. 认知学派的“原型”

认知学派也有与“原型”有关的定义，与荣格的概念不同，认知学派认为原型是指某个事物在个人心目中的典型形象。人们用原型来区别事物或者人。举例来说，一个叫张三的高中生，留着长长的、乱蓬蓬的头发，上课总坐在后面，对课堂内容毫无兴趣。英语教师可能会认为他是一个不思进取、制造混乱的糟糕学生，这是因为英语教师多年的经验形成了一个“惹是生非学生”的原型，而张三恰好与这一原型吻合，于是英语教师和张三之间的对立越加明显，张三的英语成绩也每况愈下。而历史教师却发现张三与她的“孤独学生”的原型相匹配，是个需要关心和鼓励的孩子。于是历史教师对他任何试图学习的信号都给予积极反馈，张三的历史成绩也一点点进步。不同的原型使我们对同一个人有不同的看法，并用不同的方式和不同的人交往。

第二节　大学生的人格特征

有学者认为，当代大学生的人格特征包括勇于创新和开拓、努力取得成就的坚韧性、热情、富有自信等。当然，在多元文化和观念的碰撞中融合、社会及家庭结构的变化中，影响人格形成的因素越发不稳定，使大学生的人格发展遭遇迷茫和冲突。高等教育需要着眼于21世纪的发展和要求，培养人格健全、全面发展的大学生。

一、大学生的健康人格表现

1. 自我认识正确

自我认可，并形成积极的自我看法；清楚自己的优点与缺点，理解现实自我与理想自我之间的区别；拥有明确的奋斗目标与愿望，并愿意为之努力。

2. 智能健全

观察力、记忆力、思维力、注意力和想象力发展良好，各种认知能力能有机结合并发挥应有的作用。

3. 情绪情感饱满适度

情绪上，稳定性与波动性、外显性与内隐性并存，情感丰富，积极的情绪情感占主导地位。

【心理训练游戏】

涂鸦情绪

无论你是否有绘画经验或天赋，视觉艺术都是人们了解和表达情绪的好方法，是人们进入情绪、直觉、想象和创意突破领域的通行证。利用颜色、线条、纹理、形状和图像制作来表达情绪，是右脑说出自己想法的方式之一。

1）材料

白纸与彩笔

2）活动

心理训练：涂鸦情绪

(1) 回想最近一次情绪强烈时的自己，在白纸上用非惯用手画一幅情绪的图画。

- 什么颜色能表达这种情绪？
- 它是什么形状的？
- 什么样的线条和纹理最能代表这种情绪？

(2) 用你的非惯用手在纸上写下这种情绪的名称，然后为这幅画写个标题。请记住，任何名称均无对错之分，听从你的直觉。

(3) 看着这幅画，用你的惯用手在另一张纸上写出你对它的观察。

- 你觉得表达这种情绪困难吗？

- 在画的时候你感受到这种情绪了吗？
- 它和你目前的生活状况有联系吗？如果有，把相关的情况写一写。

4．社会适应力良好

对外部世界有浓厚兴趣、有广泛的活动范围和兴趣爱好，人际交往范围扩大，积极参与各种形式的社会实践。允许别人与自己在价值观、信念上存在差别，尊重现实，不过于主观。

5．生活态度积极乐观

认为学业、事业是生活的组成部分，有进取心和责任感；具有开放性的竞争观念，较少保守；喜欢创造，勇于创新，敢于冒险，独立性强，富有幽默感，态度务实。

二、大学生的人格发展偏差

人格发展不良是介于健康人格与人格障碍之间的状态，表现为人格发展的不良倾向。在大学生心理咨询中，有相当一部分表现为不同程度的人格发展偏差，常见的有自卑、懒惰、拖拉、粗心、鲁莽、急躁、悲观、孤僻、多疑、抑郁、狭隘、冷漠、被动、骄傲、虚荣、焦虑、以自我为中心、敌对、冲动、脆弱等，在此简要说明其中几种。

1．自卑与虚荣

自卑是对自己不满、鄙视、否定的情感感受。大学里有些同学会发现“山外有山”，尤其是当学习、社交、文体方面显露某些不足时容易陷入怀疑、否定自己的状态中，从而产生自卑心理。

虚荣心往往与自卑相联系，没有自卑，就不必用虚荣心来表现自尊心。虚荣者往往情感脆弱、敏感多疑、防御心重，过分介意别人的评论与批评，常会千方百计地抬高自己形象，捍卫的往往是虚假的、脆弱的、不健康的自我，以致无暇真正丰富自我。

有自卑或者虚荣心理时应怎么办？一方面，试着重新正确认识自己、悦纳自己，建立良好的亲密关系，寻求和付出无条件的爱，充实安全感；另一方面，试着进行自信心训练，将目标定得小一点、切合实际一点，寻找适合自己的评价参照点，多与自己进行纵向比较，从而积累愉悦的成功体验。

2．害羞与怯懦

害羞在大学生中较为常见。例如，不敢在大众场合讲话，怕与陌生人打交道，与异性同学交流说话会感到紧张等。害羞之心人皆有之，过分地害羞且成了一种习惯则有害，它会导致压抑、孤独、焦虑等不良心理，妨碍人际交往。

怯懦则主要表现为缺乏勇气和信心，在挫折、困难面前害怕、退缩。有些大学生不敢表明自己的态度，不敢坚持自己的观点，甚至不敢向教师提问题；有的怕冒风险、难担重任。然而，越回避矛盾、躲避失败，反而越容易遭受挫折。

大学生应避免过于看低自我，避免过于看重他人的评价，要看到自己的长处。另外，放下“只能成功，不能失败”的非理性意念，放松思想、锻炼胆量，能力都是练出来的，上课、开会时尽量坐到前排去；走路时抬头挺胸，把速度提高四分之一；主动大胆地和别人尤其是陌生人、异性、教师讲话；说话时，正视对方眼睛；高兴时，开怀大笑。

【心理小贴士】

如果害羞，我该怎么办？

当你感到害羞时，可以尝试着采用以下方法克服害羞心理。

- 要知道，并不是只有你一个人感到害羞，很多人都和你一样，很可能现在和你谈话的人比你还害羞呢。
- 即使你是天生害羞的人也没关系，要知道，没有什么是改变不了的。只要你努力，就有可能改掉害羞的习惯。
- 尝试对人微笑，更多地倾听对方在说什么，而不去想自己该说什么。
- 学会提问，一些小问题也许能让你很快找到大家都感兴趣的话题。
- 在重要场合发言，应事先做好充分的准备，如写好发言稿、面对镜子练习几次，这样可以在一定程度上降低焦虑。
- 深呼吸有利于降低心跳频率，想象自己处在一个最好的状态，也能帮助你更好地克服害羞的心理。

3．懒惰与拖延

青年人是充满朝气活力、开拓进取的群体，但也并非总是如此。懒惰是意志活动无力的表现，是不少大学生为之感到苦恼却难以克服的难题。懒惰也常令人事后内疚、自责、后悔，但又无力进行改变。

拖延症也是如今的流行病。有一首打油诗形象地描述了这种状态——春天不是读书天，夏日炎炎正好眠，秋多蚊虫冬又冷，一心收拾待明年。拖延的原因有很多，如过于完美主义、畏难、目标不明等。拖延不仅误事，还会徒增心理压力，引发焦虑。

改变懒惰与拖延，试着寻找达成目标的内在动力，发现真正的兴趣所在，开始为自己负责并合理地管理时间。最要紧的是立即动手，事情往往在开始行动之后便逐渐水到渠成了，由此带来的欣喜、满足、成就感会成为有力的内在奖励。

4．狭隘与自我为中心

受功利主义影响，大学生心胸狭隘的现象有所增加。凡事斤斤计较、耿耿于怀、好嫉妒、好挑剔、容不得人，都是心胸狭隘的表现。既伤害他人感情，也给自己带来烦闷和苦恼。

以自我为中心就是过度倾向于将关注点投向自我，并将这种倾向与个人主义、自私自利思想结合，就会表现出过分的自我中心。以自我为中心的人，想问题、做事情，只从“我”出发，颐指气使、盛气凌人、不容异己。

克服狭隘，避免以自我为中心，试着以己度人，走出自己的小天地，互换视角看问题，丰富理解世界的维度。与此同时，尽量充实自己的内在世界、开阔视野，真诚地爱人爱己。

第三节 大学生人格健全与完善

一、塑造健全的人格

1. 认识自我，优化人格整合

认识自我是发展自我的起点，是对人格特征进行自我观察、自我觉知、自我确认、自我评价的过程。清晰地认识自我，全面地评价自我，从而稳固优良人格品质，弥补发展偏差，这是人格完善的重要途径。

2. 锻炼身体

人格发展需要健康体质、心理与智力等因素协同作用、相互促进。研究表明，锻炼身体可以加强脑内单胺类神经突触的传递。大脑分泌的去甲肾上腺素、多巴胺和血清素可以影响机体的觉醒和注意力，分泌的具有类吗啡作用的内啡肽可降低抑郁、焦虑、困惑以及其他消极情绪。无论是长期规律的体育锻炼还是30分钟的单次运动，都可以显著改善不良情绪，促进心理健康，但是短暂的单次运动无法长期控制不良情绪。

3. 丰富知识

“读史使人明智，读诗使人灵秀，数学使人周密，科学使人深刻，伦理学使人庄重，逻辑修辞之学使人善辩，凡有所学，皆成性格。”人的知识越广博，也越有机会完善自我及增长智慧。受应试教育影响，一些理工科学生缺乏人文知识，文科生缺乏科学精神，这都不利于大学生的全面发展。大学生不应局限于自己的专业学习，还应该扩充人文、社会、科学的知识面，从兴趣出发丰富知识并充实生活。

4. 积极实践

无论是知识积累、能力形成还是意志力磨炼，都离不开实践。一个人的勤奋、坚韧、乐观、细致等人格特征都是在行动与实践中锻炼而来。

人的言行是其人格的外化表现；反之，日常言行积淀为习惯就是人格。英国诗人德莱顿说：“首先，我们培养习惯，然后习惯塑造我们。”行为主义创始人华生也认为，人格就是习惯的产物。改变自我，不如从习惯入手、从实践开始。

5. 发展人际关系

人格发展的过程也是个体实现社会化的过程。健全的人格在人际交往中体现得更为清晰。健全人格源自良好的亲密关系，又促成良好的人际互动。尊重他人习惯、真诚赞美、避免非建设性评价、求同存异、自尊、独立，都是建立良好人际关系的基础。

6. 主动寻求帮助

每个人都会遇到难以应对的问题,需要借助周围人的力量共同解决。虽然求助时审慎地选择求助对象或机构是有必要的,但是保持开放的心态,不要过分担忧是否打扰别人的生活。当我们向外求援时,也传递出你对对方的信任,对方也会体验到被信任的满足感。

7. 防止"过犹不及"

凡事有"度",人格发展亦然。大学生应自信而不自负,自谦而不自卑,自爱而不自恋,自助而不自扰,勇敢而不鲁莽,果断而不冒失,稳重而不犹豫,谨慎而不怯懦,豪放而不粗俗,好强而不逞强,活泼而不轻浮,机敏而不多疑,忠厚而不愚昧,谦让而不软弱,干练而不世故,自珍而不自骄,刚柔并济,发展韧性、灵活的健康人格。

二、人格的测评方法

若要对自身的心理健康状态有所了解,可借助的方法有很多,一般分为两类,即客观测验和投射测验。

1. 客观测验

客观测验通常被称为问卷法,又称自陈测验,是指借助书面形式评估心理健康或者测量人格的方法,常见的问卷如大学生人格问卷 UPI、症状自评量表 SCL-90 等。标准化的问卷是经过科学检验的,有信度、效度,操作方便,广为使用。

相信很多同学都参与过问卷测验,本部分也设置了几个测试,无论是笔答还是计算机录入,大家一定都期待着尽早看到问卷结果。当然,结果准确与否,取决于你的作答是否如实。

2. 投射测验

投射测验是指对被测试者施加若干个模棱两可的刺激,被测试者可对其任意解释,使自己的动机、态度、感情和性格等在不知不觉中反映出来,然后加以分析推断。虽然该方法被评价为缺乏客观标准,但在实际生活中广受欢迎。

【心理小贴士】

投　射　法

联想法、构造法、完成法、表露法都属于投射法。联想法是给你一个刺激(字词、墨迹等,如图 4-3 所示),让你说出由此联想到的事物,精神分析学家最早使用这种方法,著名的有罗夏墨迹测验。

构造法是要求被测试者根据一套含有过去、现在、未来等发展过程的图片编故事,借由故事分析被测试者内心,著名的测验有 TAT 主题统觉测验。

完成法要求被测试者将一些不完整的句子、故事或材料以自己的方式补充完整从而得出判断,例如,"我认为婚姻……""我喜欢……"等。

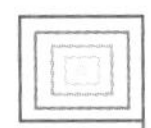

表露法是利用一种媒介,如绘画、舞蹈、游戏等获得自然表露的心理状态的方法,常用的有画树测验。

图 4-3 罗夏墨迹测验用图

如今,获取人们心理状况和人格信息的手段越来越多。如果使用这些方法依然让你对了解自我或他人不够满意,还有一个最直接简单的办法,到专业的心理机构去寻求帮助。

三、心理学家的人格发展观点

1. 弗洛伊德的观点

弗洛伊德在本能驱力的基础上提出人格的性发展阶段理论。他认为如果性心理发展的某个阶段得到过分的满足或者受到挫折会导致固着,固着将导致无法正常地进入性心理发展的下一个阶段。从表 4-4 中我们可以看到,每个阶段的固着会导致成年后不同的性格特征。固着的概念能够解释为什么弗洛伊德如此重视早期经验对于人格连续性的作用。他相信性心理发展的早期经验对人格形成和成人行为模式有着很深层次的影响。

表 4-4 弗洛伊德的性心理发展阶段

阶 段	年龄 / 岁	敏感区	主要发展任务	发生固着会导致的成人性格特点
口唇期	0 ~ 1	口、唇、舌	断奶	有嘴部不良行为,如吸烟或过度饮食
肛门期	2 ~ 3	肛门	如厕训练	缺乏条理性,吝啬、固执或相反
性蕾期	4 ~ 5	生殖器	俄狄浦斯情结	虚荣、莽撞,或相反
潜伏期	6 ~ 12	无特定区域	防御机制的发展	无(一般此阶段不会发生固着)
生殖期	13 ~ 18	生殖器	成熟的亲密行为	成功完成各阶段。性格真挚、热忱、成熟

弗洛伊德认为, 20 岁左右的青年人最重要的发展任务是力图从父母那里摆脱出来,与父母分开,建立自己的生活,发展异性关系。但独立并非易事,和父母分离在感情上是痛苦的。如果在这一时期或以前各时期的发展任务遭受挫折,就会给个体带来种种问题,甚至发展为心理疾患。

2．荣格的观点

荣格认为，青年期是人生发展的第二阶段。在这个阶段，每个人都有一定的理想和希望，但这种理想和希望可能很难得到实现，有两个原因：一是对面临的任务和问题估价过高或过低，过分乐观或者过分悲观，使希望不能被实现；二是理想和实际的条件不符，如一个人希望成为长跑运动员，但腿却有问题。青年期的理想和希望如果得不到实现，便会导致个体各种心理问题的发生。

3．埃里克森的观点

埃里克森以心性发展为基础提出心理社会发展学说，着眼于社会环境所产生的心理课题。他提出的前五个阶段与弗洛伊德学说的早期阶段相同，又继续把成年以后的人生作了划分，见表4-5。

表4-5　埃里克森的心理发展八阶段

阶　段	任　　务	解　　决	未　解　决	品质
婴儿期	基本信任—基本不信任	需求得到满足的信心	由不确定的满足导致的愤怒	希望
儿童早期	自主—羞怯和疑虑	来源于自我控制的独立	由被控制导致的疏远	意志
学前期	自主—内疚	作用与欲望、冲动和潜能	一直追求良心	目的
学龄期	勤奋—自卑	集中注意力于“工具世界”	缺乏技能和地位	能力
青春期	同一性—角色混乱	确信一致性可由他人看出	先前同一性发展失败	忠诚
成年早期	亲密—孤独	与他人的同一性相融合	没有亲密关系	爱
成年中期	繁殖—停滞	指导下一代成长	成熟过程的延滞	关心
成年晚期	自我整合—失望	情感的整合	认为“生命是短暂的”	智慧

他认为20～24岁属于“亲密对孤独”的阶段，在这一阶段，人的主要发展任务是亲密关系，但是只有建立了牢固的自我同一性的人才敢热烈追求和他人建立亲密关系。一个没有建立自我同一性的人，会担心因同他人建立亲密关系而丧失自我。这种人离群索居，不跟他人建立亲密关系，从而导致人格发展异常。

人格健全的过程就是心理健康和心理成熟的过程。塑造健全人格是一项系统工程，贵在坚持。

【案例讨论】

俄狄浦斯的故事

拉伊俄斯作为忒拜国王子，由于父亲被政敌杀害自幼失怙，被夺走了一切权力。后来投奔了珀罗普斯，为其子做家庭教师。可是拉伊俄斯背叛了恩人，爱上并诱拐其子终致其子死亡。珀罗普斯诅咒拉伊俄斯会“被自己的儿子杀死”。

拉伊俄斯后来回国成为国王，他始终害怕诅咒会应验，一直回避和妻子的夫妻生活，但

 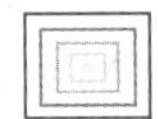

后来还是在一次宴会酒醉后有了儿子。儿子诞生，拉伊俄斯百般犹豫，最终还是让牧羊人把婴儿抛到荒山中使其自然死亡。牧羊人不忍心遗弃婴儿，给他取名俄狄浦斯（意为“肿胀的脚”，源于婴儿受伤的双脚。），辗转送给了邻国没有子嗣的国王和王后。

多年后的一天，年轻的王子得到了德尔菲神殿的神谕——他会弑父娶母！为了避免神谕成真，对身世毫不知情的俄狄浦斯立即离开了国家并发誓永不回归。

而此时的忒拜国正陷入恐慌。狮身人面女妖斯芬克斯要求过路人回答“早晨用四只脚走路，中午用两只脚走路，晚上用三只脚走路的动物是什么”，答不出谜语便被吞食。国王拉伊俄斯希望去神庙求得击退斯芬克斯的神谕，途中恰与俄狄浦斯迎面相逢。拉伊俄斯粗暴地命令俄狄浦斯让路，被激怒的俄狄浦斯与之争斗，并将其杀死。

随后，俄狄浦斯进入忒拜国，破解了斯芬克斯的谜语，就是——人，早上即幼年（爬行），中午即青年（走路），傍晚即老年（用拐杖）。俄狄浦斯拯救了忒拜国，被人民推选为国王，按照习俗与王后成婚。后来生下两个儿子、两个女儿，最终应验“弑父娶母”的神谕。

俄狄浦斯无知无觉犯下了大罪，瘟疫和饥荒不停地降临忒拜国，臣民痛苦不堪。在先知忒瑞西阿斯的揭示下，俄狄浦斯终于明白了瘟疫的缘由，更弄清了自己的身世。王后听说真相后羞愧自杀，而同样悲愤不已的俄狄浦斯无法面对现实的残酷，刺瞎了双眼向臣民忏悔。臣民并不嫌弃这位曾备受爱戴和尊敬的国王，连王后的弟弟也对他表示同情。心灵破碎的俄狄浦斯只请求为自己不幸的母亲建造一座坟墓，同儿女诀别并祈祷臣民们永远受到神祇保护，放逐了自己以洗刷罪孽。此后，俄狄浦斯漂泊四方，最终死在众女神的圣地。

讨论：

1. 弗洛伊德的精神分析理论以俄狄浦斯的故事表示“恋母情结”，代表儿童性欲、性心理和人格发展的关键时刻，是一种儿童早期的心理发展需要，是在儿童初步认识父母及肯定他们关系的基础上，形成自我意识和自我家庭地位意识的时期。很多人对弗洛伊德的这个看法持反对意见。对此，你是怎么看的呢？

2. “恋母情结”中的父母不是生理意义上的父母，而是心理意象。父母形象经过加工后保存在意识领域里，它们集多种优点于一身，具有超现实的完美性、崇高性，是现实个体的理想化。随着年龄增长，孩子会对这些形象加以修改，使其符合不同时期的心理需求和现实需要。有些人否认自己曾有过“恋母情结”，这也不足为奇。大多数人只是一种隐性的对父母亲的依赖，随着学习或成长的需要，他们会逐渐远离父母走上独立的道路，形成自己的生活圈子和健康的性取向。对照自己的心理发展，你有怎样的觉察？

3. 文学艺术中，围绕“恋母情结”的作品颇为丰富，表达人们在清醒认识自我成长过程中，对心理逐步由幼稚走向成熟的自觉思考。例如，很多同学都喜欢的宫崎骏的动画电影《哈尔的移动城堡》、著名的电影《黑天鹅》等，都是与之相关的作品。你有没有读到过相关主题的作品呢？试用弗洛伊德的理论分析一下。

【心理测试】

测试人格

“菲尔人格测试”被时下很多公司用来测查员工的性格,你也不妨试试看。

1. 你何时感觉最好?(　　)

A. 早晨　　B. 下午及傍晚　　C. 夜里

2. 你走路是(　　)。

A. 大步地快走　　B. 小步地快走　　C. 不快,仰着头面对着世界

D. 不快,低着头　　E. 很慢

3. 和人说话时,你会(　　)。

A. 手臂交叠站着　　B. 双手紧握着

C. 一只手或两手放在臀部　　D. 碰着或推着与你说话的人

E. 玩着你的耳朵、摸着你的下巴或用手整理头发

4. 坐着休息时,你会(　　)。

A. 两膝盖并拢　　B. 两腿交叉　　C. 两腿伸直　　D. 一腿蜷在身下

5. 碰到令你发笑的事情时,你的反应是(　　)。

A. 欣赏地大笑　　B. 笑着,但声音不大　　C. 轻声地笑　　D. 羞怯地笑

6. 当你去一个聚会或者社交场合时,你会(　　)。

A. 很大声地入场以引起注意　　B. 安静地入场,找你认识的人

C. 非常安静地入场,尽量保持不被人注意

7. 当你非常专心地工作时,有人打断你,你会(　　)。

A. 欢迎他　　B. 感到恼怒　　C. 在上述两极端之间

8. 下列颜色中,你最喜欢哪一种颜色?(　　)

A. 红或橘黄色　　B. 黑色　　C. 黄色或浅蓝色　　D. 绿色

E. 深蓝色或紫色　　F. 白色　　G. 棕色或灰色

9. 临入睡的前几分钟,你在床上的姿势是(　　)。

A. 仰躺,伸直　　B. 俯卧,伸直　　C. 侧躺,微蜷

D. 头睡在一条手臂上　　E. 被子盖过头

10. 你经常梦到自己(　　)。

A. 下落　　B. 打架或挣扎　　C. 找东西或人

D. 飞或漂浮　　E. 不做梦　　F. 是愉快的

计分规则与结果解释:测试人格

【能量补给】

1. 精神分析学派强调成长经历对人格形成的影响。弗洛伊德、荣格、阿德勒等人的早年生活经历是什么样子?心理学家的早年生活经历又怎样影响了其理论学说并影响了他们的人格呢?如果这让你有点好奇,不妨自己找找答案。

2. 你是否明白了斯金纳的操作原理？这理论似乎有些简单机械，不过，却为我们找到学习乐趣指点了方向。试试他的方法，或许可以帮你逐渐改变对某个学科厌学的态度，或者改变对某项活动不喜欢的态度。

3. 试着为唐僧师徒四人划分一下气质类型。

【拓展阅读】

1. 图书《人格魅影》

《人格魅影》作者是戚炜颖，该书是2007年由北京大学出版社出版的。这本书以通俗的言语、趣味的表述，向我们介绍了一些短小的测验和日常生活中的人格心理学小知识，让读者不仅能更好地了解人格心理学的理论，还能用人格心理学知识来解释生活中的心理现象。

2. 电影《死亡诗社》

威尔顿预备学院以其沉稳、凝重的教学风格和高升学率闻名，新学期，文学教师约翰·基汀的到来如同一阵春风，一反严肃刻板的传统教学。基汀带学生在校史楼聆听死亡的声音，反思生的意义；让学生在绿茵场上宣读自己的理想；鼓励学生站上课桌，用新视角俯瞰旧世界。

这位教师自由的、发散的、哲学式的教学思维引发了学生的强烈共鸣，学生们逐渐展现出自己的思考，开始勇敢地追寻人生的路径……

第五章　觉察情绪　阳光心态——情绪管理

【学习目标】

知识目标：了解情绪的基本概念和产生的过程，理解情绪对个人的重要性，认知大学生的一般情绪特点及健康标准。

能力目标：能够觉察自己的情绪变化规律，掌握不良情绪的调适方法。

素养目标：理解情绪对个人发展的影响力，培养自己积极的心理品质，保持阳光心态。

思政目标：学会使用情绪理论来解释一些社会不良现象，并尝试着在实践中引导其向积极的方向发展。

【思维导图】

思维导图：情绪管理

【案例导读】

小刚是个脾气暴躁的男生，经常因为一点儿小事发脾气：排队打饭时有人不小心碰到了他，舍友偶尔睡觉打呼噜，女朋友让他等的时间有点儿长。渐渐地，小刚周围的朋友变少了。女朋友也因此提出和他分手。小刚找到自己最好的朋友小明倾诉。小明是个脾气温和的人，有一套管理情绪的方法，其中最重要的就是有话好好说。小明把这套方法教给了小刚。第二天，女朋友发信息约小刚见面。到了约定的时间女朋友没有来，过了20分钟还没有来，小刚开始忍受不了了，拿起电话拨过去，按照以前的性子一定是发一通脾气，此时小刚想起小明的方法。他做了3个深呼吸，以我开头说话。“我到了20分钟了，你现在在哪里？”女朋友匆匆赶到，说起自己室友出了点状况。惊讶于小刚没有发脾气，本来想提分手，现在打算再想想。小刚感受到了好好说话的好处，心情大好。去食堂打饭，正排队，前面端着餐盘的同学不注意把菜洒到小刚的衣服上。小刚怒气往上冒，刚要发火，想起小明的话：“数10个数再开口，以我开头说话。”“我刚换的新衣服呀，忒心疼！”对方连连道歉。看到对方满脸歉意的样子，小刚的怒气消了不少。对方提出帮他洗衣服，一来二往，还交到一个朋友，小刚周围的朋友又慢慢多起来了。

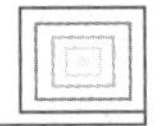

调节情绪是有方法的，在这一章，我们先看看何为情绪，然后了解大学生情绪发展的一般特点，最后探讨常见的情绪困扰与调适方法。

第一节 情绪概述

一、情绪的定义

我们把人对客观事物的态度体验及相应的行为反应称为情绪（emotion）。情绪因需要的满足与否而具有肯定或否定的性质，它成为人的需要是否获得满足的一个指标，也成为衡量一个人在他所处的社会关系中，个人需要与社会需要的矛盾与统一的关系的一个指标。人们通常以愤怒、悲伤、恐惧、快乐、爱、惊讶、厌恶、羞耻等反应来说明情绪。中国人常说的喜、怒、哀、惧、爱、恶、欲七情也可以被称作情绪。

情绪通常是由一定的事物引起的，不是说任何事物都能使人产生情绪。情绪的产生及其类型，总是与每个人的心理需要相联系的。一般来说，当我们的愿望要求、需要得到满足的时候，就会产生积极的、肯定的情绪，如高兴、快乐、兴高采烈等；而当我们的需要、愿望和要求得不到满足的时候，就会产生消极的、否定的情绪，如烦恼、忧愁、失望、痛苦、急躁、愤怒等。

众多的情绪研究者们大都从以下三个方面来考察和定义情绪，即在认知层面上的主观体验，在生理层面上的生理唤醒，在表达层面上的外部行为。当情绪产生时，这三种层面共同活动，构成一个完整的情绪体验过程。

1. 主观体验

情绪的主观体验是人的一种自我觉察，即大脑的一种感受状态。人有许多主观感受，如喜、怒、哀、乐、爱、惧、恨等。人们对不同事物的态度会产生不同的感受。人对自己、对他人、对事物都会产生一定的态度，如对朋友遭遇的同情，对敌人凶暴的仇恨，事业成功的欢乐，考试失败的悲伤。这些主观体验只有个人内心才能真正感受到或意识到。

2. 生理唤醒

人在有情绪反应时，常常会伴随一定的生理唤醒。如激动时血压升高，愤怒时浑身发抖，紧张时心跳加快，害羞时满脸通红。脉搏加快、肌肉紧张、血压升高及血流加快等生理指数，是一种内部的生理反应过程，常常是伴随不同情绪产生的。

3. 外部行为

在情绪产生时，人们还会出现一些外部反应过程，这一过程也是情绪的表达过程。如人悲伤时会痛哭流涕，激动时会手舞足蹈，高兴时会开怀大笑。伴随情绪所出现的这些相应的身体姿态和面部表情就是情绪的外部行为。表5-1列举了伴随情绪的面部表情，它经常成为人们判断和推测情绪的外部指标。但由于人类心理的复杂性，有时人们的外部行为会出现与主观体验不一致的现象。比如在一大群人面前演讲时,明明心里非常紧张,还要做出镇定自若的样子。

表 5-1　情绪与面部表情对照表

情　绪	面部表情
兴奋	眉眼朝下,眼睛追踪着看,倾听
愉快	笑,嘴唇朝外朝上扩展,眼笑（环形皱纹）
惊奇	眼眉朝上,眨眼
悲痛	哭,眼眉拱起,嘴朝下,有泪,有韵律地啜泣
恐惧	眼发愣,脸色苍白,出汗发抖,毛发竖立
羞愧—羞辱	眼朝下,头低垂
轻蔑—厌恶	冷笑,嘴唇朝上
愤怒	皱眉,眼睛变狭窄,咬紧牙关,面部发红

主观体验、生理唤醒和外部行为作为情绪的三个组成部分,在评定情绪时缺一不可,只有三者同时活动、同时存在,才能构成一个完整的情绪体验过程。例如,当一个人佯装愤怒时,他只有愤怒的外在行为,却没有真正的内在主观体验和生理唤醒,因而也就称不上有真正的情绪过程。因此,情绪必须是上述三方面同时存在,并且有一一对应的关系,一旦出现不对应,便无法确定真正的情绪是什么。这也正是情绪研究的复杂性,以及对情绪下定义的困难所在。

【心理训练游戏】

心情九宫格

请在图 5-1 的九宫格中画出代表你近一周的心情图片或者选择合适的词汇。

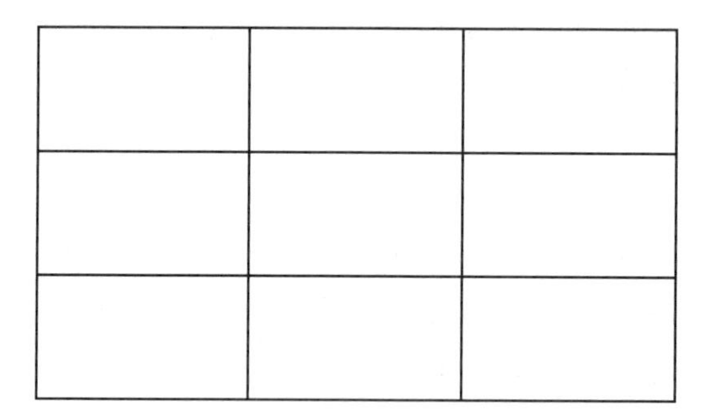

图 5-1　心情九宫格

参考词汇：紧张、自信、急躁、苦闷、压抑、悔恨、舒畅、憧憬、愉快、乐观、麻木、懒散、开朗、高兴、害怕、绝望、苦恼、悲伤、满意、激动、快乐、心碎、厌倦、忧郁、不安、轻松、兴奋、平静、担心、窒息、不悦、内疚、羞愧、失望、无助、愤怒、难过、困惑、尴尬、沮丧、怨恨、迷茫、专注、空虚、无聊。

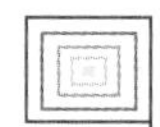

二、情绪的种类

情绪本身是非常复杂的，因此要对情绪进行准确的分类就显得十分困难。许多研究者对此进行了长期的探索，以下三种分类方法较为常见。

1．基本情绪和复杂情绪

人类具有四种基本的情绪：快乐、愤怒、恐惧和悲哀。

快乐是一种追求并达到目的时所产生的满足体验。它是一种具有正向享乐成分的情绪，使人产生超越感、自由感和接纳感。

愤怒是由于受到干扰而不能达到目标时所产生的体验。当人们意识到某些不合理的或充满恶意的因素存在时，愤怒会骤然发生。

恐惧是企图摆脱、逃避某种危险情景时所产生的体验，引起恐惧的重要原因是缺乏处理可怕情景的能力与手段。

悲哀是在失去心爱的对象或愿望破灭、理想不能实现时所产生的体验，悲哀情绪体验的程度取决于对象、愿望、理想的重要性与价值。

在以上四种基本情绪之外，由两种或两种以上的情绪混合产生了复合情绪，如爱恨交加、痛并快乐、喜忧参半等。

2．积极情绪和消极情绪

我们根据情绪对我们所造成的影响与结果的不同，把情绪分为积极情绪和消极情绪两种。从后果上看，凡是对人的行为起到促进和增力作用的情绪就是积极情绪，而对人的行为具有削弱和减力作用的情绪就是消极情绪。在一般情况下，兴奋、愉快、开心、欢乐、激动等情绪属于积极情绪，而紧张、慌乱、伤感、痛苦、生气、心悸等情绪属于消极情绪。但应注意的是，我们不能一概而论，不能简单地认为喜的情绪就是积极的情绪，也不能简单地认为怒、哀、惧的情绪就是消极的情绪。可见，不同的人或在不同的情况下，对同一种情绪既可能是积极情绪，又可能是消极情绪，应具体问题具体分析。判断哪些是积极情绪，哪些是消极情绪，主要依据情绪对人产生的是促进、增力作用，还是削弱、减力作用。

3．心境、激情和应激

依据情绪发生的强度、速度、紧张度、持续性等指标，可将情绪分为心境、激情和应激。

1）心境

心境是一种具有感染性的、比较平稳而持久的情绪状态。当人处于某种心境时，会以同样的情绪体验看待周围事物。如人伤感时，会见花落泪，对月伤怀。心境体现了“忧者见之则忧，喜者见之则喜”的弥散性特点。平稳的心境可持续几个小时、几周或几个月甚至一年以上。

心境有积极和消极之分。积极的心境，使人振奋乐观，有利于发挥情感对人的实践活动以及对人身心健康的积极作用。消极的心境则使人颓丧悲观，易导致情感的消极作用。

2）激情

激情是一种爆发快、强烈而短暂的情绪体验。如在突如其来的外在刺激作用下，人会产生勃然大怒、暴跳如雷、欣喜若狂等情绪反应。在这样的激情状态下，人的外部行为表现比较明显，生理的唤醒程度也较高，因而很容易失去理智，甚至做出不顾一切的鲁莽行为。因此，在激情状态下，要注意调控自己的情绪，以避免冲动性行为。

激情也有积极和消极之分。激情的积极表现，可以使人的情感完全卷入当前的活动，产生相应的情感效应，并能成为动员人的潜能投入行为的巨大动力。激情的消极表现，则具有很大的破坏性和危害性。不少人正是在激情中，因一时冲动失去理智而导致“一失足成千古恨”的结局。

3）应激

应激是指在意外的紧急情况下所产生的适应性反应。当人面临危险或突发事件时，人的身心会处于高度紧张状态，引发一系列生理反应，如肌肉紧张、心率加快、呼吸变快、血压升高、血糖增高等。例如，突然遇到火灾、碰到地震、遭到歹徒袭击、参加重大比赛、进行至关重要的考试时，人就可能会产生上述的生理反应，从而积聚力量以进行反抗。但应激的状态不能维持过久，因为这样很消耗人的体力和心理能量。若长时间处于应激状态，可能导致适应性疾病的发生。

个体在应激状态下的反应也有积极和消极两种情况。积极反应表现为急中生智、力量倍增，使体力和智力都得到充分调动，以获得“超水平发挥”。消极反应表现为惊慌失措、四肢瘫痪、意识狭窄、动作反复出错。

【心理小贴士】

情绪感染实验

研究人员请一些志愿者在30秒的时间内观看一些有关欢乐或愤怒表情的图片，看完之后，立即让他们看表情中立的图片。结果显示，志愿者明显表现出刚才所看过图片上的情绪，也就是说，图片中的表情可以刺激志愿者大脑中相同的神经元，就好像志愿者也体会到了相同的情绪一样。

心理学家经研究发现，包括喜、怒、哀、乐在内的所有情绪都可以在极短的时间内从一个人身上“感染”到另一个人身上。这种感染的速度之快甚至超过一眨眼的工夫，当事人甚至未必看得到。

在日常生活中，人们在每次接触中彼此的情绪都会互相交流感染，甚至在婴儿时期都会这样，婴儿不懂得言语，但是当母亲情绪好时，婴儿就会很安心，很快在愉悦中睡去，当母亲心情不好时，婴儿也会受到影响，他的情绪也恶劣起来，越让他睡越睡不着。在成年人的世界里，情绪感染更是无处不在，在家庭和工作中，一个怒气冲冲、闷闷不乐的人会使其他的人也反常。“一人向隅，举座不欢”。所以，人应该尽量保持好的情绪，才能创造一个积极乐观的大环境，好的环境才能让更多的人保持好心情。

三、情绪的作用与功能

情绪的作用主要体现在以下几个方面。

1. 情绪具有激励作用

情绪能够以一种与生理性动机或社会性动机相同的方式激发和引导行为。有时我们会努力去做某件事，只因为这件事能够给我们带来愉快与喜悦。从情绪的动力性特征看，分为积极增力的情绪和消极减力的情绪。快乐、热爱、自信等积极增力的情绪会提高人们的活动能力；而恐惧、痛苦、自卑等消极减力的情绪则会降低人们活动的积极性。有些情绪同时兼具增力与减力两种动力性质，如悲痛既可以使人消沉，也可以使人化悲痛为力量。

2. 情绪被视为动机的指标

情绪也可能与动机引发的行为同时出现，情绪的表达能够直接反映个体内在动机的强度与方向。所以，情绪也被视为动机潜力分析的指标，即对动机的认识可以通过对情绪的辨别与分析来实现。动机潜力是在具有挑战性环境下所表现出的行为变化能力。例如，当个体面对一个危险的情境时，动机潜力会发生作用，促使个体做出应激的行为。对动机潜力的分析可以由对情绪的分析获得。当面对应激场面时，个体的情绪会发生生理的、体验的以及行为的三方面的变化，这些变化会告诉我们个体在应激场合动机潜力的方向和强度。当面临危险时，有的人头脑清晰，会沉着冷静地离开；而有些人则惊慌失措，浑身发抖，不能有效地逃离现场。这些情绪指标可以反映出人们动机潜能的个体差异。

3. 情绪的调控功能

情绪对于人们的认知过程既具有积极作用，也有消极作用。大量研究表明：适当的情绪对人的认知活动具有积极的组织功能，而不当的情绪情感对人的认知活动具有消极的瓦解功能；良好的情绪会提高大脑活动的效率，提高认知操作的速度与质量；消极情绪，如恐惧、悲哀、愤怒等，会干扰或抑制认知功能；恐惧情绪越强，对认知操作的破坏就越大，考试焦虑就是一个典型例子，考试压力越大，考生考砸的可能性越大。

4. 情绪的健康功能

人对社会的适应是通过调节情绪来进行的，情绪调控的好坏直接影响身心健康。人们叹息“人生苦短”，在一般人的情绪生活中，常是苦多于乐。在喜、怒、哀、乐、爱、惧、恨中，积极情绪占3/7，消极情绪占4/7。积极的情绪有助于身心健康，消极的情绪会引起人的各种疾病。我国古代医书《内经》中就有“怒伤肝，哀伤心，思伤脾，忧伤肺，恐伤肾”的记载。有许多心因性疾病与人的情绪失调有关，如溃疡、偏头痛、高血压、哮喘、月经失调等。有些癌症患者也与长期心情压抑有关。一项长达30年的关于情绪与健康关系的追踪研究发现，年轻时性情压抑、焦虑和愤怒的人患结核病、心脏病和癌症的比例是性情沉稳的人的4倍。所以，积极而正常的情绪体验是保持心理平衡与身体健康的条件。

5. 情绪的信号功能

情绪是人们社会交往中的一种心理表现形式。情绪的外部表现是表情，表情具有信号传递作用，属于一种非言语性交际。人们可以凭借一定的表情来传递情感信息和思想愿望。心理学家研究了英语使用者的交往现象后发现，在日常生活中，55% 的信息是靠非言语表情传递的，38% 的信息是靠言语表情传递的，只有 7% 的信息才是靠言语传递的。

【心理小贴士】

情　　商

情商（emotional quotient, EQ）通常是指情绪商数，主要是指人在情绪、意志、耐受挫折等方面的品质，其包括导商（leading quotient, LQ）等。总的来讲，人与人之间的情商并无明显的先天差别，更多与后天的培养息息相关。它是近年来心理学家们提出的与智商相对应的概念。从最简单的层次上下定义，提高情商是把不能控制情绪的部分变为可以控制情绪，从而增强理解他人及与他人相处的能力。

戈尔曼和其他研究者认为，情商是由五种特征构成的：自我意识、情绪控制、自我激励、关系管理和同理心（图 5-2）。最新的研究显示，一个人的成功，只有 20% 归诸智商，80% 则取决于情商。正如戈尔曼所说："情商是决定人生成功与否的关键。"

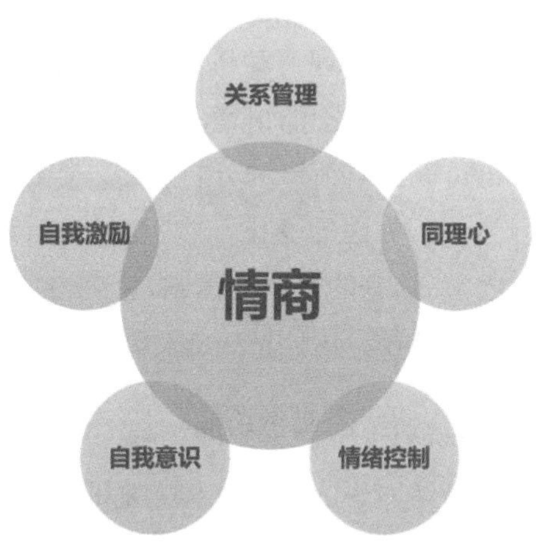

图 5-2　情商的内涵

美国《赫芬顿邮报》总结出判断情商高低的 8 个标志。

(1) 喜欢交新朋友。喜欢结识新朋友，并会问他们很多问题，是情商高的标志。他们对陌生人感到好奇，并有兴趣从别人身上学到新知识。

(2) 有自知之明。情商高的人能准确识别出自己的优劣势，这种意识能培养出强烈的自信心。

(3) 能驾驭情感波动。许多人难以找出悲伤或愤怒的原因。高情商的人能驾驭情感波动，并避免坏情绪的影响。

(4) 能和大多数人相处好。无论年龄长幼还是地位高低，能与大多数人充实而愉快地相处，是情商高的表现。

(5) 肯于帮助别人。能够放下手头的事情，时不时停下来关注别人，向有困难的人伸出援助之手，而不是完全沉浸在自己的小世界里，这样的人情商高。

(6) 知道什么时候该拒绝。情商高的人懂得何时以及如何拒绝别人，并有强大的心理承受能力来有礼有节地拒绝。

(7) 善于读懂别人的面部表情。面部表情是一种通用的情感语言。能领悟别人感受的人情商高。

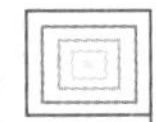

(8) 失败后能重新崛起。情商高的人无论遇到何等逆境,都会坚持下去,迅速调整情绪,恢复活力,具有很强的心理韧性。

第二节 大学生情绪发展的一般特点

一、大学生情绪特点

对于大学生来说,情绪状态较易产生波动。一名大学生这样形容自己的情绪:"当我情绪高涨时,我就像一座喷发的火山,心花怒放,充满着豪情壮志,好像有使不完的力量和精力,我愿意将我的所有热情和智慧与我认识的人分享;而当我情绪低落时,我又好像是一座冰山,对什么都失去了兴趣,我会感到命运乃至周围所有的人都在和我作对,我会十分沮丧与无奈。"

大学生正处于青春期的中后期,具有青年人共有的情绪特点,如热情、活泼、思维敏捷、接受新事物快、自我意识强烈等特点。同时,由于大学生这一群体独特的社会地位、知识水平、心理成熟度和生理发育状况,他们的情绪、情感又具有自己鲜明的特点。调查发现,大学生具有开放、活泼、富有激情以及多数学生的情绪状态相对比较成熟、稳定等方面的情绪特点。总体表现为矛盾的情绪反应和强烈的情绪体验。

1. 稳定性与波动性并存

大学生的情绪日趋稳定,对于事物和行为产生的情绪反应能持续较长时间;对他人的情绪依赖和联结具有一定倾向性和专一性,互相之间获得心理认同的情绪共识。但与成年人相比,大学生的情绪仍不成熟,变化大且频繁,忽冷忽热,忽高忽低。考试成绩好坏、人际关系亲疏、恋爱成败都会使大学生的情绪处于摇摆之中,甚至从一个极端走向另一个极端;同时,由于大学生的心理、生理和社会的需求处于不平衡的发展状态,大学生有时也会产生一些莫名其妙的情绪波动和交替。

2. 外显性与内隐性并存

处于青春期的大学生遇事反应强烈,对外界的刺激反应敏感、迅速,情绪体现在脸上、嘴上及行为中,喜、怒、哀、乐、爱、恨、情、仇的表现都很具体。但有时大学生情绪的外部表现会与内在体验不一致甚至恰恰相反,这就是大学生情绪的文饰现象。

3. 冲动性与理智性并存

一方面,大学生的情绪具有强烈性、爆发性和易激动性的特点,即"冲动性"。大学生可能因为一个不经意的玩笑或一件小事而大打出手甚至造成伤害。大学生之间发生的打架斗殴的事件大多如此。另一方面,由于大学生自我意识的发展与成熟,大学生的理智感也随之增强,具有一定的自我控制情绪的能力,能够对强烈的情绪反应进行调适。

4．阶段性和层次性并存

大学生情绪的发展呈现出明显的阶段性和层次性的特点。一方面，随着年龄的增长、知识的积累和阅历的增加，不同年级的大学生各有特点；另一方面，同一年级的大学生由于成绩、能力等方面的差异，也表现出不同层次的情绪特点，两者交织共存。

二、情绪对大学生身心健康的影响

1．积极情绪对大学生身心健康的促进

大学生良好的情绪是指愉快情绪多于不愉快情绪，情绪反应适时、适度，善于自我调节和控制，情绪的稳定性较好。

现代心理学和医学的研究成果表明，情绪对人的身心健康具有直接的影响，可以说是情绪主宰健康。大学生若能经常保持心情愉快、舒畅、开朗乐观，则人体免疫功能活跃旺盛，可减少感染疾病的机会，有益健康。苏联生理学家巴甫洛夫说："愉快可以使你对生命的每一次跳动及对于生活的每一印象易于感受，躯体和精神的愉快都是如此，可使身体发展、健康。"中国俗语说"人逢喜事精神爽""笑一笑，十年少"，就是说愉快乐观的情绪可以延缓衰老并增进健康。良好的情绪不仅可以促进生理健康，更与大学生的心理发展密切相关，情绪发展良好的大学生往往对生活充满热爱，对自己充满自信，好奇心和求知欲浓厚，思维活跃，富于创造性，爱好广泛，行为积极主动，乐于与人交往，并能与人建立相互信任、理解的友好关系，有利于大学生提高学习、工作效率，激发潜能，实现全面发展。

2．消极情绪对大学生身心健康的危害

所谓劣性情绪，是指持续的消极情绪和过度的情绪反应，如因不幸事引起悲伤及忧郁持续数周、数月甚至数年不能消除，或情绪反应过于激烈，都会对身心造成危害，有时即使是愉快的情绪，因反应不适度，也可能成为劣性情绪，如范进中举后狂喜致疯就是众所周知的例子。

劣性情绪对人的身心健康危害极大，在压抑、紧张、焦虑和恐惧等消极情绪的长期作用下，人体免疫功能下降，容易患各种传染性疾病，同时内脏器官尤其是消化系统和心血管系统受到影响，易导致高血压、冠心病、消化道溃疡等疾患。大学生中常见的偏头痛、心律失常、胃溃疡等疾病也多与紧张、压抑、焦虑等劣性情绪有关。

强烈的情绪反应和持久的消极情绪还会影响到神经系统的功能，破坏大脑皮层的兴奋与抑制的平衡，使人的认知范围变窄，分析判断力减弱，失去自制力，严重的甚至会引起精神错乱、行为失常和神经症等。调查表明，大学生中常见的心理障碍和疾病大多与持久的消极情绪有关，如神经衰弱的病因，就和长期处于紧张、焦虑的情绪状态有直接联系。有些大学生还因无法调适、消除不良情绪，长期陷于苦闷、压抑、抑郁等状态中，感到悲观、痛苦，不仅严重地影响了学习和生活，甚至会走上自杀的道路，酿成悲剧。因此，劣性情绪是大学生的敌人，它不仅会引起生理疾病，而且易导致各种心理疾病，危害极大。

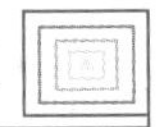

图 5-3 所示为影响情绪的内在冰山模型。

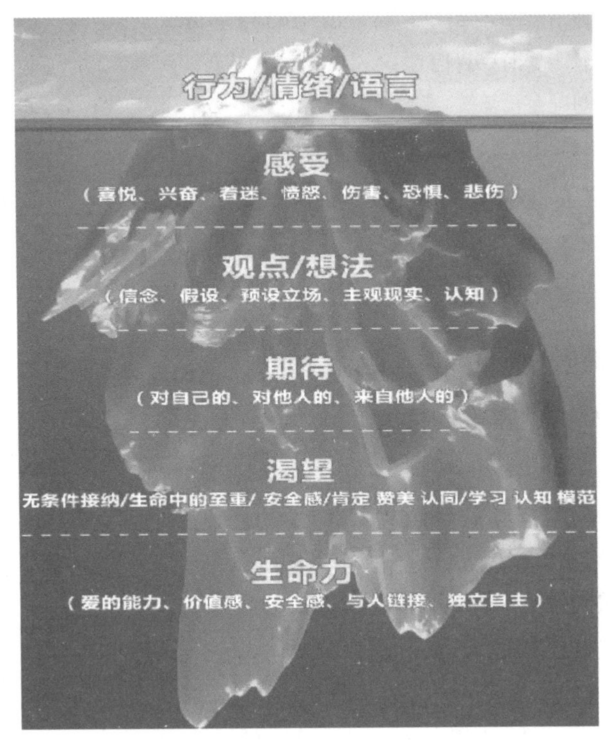

图 5-3 影响情绪的内在冰山模型

【心理训练游戏】

发 现 快 乐

(1) 回想最近两周令自己开心的事件，在笔记本上列出自己的“快乐清单”或回忆、归纳让自己快乐的“秘密武器”。

(2) 小组内成员交流各自的快乐清单或“秘密武器”。

(3) 以小组为单位分享快乐清单或“秘密武器”。

小结：生活中不缺少快乐，只是缺少发现。

心理训练：发现快乐

第三节 大学生常见的情绪困扰与调适

一、健康的情绪

情绪在人的成长和发展中起着重要作用。健康的情绪会使人积极乐观，心胸开阔；而不良情绪，则会使人萎靡不振，或失去理智，冲动妄为。

1. 健康情绪的定义

健康的情绪是指良好的情绪状态和良好的心理状态，即达到情绪上的成熟。情绪上的成熟是指一个人的情绪的发展、反应水平和自我控制的能力与其年龄和社会对此的要求相适应，并为社会所接受。

美国心理学家马斯洛曾经提出了健康情绪的六个特征。

(1) 平和、稳定、愉悦和接纳自己。

(2) 有清醒的理智。

(3) 适度的欲望。

(4) 对人们有深刻、诚挚的感情。

(5) 富于哲理、善意的幽默感。

(6) 丰富、深刻的自我情感体验。

2．大学生情绪健康的特点

一个情绪健康的大学生具有的特点。

(1) 开朗、豁达，遇事不斤斤计较。

(2) 及时、准确、适当地表达自己的主观感受。

(3) 情绪正常、稳定，能承受欢乐与痛苦的考验。

(4) 充满爱心和同情心，乐于助人。

(5) 正确地认识自己和他人，人际关系良好。

(6) 对前途充满信心，富有朝气，勇于进取，坚忍不拔。

(7) 善于寻找快乐，创造快乐。

(8) 能面对现实、承认现实和接受现实，善于把个人需要与社会的需求协调起来。

二、大学生常见的情绪困扰

大学生的情绪体验丰富而多变，在一个不断尝试新事物、迎接新挑战的年龄，痛苦、失望、焦虑及愤怒都在所难免，当他们千方百计地要摆脱负性情绪不愉快的体验时，他们常常进入"陷入痛苦→想摆脱→强化痛苦→痛苦更甚"的循环怪圈。

负面情绪积累到一定的程度，将成为一股巨大的身心能量，这种能量如果没有正常的渠道加以疏导，它将以各种不同的形式外化。最常见的一种外化是躯体化，即心理能量转化成了身体能量，表现为各种躯体症状，如手脚发麻、头痛恶心、胃痛腹泻，久而久之，可能引发更严重的身体疾病，如癌症等。另一种外化则表现为特征性的行为方式，即固执、退化、自我惩罚、攻击，等等。

1．大学生情绪困扰的原因

导致大学生不良情绪产生的原因错综复杂，其中既有外部社会、学校、家庭诸方面因素的影响，也有内部生物遗传及生理心理特点的影响。

1) 个体原因

个体原因包括个体的生理因素和心理因素。生理因素中，除了神经类型等因素外，人体内部的生物节奏也会影响情绪。

（1）生理方面。有研究表明，人的体力、情绪和智力呈现一种周期性的盛衰节律，它们的周期分别为 23 天、28 天和 33 天。当三者均处在高峰期时，人就处于心身最佳状态，精力充沛、生机勃勃、愉快豁达、头脑清醒、思维敏捷；而当三者均处于低谷期时，人的各种机能效率都降低，情绪不佳，而体力和智力的不佳亦会强化已有的低情绪状态；当三者处于临界状态时，则是一个极不稳定的过渡期，机体协调性差，易出差错及情绪易波动。同时，躯体疾病会引起不良情绪，而心理疾病常伴有不良情绪。

（2）心理方面。影响情绪的心理因素很复杂，知识经验、认知方式、情感成熟水平、意志品质和个性特点等都可能导致情绪不良。有关研究表明，有以下心理特征的人较易陷入情绪困扰。

① 情绪特征：不稳定、好冲动、易暴易怒或者消沉、冷漠、郁郁寡欢。

② 意志特征：固执、刻板、任性、胆怯、优柔寡断，缺乏自制力，遇到困难过分紧张不安，经受不住挫折，不易摆脱内心矛盾。

③ 自我意识特征：过分自尊或缺乏自信，自贱自卑。

④ 社交特征：孤僻、退缩、自我封闭、敏感、多疑、心胸狭窄、好嫉妒等。

2）环境因素

环境因素包括家庭环境、学校环境和社会环境三方面。

家庭环境内的影响有家庭结构、家庭气氛、父母关系、父母情绪特征以及教养方式等。

学校环境包括教育方法、学习压力、人际关系、教师身心健康状况等因素。

社会环境包括社会文化背景、社会风气、社会的经济政治文化条件等。大学生的情绪常会受到社会环境的影响。

2．大学生中常见的情绪困扰

1）抑郁

抑郁是由情绪低落、冷漠、悲观、失望等构成的一种复合性负性情绪。大学生几乎都有过抑郁的体验，大多数是一种心境状态，它相对微弱，具有弥散性和情景性，当时过境迁时，抑郁也就不治自愈了。

抑郁的人常处于消沉、沮丧、失望及无助的状态之中，而且表现得强烈而持久，给人的生活带来极大的负面影响。按照精神分析理论，抑郁是由“丢失”引起的。认知理论认为抑郁是错误推理的结果，抑郁者常用错误的推理进行自我贬低和自我责备。而行为主义认为抑郁是由于积极强化的减少和缺乏引起的。塞利格曼认为抑郁是习得性失助的结果，当人们面临一个情境，而他相信情境是不可控制的，他就会感到无助，进而产生抑郁。正是由于抑郁是诸多的不良情绪的累积，它也成为容易反复发作的一种心理疾病。

2）焦虑

焦虑是自己明知道没有道理却无法控制、摆脱的负面情绪。它是一种十分复杂的情绪体验，心理学家伊扎德认为：“焦虑至少是恐惧、苦恼、羞愧（羞怯、内疚）和兴趣的混合物。”焦虑多半是由于不能实现的目标或不能避免某些威胁引起的。

大学阶段是人生的重要转折点，在这一时期，人生目标逐渐确立，但尚未定型，尤其是在自主择业、跳槽频繁的时代，大学生多了许多不确定感和对未来难以预期的焦虑。该继续深造还是就业？专注于自己的专业还是要多考证？这些疑问困扰着每一位大学生，对人生规划的焦虑和关于人生价值的焦虑在大学阶段体现得特别明显。对前途的思考，对现实的不满以及对自己无力改变的恐惧混合在一起，是大学时代的一种独特的滋味。

焦虑可能导致个人睡眠问题的出现，如噩梦频繁、易惊醒、失眠等，同时可以引起缺乏耐心和愤怒、疲乏或浑身无力，并且难以集中精力和正常思维，影响个人正常的生活和学习，让人深陷不良情绪的泥潭。

3）愤怒

愤怒是大学生常有的一种情绪体验，路见不平、受到不公正待遇或者是看不惯别人笨手笨脚的样子都有可能使他们怒发冲冠。愤怒是情绪的积累和爆发，在愤怒时人的理智和判断力都会变低，愤怒情绪发泄的结果往往是消极的。

愤怒的负面影响是显而易见的。

愤怒消耗能量，它甚至比工作更劳心费神。经常性的恼火很容易破坏人们的心情，影响人们的睡眠。

愤怒麻痹思想，愤怒破坏人们的注意力，使人无法专注地完成某项工作。所有的思绪都围绕愤怒的对象，不断分析、解释那句议论的深沉含义……受愤怒困扰的人工作很难取得进展，其创造力也会大打折扣。

愤怒疏远亲情，愤怒导致消极的想法，让人觉得一切都比原来的样子更黑暗、更糟糕。恼火时人的声音、眼光都会变得不友好，带有抵触情绪。人越是愤怒，就越是容易给别人造成表情阴郁、情绪低沉，给人留下“难打交道”的印象。

愤怒削弱对他人的影响力，愤怒的人无法摆脱个人情感的支配，不能正确看待别人，也不能设身处地为别人着想。

愤怒剥夺快乐，在一个快乐的场合，只要有一张生气的脸，大家都会觉得倒胃口。

愤怒挑起争端，使人失去理智，愤怒的人不仅敏感而且容易激动，由于盲目的愤怒，会攻击那些本不该去招惹的人，有时因为一些愚蠢的怒火会把邻居、同事当成敌人。

愤怒导致丑陋，招致疾病；愤怒也使人表情阴郁而没有光彩；愤怒还折磨人们的神经，破坏好心情，有时还会给人带来心灵创伤。

三、大学生情绪调适

1．正确认识和感知自己的情绪

1）情绪解读力

情绪是人类天性的重要部分，没有情绪，我们都会成为精神病患者。我们如果能认清情绪，加以管理，并且以建设性的方式去对待情绪，我们个人的力量不但不会减少，反而还会增强。我们提倡大学生应当加强自己的情绪解读力，情绪解读力是了解自己的情绪以及如何建设性地运用种种情绪的能力。具体包括以下几个方面。

(1) 知道自己的感觉。很多人无法对爱、耻辱或骄傲下定义,也不知道这些不明确的感觉产生的原因。这些人常常不能说出自己的情绪有多强烈,即使是要他们在“稍微”“强”“极强”中做选择。如果不能察知自己的情绪强度,就无法了解这些感觉对自己或他人有多大的影响。

(2) 体会他人的感觉。我们如果能体会他人的感觉,他人的情绪就会在我们心中产生共鸣。我们会凭直觉觉察到那些情绪是什么,有多强,以及产生的原因。

(3) 学习管理情绪。知道自己和他人的情绪还不足以构成情绪解读力。我们必须知道何时该表露情绪,何时该压抑;我们也需要了解表达或不表达情绪的时间、方式以及对他人所产生的影响。我们不但要学习表现正面的情感,譬如希望、爱和喜悦,而且我们也需要知道如何让愤怒、恐惧或罪恶感等负面的情绪以无害、建设性的方式忍耐到适当的时候再发泄出来。

(4) 弥补情绪的伤害。我们都会因犯情绪上的错误而伤害到他人。但是我们必须学着去认清哪里做错了,然后去加以弥补。这么做就是在负起责任,求取原谅,并给予补偿。如果我们的行为伤害到他人,这种行为就必须改变。这并不容易施行,但是如果我们不施行,我们不自觉的错误将会不断破坏我们与他人的关系。

2）如何培养情绪解读力

(1) 开启心门。这是第一步,因为心是我们情绪的象征所在。我们在高兴、恋爱或喜悦的时候,心里就会觉得很舒服;我们悲伤、生气或心碎的时候,就会觉得难过。所以要从解放感觉开始,要正确而适度地展示自己的情绪。

(2) 检查情绪境况。一旦开启心门的基础工作做好了,就可以看看自己生活中所处的情绪形势,开始察觉自己的情绪起伏,注意到他人的情绪,以及看到他们的感觉如何受到自己的行为的影响。简而言之,我们会变得更有智慧地去处理自己和周围人的感觉。

(3) 负起责任。要真正且长久地改变因为情绪表达不当而受损的关系,必须负起责任。光是开启心门,绘制周围人的心灵境况还不够。当和他人的关系趋于恶化时,不深入一步很难解决问题。每个人都必须找出问题,承认所犯过的过失和错误,做出补偿,并真正做出改变。人们在与他人的交际中都会犯大大小小的错误。当犯了错,就必须为自己的所作所为道歉并负起责任。当然也必须去加以弥补,改正你的行为,以避免重蹈覆辙。

但这些步骤知易行难。很少有人有足够的情绪、技巧去诚恳地道歉,而不会觉得没面子。大部分人都很不愿意承认自己犯错。就算能对自己承认,也很难向他人承认。有些人对道歉不以为然,他们一再地向人道歉,却从不设法改变自己的行为,使得道歉变得毫无意义。为自己的行为负起责任并改正自己的行为,是情绪解读训练的最后一个阶段。

2．认识情绪调适的影响因素

情绪不易调适,但并不是不可调适,我们可以从以下影响情绪变化的因素中来把握情绪调适的可能性。

(1) 从影响情绪的主观因素和客观因素看,情绪是由客观刺激引起的主观体验,可见客观的事物与主观的信念同时影响着人们情绪的变化,因此,要改变一种情绪,便可以从两个方面入手,要么改变客观事物的性质,要么改变内心主观认知的倾向。客观事物的性质有的是能被人们改变的,如将失败转变为成功,情绪就会由悲转喜;把危险解除,恐惧就会消失;将重要的任务圆满完成,紧张就会变为轻松;找到知心朋友,孤独就被温暖所代替。而有的客观事物是不能被人们改变的,如“天有不测风云”,晴朗或下雨的天气等。主观认知和理念则是可以改变的。如把失望当成走向成功所交的“学费”,沮丧就会转为振奋;把沉重的任务、艰难的工作看作锻炼自己的机会,压抑就会变为兴奋;不因想象的灾难和不幸吓唬自己,恐惧就会大大减轻;领悟了世间有些路必须一个人去走,就可能学会在一定程度上享受孤独。

(2) 从影响情绪的先天因素和后天因素来看,每个人的确存在由先天因素所决定的比较稳定的情绪反应倾向,同时也有在后天环境中通过学习获得的、可以加以改造的情绪反应倾向。影响情绪的先天因素主要有两种:一种是人的气质类型,它决定着人们的情绪反应倾向,这是不易改变的。但人们可以通过了解自己的情绪倾向来接纳自己的现状,并设法扬长避短。另一种是与情绪有关的一些生理需要和感官刺激。影响情绪的后天因素则完全可以被人加以利用或改变。后天的因素是指人们受到的教育、社会家庭的影响、个人的生活经历等,这些都可能导致人们情绪倾向的明显改变。

【心理小贴士】

情绪 ABC 理论

情绪 ABC 理论是由美国心理学家埃利斯创建的。情绪 ABC 理论中,A (activating event) 表示诱发性事件,B (belief) 表示个体针对此诱发性事件产生的一些信念(对这件事的一些看法、解释),C (consequence) 表示自己产生的情绪和行为的结果。埃利斯就认为激发事件 A 只是引发情绪和行为后果的间接原因,而由于经受这一事件的个体对它不正确的认知和评价所产生的错误信念 B 引起 C 的直接原因,错误信念也称为不合理信念。

埃利斯认为:正是由于我们常有的一些不合理的信念才使我们产生情绪困扰。如果这些不合理的信念存在久而久之,还会引起情绪障碍。

不合理信念主要包括三方面。

一是过分概括化,即通常说的以偏概全,将事物的局部特点认为是该事物的全部特点。如自己遭遇一次失败,便会认为自己一无是处;同学交往中同学的一次“自私”行为,就认定该同学不可交,自私自利。

二是糟糕至极的结果。这种观念认为如果一件不好的事情发生,那将是非常可怕和糟糕的。例如,“我没考过四级,一切都完了”这种想法是非理性的,这种信念使人戴着悲观的眼镜看世界,把事情往坏处想,而看不到积极的一面。当他遇到他所谓的百分之百糟糕的事情时,他就会陷入不良的情绪体验之中,甚至一蹶不振。

三是绝对化观念。即对什么事都怀有必须或不会发生的信念，日常生活中常用“应该”“必须”“一定”“绝对”等用语，比如闺蜜就“应该”没有秘密且无话不谈，“我对你好，你必须对我好”等。完美主义倾向的人认为自己的选择或者做的事情都“必须”是对的，不能有差错。一旦别人指出他的错误，他就会非常气愤。这种绝对化的要求之所以不合理，是因为每一客观事物都有其自身的发展规律，不可能依个人的意志为转移。具有绝对化不合理理念的人，在生活和人际交往中刻板僵化，很容易陷入不良情绪的困扰。

3．探索情绪调适的途径

1）养成快乐的习惯

快乐是一种心理习惯，一种心理态度。快乐不是在解决某种外在问题后产生的，因为一个问题解决了，另一个问题又会出现，生活本身就是由一系列的问题组成的；快乐也不只是在达到某种目的或获得某种满足后才会到来的，因为快乐更存在于生活实践的本身。

【心理小贴士】

两分钟快乐起来的秘密

①翻旧照片儿；②咀嚼坚果；③吸入使人舒缓的气味；④晒太阳；⑤在街区散步；⑥整理房间；⑦快速思考；⑧笑一笑；⑨改变自己的消费方式；⑩给自己一副快乐的脸庞；⑪休息休息；⑫和友好的邻居闲聊；⑬切蔬菜；⑭做好事。

解决心理压力的方法

①一吐为快；②开怀大笑；③听听音乐；④阅读快报；⑤重新评价；⑥大喊大叫；⑦与人为善；⑧不要挑剔；⑨留有余地；⑩学会躲避；⑪免当超人；⑫放慢节奏；⑬做些让步；⑭遇事沉着；⑮逐一解决；⑯熄灭怒火；⑰做点好事；⑱眺望远方；⑲换个环境；⑳外出旅游。

2）学会宽容悦纳

宽容不仅是一种美德，也是交往成功的重要保证和情绪健康的前提条件。宽容既表现为对他人的宽厚容忍、不斤斤计较，也表现为对自己的悦纳包涵，不苛求。一个不肯宽容别人的人，容易被别人怨恨，在人际关系中不受欢迎，也往往会使自己的身心受到伤害；一个不肯宽容自己的人，则常常会处于自责、悔恨之中。

3）适当地自我定位

从中学到大学是一个巨大的转折，环境的变化和竞争的加剧，会使不少同学感到心理不适，失落感明显，因此，在大学生活中给自己一个适当的自我定位十分重要。大学生血气方刚、积极进取、竞争意识强，这是积极的一面。然而，由于自身的不成熟以及某些错误的认知方式，容易造成一些同学争强好胜、相互攀比、盲目竞争的现象，这很不利于心理健康。大学校园，人才济济，每个人都具有各自的优势，假如盲目地做事，处处都要与他人竞争、攀比，就有可能因为自己在某些方面处于劣势而产生自我挫败感，有的人甚至会自我否定并陷入深深的自卑之中。同时,事事与人竞争、攀比还会给自己造成过度紧张,心理上承受过大的压力,从而对身心健康产生不良影响。

4）善于与人交往

人是社会的人,交往是人生发展的内在需要。当一个人的交往需要没有得到满足时,就会情绪低落,甚至会产生孤独、空虚、抑郁、自卑和恐惧等不良心理,严重的会在行动上表现出自我封闭、逃避现实、自暴自弃或与外界冲突、对抗,甚至丧失生活的信心和勇气。善于交往的人常常更容易成为健康、快乐和成功的人。

5）学会自我解脱

遇事要想得开,要心胸开阔。须承认,生活中不会只有快乐,还会有痛苦；不单有成功,也会有失败；不尽是圆满,也会有缺陷。只有这样,才会在顺境时觉得格外幸运,在逆境时也承认这是理所当然,从而使自己拥有一种良好的心境,而这种良好的心境往往能创造出更多的收获。

6）培养幽默感

幽默感是有助于人适应社会的工具。当一个人发现不协调现象时,既要能客观地面对现实,同时又要不使自己陷于激动的状态,最好的办法是以幽默的态度应对,往往可以使本来紧张的情绪变得比较轻松,使一个窘迫的场面在笑语中缓解。幽默是人们的一种心理行为,学会幽默可减轻心理上的挫折感,求得内心的安宁。幽默还是一种自我保护方法,对心理治疗特别有帮助。幽默感强的人,其体内新陈代谢旺盛,抗病能力强,可以延缓衰老。埃利斯认为,情绪困扰常由于自己过于严肃,以至于对生活失去了广阔的视野和幽默感。因此,幽默可使人以新的角度看待生活,对抗沮丧、失意等。

7）增加愉快生活的体验

每一个人的生活中包含有各种喜、怒、哀、乐的生活体验,多回忆积极向上、愉快的生活体验,有助于克服不良情绪。人不是因为快乐才笑,而是因为笑了才快乐。同时,及时疏导不良的情绪,使情绪获得适当表现的机会。人在情绪不安与焦虑时,不妨找好朋友说说,或找心理医生去咨询,甚至可以一个人面对墙壁倾诉胸中的郁闷,把想说的说出来,心情就会平静许多。

4．情绪调适的具体方法

微课：情绪调适的具体方法

常见的情绪调适方法有放松训练、冥想训练、音乐疗法、宣泄法等。

1）放松训练

放松训练又称为松弛反应训练,是一种通过肌体的主动放松来增强人对自我情绪控制能力的有效方法。它的基本原理是通过训练放松所产生的躯体反应,如减轻肌肉紧张、减慢呼吸节律和使心律减慢等,从而达到缓解焦虑情绪的目的。

2）冥想训练

冥想是缓解压力的一种有效方法,冥想具有训练注意力、控制思维过程、提高处理情绪的能力和放松身体的作用。只要坚持练习、运用得当,冥想是应对压力、忧郁、烦恼以及其他不良心理和情绪问题的最有效的方法之一。

3）音乐疗法

研究表明，音乐对人的情绪有着极大的调节作用，不同的曲调和不同的节奏能使人产生不同的情绪体验。通过自我情绪觉察、自我接纳、选择合适的音乐、重复聆听等步骤，充分感受音乐对心灵的影响力，慢慢达到音乐疗法的效果。

4）宣泄法

可以采用自我宣泄和他助宣泄的方法来疏导过量的激情和调节情绪。自我宣泄的方法有眼泪缓解法、运动缓解法、转移注意法和“合理化”等方法。在悲痛欲绝时大哭一场，可使情绪平静。美国专家威费雷认为，眼泪能把有机体在应激反应过程中产生的某种毒素排出去。从这个角度讲，遇到该哭的事情忍住不哭就意味着慢性中毒。在盛怒愤慨时猛干一阵活或进行剧烈的体育运动，有助于释放激动情绪带来的能量。情绪不佳时，转移自己的注意力，是一种控制情绪的好办法。如转换一下电视频道，做些自己感兴趣的事，如外出散步、看电影、读书、刷视频、找朋友玩等。他助宣泄的方式则有倾诉和模拟宣泄等。倾诉既可向师长、同事、同学、亲人诉说心中的烦恼和忧虑，也可用写日记、发信息等方式倾诉不快，以宣泄自己的烦恼，调节自己的情绪。

宣泄的方式有多种多样，若方式选择不当，不但不能促进心理健康，反而会带来新的情绪困扰。因此，要注意正确选择宣泄方式，应以不妨碍他人和社会利益为原则，同时宣泄时也要注意不伤害自己。

【案例讨论】

大一入学不久，有几名新同学在一起讨论一个活动组织方案。当问到小雅的意见时，小雅说：“其实你们想怎么做都行啊！”接着，小雅又开玩笑地加了一句：“不行就弃权。”这时，其中一名同学恶狠狠地瞪大了眼睛对小雅吼：“弃权是吧，弃权就从这里出去！”

从没遇到过如此凶恶的眼神，从没受到过如此的侮辱，小雅感觉有点窒息，于是冲了出去，跑得飞快。当时小雅的感觉20%是羞辱，80%是恐惧。当时她想，如果我不拼命跑，她可能还会伤害我。

小雅回头看到后面追来的同学，更加慌不择路，狂跑一阵，才把他们甩脱，当她冷静下来，才发现自己置身教学楼八楼平台。“我来这儿干什么呢？发生了什么问题？该怎么解决？”此时她想起了妈妈送她入学临走前对她说的一句话：“学会照顾自己，一个人在这里，要自己保护自己了。”小雅对自己感到愤怒，为自己感到羞耻，“窝囊废！”她狠狠地骂了自己一句。她咬着牙齿冲回去，指着那个同学的鼻子吼：“你凭什么叫我离开？谁给你这个权利？”这时，有一种释放感甚至是一丝快意悄悄掠过小雅的心头。

讨论：

1. 小雅表现出来的是一种什么情绪？你认为小雅的情绪表现适当吗？
2. 如果同样的事情发生在你的身上，你会怎么做？
3. 你认为日常生活中如何避免这样的事情？

【心理测试】

焦虑自测问卷（SAS）

指导语：请您仔细阅读每一个陈述，根据您最近一周的实际感觉进行回答。每个陈述句的后面均附有“没有”“少有”“常有”“一直有”四种选择，它们分别表示不同的符合程度。如果您觉得某条陈述句一点也不符合您的实际情况，就请在与“没有”相对应的“□”处打“√”；如果觉得完全符合您的实际情况，则在与“一直有”相对应的“□”处打“√”。其余类推。

	没有	少有	常有	一直有
1. 觉得比平常容易紧张或着急。	□	□	□	□
2. 我无缘无故感到害怕。	□	□	□	□
3. 我容易心烦意乱或感到恐慌。	□	□	□	□
4. 我觉得我可能将要发疯。	□	□	□	□
5. 我觉得一切都很好，也不会发生什么不幸。	□	□	□	□
6. 我手脚发抖打战。	□	□	□	□
7. 我因头痛、颈痛和背痛而烦恼。	□	□	□	□
8. 我感觉容易衰弱和疲乏。	□	□	□	□
9. 我感到很平静，能安静坐下来。	□	□	□	□
10. 我感到自己的心跳较快。	□	□	□	□
11. 我因为一阵阵头晕而苦恼。	□	□	□	□
12. 我觉得要晕倒似的。	□	□	□	□
13. 我吸气和呼气都感到很容易。	□	□	□	□
14. 我的手指和脚趾感到麻木和刺痛。	□	□	□	□
15. 我因胃痛和消化不良而苦恼。	□	□	□	□
16. 我常常要小便。	□	□	□	□
17. 我的手常常是温暖而干燥的。	□	□	□	□
18. 我觉得脸红发热。	□	□	□	□
19. 我容易入睡，晚上休息得很好。	□	□	□	□
20. 我常做噩梦。	□	□	□	□

计分规则与结果解释：焦虑自测问卷（SAS）

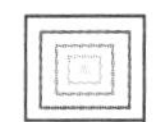

【能量补给】

1. 回顾最近一周，你的积极情绪多还是消极情绪多？

2. 面对消极情绪时，请试着感受你的情绪，允许它存在，并与它和谐共处一会儿……

3. 你目前调适情绪的方法是什么？通过本章的学习，你又学到了哪些方法可以帮你调适情绪？

【拓展阅读】

1. 图书《做情绪的主人》

该书作者是庞丽娟。本书从心理学的角度解析了关于情绪的种种问题，可帮助读者了解情绪、掌控情绪并走出情绪陷阱，塑造一个平和、充实的人生；同时，也为那些正处于负面情绪中的人们提供一个走出困境的途径，帮助他们重新回到积极、乐观的生活中来。

2. 电影《愤怒管理》

戴夫（亚当·桑德勒饰）本来是一个很正常的生意人，至少看上去非常正常。他有着温文尔雅的外表和漂亮的女朋友琳达（玛丽莎·托梅饰）。但是不幸的是，在一次飞行旅行中，他失去了控制，被认为不能控制自己的情绪，并被遣送去进行“情绪管理”训练。

第六章　改善关系　艺术沟通——人际交往

【学习目标】

知识目标：了解人际交往的基本知识，理解人际交往的心理效应，掌握人际沟通的原则和方法。

能力目标：根据自己和他人的社交特点，改进沟通技巧，建立和谐的人际关系。

素养目标：培养良好的沟通和表达习惯，养成积极的社交心态。

思政目标：培养积极向上的人际交往价值观，促进和谐稳定的社交环境的形成。

【思维导图】

思维导图：人际交往

【案例导读】

小红今年大一，和众多新生一样，在全新环境中遇到了许多从未面临过的问题。

周六早晨5：30，小红在与平时一样的时间起床，而宿舍其他舍友睡得正香。她轻轻地穿衣并下床，拿脸盆去洗漱，却一不小心"哐当"一声，脸盆掉在了地上。一个舍友猛然起身，张口怒叫："我忍了你很久了！天不亮就叮叮当当，平时这样，周末还这样，你自己不休息，别人还要休息呢！不想在这住就赶快搬走！"一开始小红还耐心道歉，可舍友不依不饶、没完没了。小红忍不住回了几句，结果两人闹到了辅导员那里。

类似的纷争还有很多，在不同宿舍中上演着。由于大家只站在自己的立场考虑问题，而不考虑对方感受并体谅对方，最终不欢而散。

大学生活是学生时代的最后一站。对处于青年时期的大学生而言，人际交往是其自我成熟、个性完善的重要途径，大学生人际关系的好坏直接影响大学生的社会适应和发展。本章将从人际交往与人际关系入手，介绍如何培养人际交往能力，以及人际交往中的心理问题与调试。

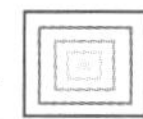

第一节 大学生人际交往概述

一、人际交往与人际关系

人际交往也称人际沟通，是指个体在社会活动中相互之间运用语言或非语言交流信息、沟通情感、满足需要的过程。人际关系是人与人之间由于交往而产生的一种心理关系。

人是社会的人，每个人在社会中的生存、发展都离不开与他人的交往，离不开和周围的人建立各种各样的人际关系。我国著名心理学家丁瓒先生曾指出："人类的心理适应，最主要的就是对于人际关系的适应，所以人类的心理病态主要是由于人际关系的失调而来的。"一个人的幸福和才智来源于良好的人际关系，一个人的痛苦和不幸也常与人际关系的不协调有关。当人际关系和谐、融洽时，会给人带来愉快、充实、幸福、成功和欢乐，并能充分调动起人的积极性；而人际关系紧张、失调时，又会给人带来烦恼、痛苦、失望、忧伤和阴影。大学生正处于学习知识、了解社会、探索人生的重要发展时期，主要活动都是在与人交往的过程中进行和完成的，因而对交往有着强烈的渴望和要求。

二、人际交往的心理效应

社会心理学的研究证明，在人际交往中有一些非常有趣的心理现象，将其科学地运用在大学生的人际交往中，对大学生很有意义。

1. 首因效应

首因效应也叫首次效应、优先效应、第一印象效应，指交往双方形成的第一印象对今后交往关系的影响，也是"先入为主"带来的效果。虽然这些第一印象并非总是正确的，但却是最鲜明、最牢固的，并且决定着以后双方交往的进程。如果一个人在初次见面时给人留下良好的印象，那么人们就愿意和他接近，彼此也能较快地取得相互了解，并会影响人们对他以后一系列行为和表现的解释；反之，对于一个初次见面就引起对方反感的人，即使由于各种原因难以避免与之接触，人们也会对之很冷淡，在极端的情况下，甚至会在心理上和实际行为中与之产生对抗状态。

【心理小贴士】

有关首因效应的试验

苏联心理学家鲍达列夫做过一个试验：把被试验者分为甲乙两组，同看一张照片。对甲组说，这是一位屡教不改的罪犯；对乙组说，这是一位著名的科学家。看完后，让被试验者根据这个人的外貌来分析其性格特征。结果，甲组说，这个人深陷的眼睛藏着险恶，高耸的额头表明了他死不改悔的决心；乙组说，这个人深沉的目光表明他思维深邃，高耸的额头说明了科学家探索的意志。

这个试验表明，第一印象形成的肯定的心理定式，会使人在后续了解中多偏向发掘对方具有美好意义的品质；反之，第一印象形成的否定的心理定式，则会使人在后续了解中多偏向于揭露对象令人厌恶的部分。

2．近因效应

近因效应是指最后的印象对人们的认知所产生的影响，最后的印象往往是最深刻的印象，这就是心理学上所说的后摄作用。

首因效应与近因效应不是对立的，两者是一个问题的两个方面。心理学的研究还表现在人与人的交往中，交往的初期，即在彼此还生疏的阶段，首因效应的影响很重要，而在交往的后期，就是在彼此已经相当熟悉的阶段，近因效应的影响也同样重要。也就是说，在对陌生人的认知中，首因效应比较明显；而在对熟人的认知中，近因效应比较明显。

【心理小贴士】

面试官设置的近因测试

大学生小明参加就业面试，面试结束，主面试官告诉小明可以走了。可当小明要离开时，主面试官又叫住他，对他说："你已回答了我们所提出的问题，面试官觉得不怎么样，对此你怎么看？"

其实，面试官做出这么一种设置是对小明的最后一考，想借此考察一下应聘者的心理素质和临场应变能力。如果这一个问题回答得精彩，大可弥补面试中的缺憾；如果回答得不好，可能会由于这最后的关键性问题而使应聘者前功尽弃。最后的印象对人的影响往往是最强烈的，可以冲淡在此之前产生的各种影响，这就是近因效应。

3．光环效应

光环效应也称晕轮效应，是指在人际交往中，人们常常把对方所具有的某个特征泛化到其他有关的一系列特征上，也就是从已知的特征推及未知特征，从局部推知形成一个完整的印象，即根据最少量的情况对别人做出全面的结论。所谓"情人眼里出西施""厌恶和尚，恨及袈裟"，说的就是光环效应。它的最大不足在于以偏概全、以点带面。

名人效应是一种典型的光环效应。不难发现，拍广告片的多数是有名的歌星、影星，而很少见到那些名不见经传的小人物，原因就是明星推出的商品更容易得到大家的认同。一个作家一旦出名，以前压在箱子底的稿件全然不愁发表，所有著作都不愁销售，这都是光环效应的作用。

受光环效应影响的大学生在人际交往中容易犯以偏概全、以点带面的错误。例如，某位学生学习成绩优秀，大家就认为他什么都好，甚至连他的一些缺点和不良个性也被当作特点而加以肯定和效仿，而当一个人缺点比较明显时，则他（她）的其他优点也往往被忽视。

4．刻板效应

刻板效应又称刻板印象，是指对某个群体产生一种固定的看法和评价，并对属于该群体的个人也给予这一看法和评价。

刻板效应虽然可以在一定范围内进行判断，不用探索信息，可以迅速洞悉概况，节省时间与精力，但是往往可能会形成偏见，忽略个体差异性。人们不仅会对接触过的人产生刻板印象，还会根据一些不完全真实的间接资料对未接触过的人产生刻板印象。例如，人们一般认为工人豪爽、农民质朴、军人雷厉风行、知识分子文质彬彬、商人较为精明，诸如此类都是类化的看法，都是人脑中形成的刻板、固定印象。此外，性别、年龄等因素亦可成为刻板效应对人进行分类的标准。例如，按年龄归类，认为年轻人上进心强、敢说敢干，而老年人则墨守成规、缺乏进取心；按性别归类，认为男性独立性强、竞争心强、自信和有抱负，而女性则依赖性强、起居洁净、讲究容貌、细心软弱。

【心理小贴士】

庞统有才吗？

《三国演义》中曾与诸葛亮齐名的庞统去拜见孙权，“权见其人浓眉掀鼻，黑面短髯、形容古怪，心中不喜”。庞统又见刘备，“玄德见统貌陋，心中不悦”。孙权和刘备都认为庞统这样面貌丑陋之人不会有什么才能，因而产生不悦情绪，这实际上也是刻板效应的负面影响在发生作用。

5．投射效应

投射效应是指在人际交往中形成对别人的印象时，总是假设他人与自己有相同的倾向，即把自己的特性投射到其他人身上。“以小人之心，度君子之腹”就反映了投射效应的一个侧面。

投射可分为两种类型：一种是指个人没有意识到自己具有某些特性，而把这些特性强加到了他人身上。例如，一个对他人有敌意的同学，总感觉对方对自己怀有仇恨，似乎对方的一举一动都有挑衅的色彩。另一种是指个人意识到自己的某些不称心的特性，而把这些特性强加到他人身上。例如，在考试中，想作弊的同学总感觉别的同学也在作弊，倘若自己不作弊就吃亏了。通过这种投射，重新评估自己不称心的特性，以求得心理上的暂时平衡。

【心理小贴士】

商业中的投射效应

芭比娃娃在日本刚推出时，在青少年眼中，他们认为芭比娃娃胸部太大，腿也太长，长着一双蓝眼睛，一点儿也不像日本少女，因此销售业绩不佳。于是，公司修正了芭比娃娃的胸部和腿的比例，将眼睛变成咖啡色。结果，两年内芭比娃娃卖出了近200万件。

起初芭比娃娃的失败之处就在于公司假定了日本市场和美国市场具有相似性，在美国受欢迎的芭比娃娃在日本同样会受到欢迎，结果却出乎意料。这是忽略投射效应的后果。

三、大学生人际交往的功能

戴尔·卡耐基指出：“一个人事业的成功只有15%取决于他的专业技能，另外的85%

则要依靠人际关系和处世技巧。"可见,建立良好的人际关系是多么的重要。软与硬是相对而言的。专业技术是硬本领,善于处理人际关系的交际本领则是软本领。大学生正处于身心全面发展的时期,大学生人际交往具有独特的功能。

1. 人际交往有助于促进大学生的社会化进程

人际交往是大学生社会化的必经之路。每个人的社会化进程都是在人际交往中进行的。无论你是高官还是平民,也不管你从事什么工作,以及你的个性是怎样的,你都需要与人交往。

对大学生来说,他们特别热衷于参加同辈群体的交往活动,这类以感情、兴趣、爱好为基础结成的同辈伙伴,由于同处一个年龄阶段,面临着共同关注的人生发展问题和社会化问题,有着基本相似的目标、兴趣、爱好,对大学生社会化的影响往往超过家庭。

随着人的成长,交往范围不断扩大,交往内容逐步深化,交往形式日趋多样。积极的人际交往有助于大学生获得更丰富的信息,保持与社会的联系,明确和承担大学生的社会责任,自立于社会,取得社会认可,成为一个成熟的、社会化的人。

2. 人际交往有助于促进大学生深化自我认识

人总是以他人为镜认识自己,通过与他人的交流和比较,把自己的行为、形象反射出来并加以认识。首先,人以他人为镜,从与别人的比较中认识自己,从对别人的认识中形成自我表象;其次,人们通过他人对自己的态度和评价,以及自己与他人的关系认识自己的形象。

别人是尊重、喜爱、赞扬你,还是轻蔑、讨厌、疏远你,常常成为认识自身的尺度,大学生常常从别人对自己的反应、态度和评价中发现自己的长处和短处,找到自己恰当的社会位置并参照别人的评价来客观地认识自己。离开一定的人际交往,就无法弄清这一点。因此大学生很有必要多方位、多层次地与更多的人交往,从而深化自我认识,促进自身发展。

3. 人际交往是大学生个性发展与完善的桥梁

马克思指出:"一个人的发展取决于和他直接或间接进行交往的其他一切人的发展。"

一个人的个性除了受先天遗传因素的影响外,更重要的是受后天环境的影响。如果长期生活在友好、和睦的人际关系中,人的个性就会变得乐观、开朗、积极、主动。人际交往的时间和空间越大,人的精神生活就越丰富,得到支持与帮助的机会就越多,就越能保持心理平衡。通过交往,可以获得更广泛的友谊、支持和理解,得到内心的慰藉,提高自信和自尊,增强自我价值感和力量感,降低或消除挫折感,缓解内心的冲突与苦闷,减少孤独感和失落感。

但是,如果人际交往的需要得不到满足,则会增加大学生的挫折感,引发内心的矛盾与冲突,情感上的孤寂、惆怅、空虚就会经常出现,从而带来一系列不良的情绪反应。而不良的情绪作用于生理活动,将会成为各种疾病的催化剂,削弱人的抗病能力,使正常机

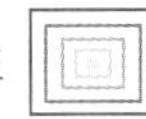

能减退。

4．人际交往是大学生获得知识的重要手段

《礼记·学记》曰："独学而无友，则孤陋而寡闻。"也就是说，人与人之间的接触与往来，不仅仅是相互间的联系，更重要的是信息的交流。大学生学习知识少不了互相交流、互相沟通，也正是在这种沟通中产生了灵感，获得了信息，对彼此的学习和生活起到积极的作用。

英国作家萧伯纳很形象地说："如果你有一个苹果，我有一个苹果，彼此交换，那么每人只有一个苹果；如果你有一种思想，我有一种思想，彼此交换，我们每个人就有了两种思想，甚至多于两种思想。"

可见，人际交往对大学生开阔视野及启迪思维有着积极的作用。

5．人际交往是大学生心理保健的重要途径

人本主义心理学家马斯洛提出的需要层次理论告诉我们，人在满足了生理需要、安全需要之后，就会产生归属和爱的需要的内驱力，如果这种需要得不到满足，就会产生孤独感。

从人际关系的角度来看，马斯洛的需要层次理论在一定程度上揭示了人际交往的心理机制。

心理学家和社会学家曾对孤独感做过许多研究。美国心理学家哈洛等人将猴子置于不锈钢的房子里，温度适宜，空气流通，清扫和喂养等一切工作都是自动化的，隔绝了猴子的一切交往活动，实验如图 6-1 所示。

图 6-1 哈洛的猴子实验

经过一段时间的"社会剥夺"，被隔绝交往的猴子远比普通的猴子更容易恐惧，它们在情绪和交往行为上受到了损害，精神上是不完善的，对人的研究发现了同样的结论。

【心理训练游戏】

绘制人际财富图

准备一张白纸，在纸中央画一个实心圆点，并以点为中心画三个半径不等的同心圆，然后依从自己的直觉将亲朋好友的名字写在不同的圆圈里，详见二维码。

心理训练：绘制人际财富图

试着一边整理自己的人际财富一边思考：

你的人际关系现状如何？是否合适？

你认为自己身上的什么性格品质给你带来了好人缘？

如果你的人缘不太好，是什么原因造成的？以后该怎样努力？

第二节 大学生人际交往能力的培养

大学生来自五湖四海，各自家乡的风俗习惯、风土人情千差万别，家庭环境和成长的经历不尽一致，生活习惯、兴趣爱好、个性也有较大的差别，某些大学生由于不了解人际交往的原则、技巧和艺术，从而导致在与他人交往时经常碰壁。有些大学生因此对与人交往失去信心，从而在心理上自我封闭，独来独往，最终给自己带来精神上的压抑和痛苦。因此，大学生要建立良好的人际关系，必须掌握一些人际交往的原则、规范、技巧和艺术，才能达到事半功倍的效果。

一、培养大学生良好的人际交往原则

1．尊重平等原则

古人曰："敬人者，人恒敬之。"在人际交往中，尊重、平等是建立良好的人际关系的前提，是交往中最重要的原则。

尊重包括自尊和尊敬他人两个方面。自尊就是在各种场合自重自爱，维护自己的人格；尊敬他人就是尊重他人的人格、情感、承认他人的社会价值。尽管由于主客观因素的影响，人与人在气质、性格、能力、知识等方面存在差异，但在人格上是绝对平等的。所以同学之间不要因为家庭、经历、特长、经济等方面的不同而对人另眼相看，也不要因为学习成绩、社交能力等方面的优秀而看不起别人，更不能因为自己获得的荣誉和拥有良好的社会背景而傲视别人。只有把别人看成和自己同等的人，像求助别人一样帮助别人，才能与他人建立真正平等互助的正常交往。

【心理小贴士】

女王与妻子

英国女王维多利亚是历史上有名的女王，但是她私下和她的丈夫阿尔伯特亲王相处时，也难免有一般家庭的争执场面。

有一次，他们夫妇又吵架了，丈夫阿尔伯特愤怒地回到卧室，并且关上了门。事后，维多利亚女王想想知道是自己理亏，就在房间外敲门，打算向丈夫道歉。

"谁？"女王敲门后听丈夫这样问道，于是回答："英国女王！"可是屋内没有任何回音。"谁呀？""我是维多利亚。"可是对方依旧没有开门。

最后，维多利亚又敲了敲门，然后温柔地说道："对不起，亲爱的，开门好吗？我是你的妻子。"这回房门从里面打开了。

2．诚信原则

以诚待人、讲求信义，是人际交往得以延续和深化的保证。以诚待人是人际交往中的最基本的要求，所有的人际交往的手段、技巧都应该是建立在真诚交往的基础上。在交往中，

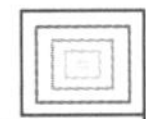

只有彼此真诚,才能相互理解、接纳、信任,才能在情感上引起共鸣,使交往关系得到巩固和发展。那种“逢人只说三分话,未可全抛一片心”的交往信条和假意逢迎、吹牛撒谎的交往行为都会损害健康的人际关系。

子曰:“人而无信,不知其可也。”可见,守信是一个人立身处世之本。朋友之交,言而有信,允诺别人的事就要履行,这是诚信原则的重要表现。轻易允诺,但却失信于人,会给他人一种极强的不信任感,感觉你习惯于开空头支票,缺乏交往的诚意,这是人际交往的大忌。大学生在人际交往过程中,既要自信,又要信人,做到互相之间以信相待、以诚相待。

3．互益原则

有这样一个故事：在一个寒冷的冬天,一个卖馒头的和一个卖棉衣的同时到一座破庙中躲避风雪。卖馒头的很冷,卖棉衣的很饿,但他们都相信对方会有求于自己,所以谁也不愿意先开口。过了一会,卖馒头的吃了一个馒头,卖棉衣的穿上一件棉衣。就这样,卖馒头的一个接一个地吃馒头,卖棉衣的一件接一件地穿棉衣。最后,卖馒头的冻死了,卖棉衣的饿死了。

人际关系实际上是人与人之间心理上的关系,反映了个人或群体寻求满足其社会需求的心理状态。因此,人际关系的变化与发展取决于双方社会需求的满足程度。如果双方在相互交往中都获得了各自的社会需求的满足,相互之间才能发生并保持接近的心理关系,从而表现为友好的情感；反之,就产生了厌恶,表现为彼此疏远。

4．宽容原则

宽容表现为对非原则问题不斤斤计较,能够宽以待人,求同存异,以德报怨。宽容他人也就是宽容自己,苛求他人也就是苛求自己,不会宽容他人,同样也得不到他人的宽容。

大学生在人际交往过程中,由于个体差异或不可预见的阴差阳错,以及误会、不理解等而产生矛盾是不可避免的,要想关系融洽,需要每一个大学生能够尊重他人的习惯、爱好,不把自己的主观意志强加给别人。同时,还要充分理解对方的心理,谅解别人的过失,对别人不求全责备。只有这样,才能在学习、生活和工作中保持融洽的人际关系。

5．适度原则

1）交往的时间要适度

在人的社会性需求中,除了交往还有学习等内容。有时我们在对于交往的时间和精力的分配上可能会发生某些冲突,这时就需要掌握合适的“度”。大学生活中,学习是第一要务,学习需要投入大量的时间和精力,因此要防止由于过于拓展人际关系而耗费太多的时间和精力。

2）交往的程度要适度

交往的程度要取决于交往双方是否志同道合。就交往对象而言,有的适宜深交,有的则只能浅交,甚至拒交,不可能和所有人皆成为知心好友,也不能一味泛泛而交。在交往上,有的同学关系好时形影不离,一朝不和即相互攻击、老死不相往来,这种交往方式对双方的心理健康和人际关系发展都是不利的。“君子之道，淡而不厌”，距离产生美，在你对对方心理是否与你相容、志趣是否相投没有把握做出肯定判断时，不妨先保持一定的距离，把握交往的频度，使得今后在进一步的人际关系发展上进退自如。尤其是大一新生刚进入一个新的环境，开始交往更要保持合适的距离。

3）与异性交往要适度

正常的异性交往有助于大学生的身心健康和人格发展，而大学生过分沉溺于尚不成熟的异性恋情而分散精力，会给当前的学习和生活带来不良影响，并无形中缩小了与其他同学接触的范围。因此，与异性交往要恰到好处。

二、掌握人际交往的技巧

1．倾听的技巧

很多人错误地认为人际交往中就是要不停地表达、不停地说话，生活中多数人都喜欢说，不喜欢听；关注说，忽略听。快节奏的生活使人们越来越缺乏倾听的耐心。倾听是一种艺术，认真的聆听态度能够使人觉得受重视及受肯定。懂得认真倾听的人，处处受人欢迎。

微课：我们可以这样听

生活中影响倾听效果的原因很多，如心情好不好、注意力是否集中、倾听的目的等。有效的倾听需要注意以下几点。

1）切勿多说

在交流的过程中，边听边说并不容易，我们在说的时候会漏听对方说的许多内容，同时也让对方觉得你没有真正地关注他说的话，因此用耳朵比用嘴巴更能赢得友谊和尊重。给朋友最好的礼物，有时是把耳朵“借”给他，不要多说只需倾听。

2）真诚关注

倾听并不是不说话，仅仅用耳朵听就可以的，必须专注地听，不要心不在焉、东张西望，或者一心二用忙着其他的事情。要时不时地做出一些语言和表情上的反应，表示你对他说的话有兴趣。例如，背对着别人说话，你就看不到对方的动作、表情、目光等一些肢体语言，这时往往会越讲越没兴趣，越讲越懒得讲，为什么呢？因为没有回应。有效的倾听是用耳、用心、用眼听。

3）话要听全

在与人交流的过程中，不要轻易打断别人说话。切勿匆忙对对方所说的话下评论，应该在确定对方完整地表达完意见后再做出反应，即使对方停下来，也并不表明他们已经说完想说的话。只有完整地了解对方的表达意图，才能更有效地进行交流。

2．交谈的技巧

语言交谈中，任何一句话都可以有不同的说法，所谓“良言一句三冬暖，恶语伤人六月寒”，说法不同，效果便截然不同。语言艺术运用得好，就能优化人际关系；相反，如果不注意语言艺术，往往在无意间就会出口伤人，产生矛盾。

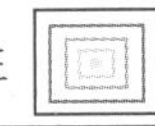

【心理小贴士】

我能抽烟吗?

甲、乙两个人在教堂祈祷时烟瘾犯了。

甲问神父:“祈祷的时候可不可以抽烟?”神父回答说:“不可以!”甲只能默默忍受着烟瘾。

乙问神父:“抽烟的时候可不可以祈祷?”神父回答说:“当然可以!”乙就点上一支烟抽了起来。

1) 赞美的艺术

威廉·詹姆斯说:“渴望被别人赏识是人最基本的天性。”希尔的《成功学》认为,人类本性最深的需要是渴望别人的欣赏、接纳和赞美,一句话可以使人愉悦,使人振奋,甚至能改变人的一生。赞美对于多数人来说是需要学习的。赞美别人不是拍马屁、奉承。赞美是智者的行为,是发自内心的,是真诚的。拍马屁、奉承是小人所为,是为了获取私利,是虚伪的。

如何赞美别人呢?首先,赞美要真诚。能引起对方好感的只能是那些基于事实、发自内心的赞美;相反,那些不切实际、夸张且虚情假意的赞美,不仅会引起对方的反感,更会让对方觉得你油嘴滑舌、狡诈虚伪。其次,赞美要具体化。在赞美别人时,要有意识地说出一些具体而明确的事情,而不是空泛、含糊地赞美。好的赞美总是具体的赞美,具体的赞美才有说服力和影响力。最后,赞美要适度,即对别人的赞美要适可而止,真诚的赞美应该是恰到好处,夸张的赞美会让人感到虚假。

2) 批评的艺术

人非圣贤,孰能无过?被别人批评或者批评别人在所难免,但如果方法不当,既达不到目的,又伤害感情。批评的艺术体现在以下几方面。

(1) 从称赞和诚恳入手。先诚恳地称赞别人的优点,再指出其不足,一针见血地批评更有效。

(2) 间接提醒别人的错误。使用间接的方式提醒别人的错误会因为给对方保留面子而使之乐于接受意见,比直截了当地指出别人的错误要好。

(3) 先自我批评。当与别人发生误会而双方都有责任时,先自责后指出对方的错误,对方会更容易接受。

(4) 提问而不是下命令。批评别人时态度要诚恳,方式要委婉。例如,“你觉得这样做行吗?”比“你这样做不行!”更容易让对方反思自己的错误。

(5) 勇于接受批评。当别人善意地批评自己时,要勇于接受才能进步。

3) 拒绝的艺术

良好的人际关系的建立并不意味着要一味地迎合对方,人际交往中适当的拒绝也很重要。因为每个人的能力有限、精力有限,各人也有各自的喜好,如果盲目地顺从对方,会使交往变成一种负担,给自己造成不必要的压力。不少大学生在交往中,怕朋友说自己小气、不讲义气等，对别人要求的事不敢拒绝，结果自己做不好，或者根本就难以做到，导致别人认为自己没有诚信、不可靠。

为了长远、真诚、有效地发展人际关系，我们要学会拒绝，学会婉转地拒绝他人的技巧。与人交往时，从自身出发，保持个人完整、独立的人格，在人际交往中不迷失自我。拒绝别人时，不妨参考以下做法。

（1）暗示法。这是指采取间接的方式，让对方领会到已被拒绝。清代书画家郑板桥在山东潍县做县令时，潍县有一个富家子弟，欺小凌弱，称霸乡里，被郑板桥捉拿归案。富家惶惶不安，以重金请郑板桥的同科进士张老先生向郑板桥说情。张老先生来到郑板桥家，郑板桥早知其来意，但顾及面子，还是设酒款待。三杯酒落肚，张老先生开口道："郑大人，愚下登门有一事相求，我想大人您一定是'正月初一'去吧？"郑板桥一听对方打谜语，顺手又向老张先生敬了一杯酒，不紧不慢地说："仁兄，不瞒您说，板桥早知您的来意，您也熟知我板桥的为人。我为官不才，上衙门是'一无骑马，二无坐轿'，请仁兄谅解。"张老先生听到此言，知道郑板桥也用隐语表示了两个字的一句口语，自讨没趣，只好起身告辞。这里说的"正月初一去"，即"正月"二字中，"正"字去掉"一"，所余"止月"合为"肯"；"一无骑马，二无坐轿"自然是"步行"，谐音"不行"。

（2）补偿法。这是指在委婉拒绝他人的同时，用另外的办法加以弥补。戴尔·卡耐基在拒绝一次演讲邀请时说："很遗憾，我实在排不出时间来。"紧接着，他又推荐说："约翰也讲得很好，说不定他是比我更适合的人选呢！"这种补偿拒绝法，既能达到拒绝他人要求的目的，又可以补偿对方因遭遇拒绝而产生的不满与失望，便于保持和他人良好的人际交往。

（3）提问法。面对别人的过分要求，你可能会做出这样的选择：或拂袖而去，或冷笑一声说再见，或拍案而起、迎头痛击。但这样做既有失你的身份，也因此伤了和气，此时最好的拒绝方式是提出一连串的问题，提醒对方思考应该思考而未思考的问题。对方在思考你的一连串问题的过程中，便会发现自己的要求太过分，这样自己就达到了拒绝的目的。

（4）先肯定后否定。这是指从对方的要求中找出双方都认可的某些非实质性的内容并加以赞赏，突出双方的共同点，力争对方理解，然后对双方看法不一致的实质性内容进行阐述或辩解，以拒绝对方的要求。可以先细心地在其发表的意见中寻找可以肯定之处，即使其意见确实毫无肯定之处，还可以肯定其陈述时的坦率。在此之后，话锋一转阐述自己的不同看法。例如，可以这样说："总体来说，你的看法是对的，如果……"或"你的看法我也有同感，问题在于……"这样既可以达到拒绝的目的，又可以使对方在心理上产生亲和感和满足感。

（5）动作代替法。这是指通过面部表情、手势、摇头等行为来表示否定意见。身体动作学表明，一个人从婴儿时期开始，就会不靠语言向别人表达需要和好恶，这种能力会一直保持终生。如果你想要拒绝别人的某种要求，可以不必开口说"不"，利用身体语言同样可以传递"不"的意思。例如，边听边将双手交叉在胸前，并保持温和的态度和平静的表情，轻轻摇头，就意味着否定。

（6）借故法。这是指找一个适当的理由拒绝他人的要求。例如，一天晚上，你的舍友约你一起玩网游,并声称就缺你一人,但你并不想玩,这就需要找一个比较合适的理由加以拒绝。你不妨说:“很想和你们一起玩个痛快,可今天不凑巧,我老乡已经和我约好了,陪她去商场买衣服。”这样既达到了拒绝的目的,又可以让你的朋友明白你的拒绝是出于无奈,而不会责备你不给面子。

3. 非语言交往技巧

美国心理学家艾伯特·梅拉比安提出:

有效沟通 =7% 的言辞 +38% 的语调 +55% 的肢体语言

这充分表明非语言对于人与人交流的重要性,所以交往中还要注意非语言方面的一些技巧。

1)服饰技巧

一个人的服饰往往会反映出他的个性和爱好。一个和你初次会面的人往往会不自觉地根据你的衣着打扮来判断你的为人,对你产生好恶。服饰展示了一个人的形象和风度,因此,人际交往中必须注意自己的服饰,穿着要整洁、得体,体现出自己的个性,形成自己的风格。

2)面部表情

微笑是十分廉价也是十分宝贵的礼物。在表情语言沟通中,有一种最有效的沟通技巧,那就是微笑,它可以有效地消除彼此间的隔阂,使人处处受欢迎。但微笑必须发自内心,要真诚。不真诚的假笑是骗不了人的,还会引起别人的厌恶。

眼睛是心灵的窗户,可以显示心灵深处的信息。目光是人际交往中重要的信息来源,在沟通中,恰当地和对方目光接触并进行交流,能拉近双方在心灵上的距离,使沟通更融洽。

3)体态语言

体态是一种无声的肢体语言,它通过手势、身体姿态、面部表情等来传递信息,既体现了人的精神魅力,又体现了人的外在魅力,是人的思想感情与文化修养的外在体现。一个人的姿势、眼神和动作能从多方面反映这个人的内心世界。在交往中,如果表现出热情和兴趣,往往身体微微向前倾向交谈的对方,并伴有微笑、注视;身体后仰,表示傲慢;背朝别人表示不屑一顾;双手不知所措,揪衣服,抓脑袋,表示紧张及缺乏信心等。

在社交场合,有些体态应避免出现,如拉拉扯扯、指手画脚、将身体靠在物体上、当众伸懒腰、挖鼻孔、掏耳朵、剪指甲、打哈欠、大声说话、歪头斜眼等,这些都是对别人不尊重的表现,会直接影响人际交往。

4)距离技巧

在一般的人际交往中,人们常常是一方面希望彼此接近,希望获得温暖和关爱,另一方面又努力保持彼此之间的距离,使自己觉得安全。所以在人际交往中,人与人之间的距离通常表达特定的意思。

(1)亲密带(0 ~ 0.5 米):这个距离内,人们不仅仅靠语言,还通过视觉、听觉、触觉、嗅觉来传递信息。这样的距离往往限于恋人、父母、配偶、子女、密友之间,其他人如果进入这个空间,会引起警觉和反感。

（2）个人距离带（0.5 ~ 1.25 米）：朋友之间的交往，通常在这个距离内，可以相互握手、自由交谈，如同学聚餐。

（3）社会带（1.25 ~ 3.5 米）：这个距离通常不是私人性质的人际交往，而是公开的社会交往，例如，新生初次见面的相互交流。

（4）公共带（3.5 米以上）：这个距离通常用于公共场合下人们之间的社交性对话，例如，在一大群人面前发言，大于 3.5 米会让我们感觉比较舒服。

当然，这只是一个大概的标准，每个人在不同场合的体会会有所不同，但注意调整人际交往的空间距离，无疑会有助于我们的人际交往。

第三节　大学生人际交往中的心理问题及调适

受应试教育的影响，多数学生在上大学之前社交封闭，人际交往能力普遍比较弱。进入大学后，宽松的学习环境使处于青年期的大学生解放自我，人际交往的需求极为强烈。他们试图通过人际交往去认识世界，获得友谊，满足自己物质和精神上的各种需要。但在交往过程中，由于每个人待人接物的态度不同，个性特征不同，再加上青春期心理固有的闭锁、羞怯、敏感和冲动，都使大学生在人际交往过程中不可避免地遇到各种困难，从而产生困惑、焦虑等心理问题。

如果这些问题不能及时、有效地解决，个体的人际关系将严重失调。在大学生各种心理问题中，人际交往问题表现最为突出，直接影响其正常的学习和生活。

一、社交自卑心理及调适

自卑是一种过低的自我评价，有自卑心理的大学生在人际交往中存在“我不行”“我不如别人”等消极的自我卑微感，其常见的表现是害羞、不安、忧郁、悲观、孤僻、自我封闭、言行被动；在社交场合，表现拘谨、事事避让、处处退缩，不敢抛头露面，生怕当众出丑。一般来说，社交自卑感严重的人，大多性格内向、感情脆弱、多愁善感，这种人在交际场合，不能积极参与，主动交流，而是过于警觉，被动防守，消极等待别人主动接近，担心在交往中失面子、受伤害。

实际上，自卑并不一定能力低下，而是凡事期望值过高，不切实际，在交往中总想把自己的形象理想化、完美化，惧怕受挫或遭到他人的拒绝与耻笑。这种心境使自卑者在交往中时常感到不安，因而将社交圈子限制在狭小的范围内。

严重的自卑感会造成人的心理变态，给学习和生活带来精神负担，因此大学生要学会克服这些不必要的自卑感。

大学生可以采用以下方法调适自卑心理。

1. 正确认识自己，提高自我评价

很多大学生总是通过他人来认识自我，如果他人对自己的评价过低，特别是较有权威的

人的评价，就会影响对自己的认识，从而过低地评价自己，产生自卑心理。也有的大学生对自我形象不认同，或者是对自己能力有怀疑，感觉自己没有赢得别人尊重和欣赏的本钱，于是产生了极强的失落感，丧失了交往的勇气和自信心。

因此，有自卑心理的人，首先要正确认识自己，提高自我评价，要经常回忆自己的长处和自己经过努力做成功的事例；要善于发现自己的优点，肯定自己，以此激发自己的自信心，不要因为由于自己某些缺点的存在而把自己看得一无是处，不能因为一次失败而以偏概全，认为自己什么都干不了。

2．善于自我满足，消除自卑心理

自卑的人一般都比较敏感脆弱，经不起挫折打击，一旦遭受挫折，就很容易意志消沉，从而又增强了自卑感。因此，凡事应不怀奢望，要善于自我满足，知足常乐，无论生活、工作还是学习，目标都不要定得过高，这样就容易达到目标，避免挫折的发生。

必须明白，努力的目的是完成自己的既定目标，而不是为了打败别人。每次取得成功的体验，都是对自己的一种激励，都有利于恢复自信心。

3．坦然面对挫折，加强心理平衡

自卑的人的心理防御机制多数是不健全的，自我评价认知系统多数偏低。遭受挫折与失败的时候，不怨天尤人，也不轻视自我，要客观地分析环境与自身条件，这样才可以找到心理平衡，才可以发现人生处处是机会。

4．广泛社会交往，增强生活勇气

自卑的人多数比较孤僻、内向、不合群，常把自己孤立起来，很少与周围人群交往，由于缺少心理沟通，易使心理活动走向片面。自卑者应多参与社会交往，感受他人的喜、怒、哀、乐，丰富生活体验；通过交往，可以抒发被压抑的情感，增强生活勇气，走出自卑的泥潭；通过交往，可以增进相互间的友谊、情感，使自己的心情变得开朗，自信心得到恢复。

二、社交恐惧心理及调适

社交恐惧是指在某种特定的社交情景中对人或活动本身产生强烈的恐惧感或紧张不安，从而不得不采取回避行为的一种社交心理问题。

社交恐惧的表现：不敢与恐惧对象目光对视，总是用余光注视他人；总是觉得别人在注视自己；讲话时爱摸鼻子、下颌等以掩饰内心的惊慌不安；与人交谈口齿不清，语言重复；总是采取回避行为；在社交场合出现面红、出汗、气短和颤抖等生理反应。

大学生交往的愿望很强烈，渴望得到别人的肯定和接纳，渴望理解，渴望友谊。但有的大学生对交往有恐惧心理，与人交往时胆怯、害羞、自卑，害怕被人看不起，害怕交往会遭到失败。他们的行为往往与内心的愿望不符，极力回避与人接触，不得不交往时则紧张、恐惧、心跳加快、面红耳赤，难以自制。

大学生可以采用以下方法调适恐惧心理。

1．悦纳自己，树立自信

不必过度关注自己给人留下的印象。当自己对社交场合过于紧张或害怕时，不妨让自己的思维走向极端，再坏又能坏到哪里去呢？最终我又能失去些什么呢？最糟糕的结果又会是怎样呢？我的脸大不了红得像个红苹果，我心跳太快又有什么了不起！结果呢，我们会发现实际情况远没有想象得那么严重，于是注意力就被转移到正题上了。

如果你与陌生人交往感到恐惧，那么可以试试以下方法：第一步，与自己的父母无拘束地交谈；第二步，与同宿舍同学畅谈；第三步，主动与隔壁宿舍同学交谈；第四步，与同班同学交谈；第五步，主动与上选修课的陌生同学或同桌吃饭的陌生同学交谈。

2．不要太在意自己的身体反应

紧张总是伴随一系列的生理上的不适，根据强化理论，如果紧张时我们太注意自己身体某些部位的紧张反应，就相当于在强化自己的紧张行为，使其一步一步地加重。而当我们不去理会自己的紧张反应后，由于紧张得不到注意和强化，紧张反应就会随着时间的推移而逐渐消退。学会适当地做些克服身体紧张的运动，例如，强迫自己做数次深长而有节奏的呼吸，这样可以使紧张情绪得以缓解。

3．学会放松自我

与别人在一起时，不论是正式还是非正式的聚会，开始时不妨手里握住一样东西，如书本、手机或是其他的东西，握住这些东西对于社交恐惧的人来说，会感到舒服而且有一种安全感。然后，慢慢克服自己的胆怯心理，学会毫无畏惧地看着别人。

4．增加社交吸引力

在与人接触时，注意自己的外表形象，经常读些课外书籍、报纸，了解时事，开阔自己的视野，丰富自己的阅历，多参加社团及其他集体活动，通过人际交往掌握社交技巧，不断充实、完善自己。没有人天生就具有社交吸引力，所以必须有耐心，还要付出努力，相信只要努力并且持之以恒，就一定能在人际交往中取得成功。

三、社交嫉妒心理及调适

嫉妒俗称“红眼病”“吃醋”“吃不到葡萄说葡萄酸”等。就内心感受来讲，嫉妒前期表现为由攀比到失望的压力感，中期表现为由羞愧到屈辱的心理挫折感，后期则表现为由不服不满到怨恨憎恨的发泄行为。

社交嫉妒是指在人际交往中因与他人比较，发现自己在才能、名誉、地位、境遇等方面不及他人而生发出来的由抱怨、憎恨、愤怒等组成的复杂情感。就大学生而言，社交嫉妒感主要表现在对他人的长处、成绩心怀不满，报以嫉恨，看到别人冒尖了心里不服气，总希望别人比自己稍逊一筹或相差无几。更有甚者，把自己的成功、别人的失败看成莫大快慰，甚至在行为上冷嘲热讽。

嫉妒、攻击性言论和行为会导致人际冲突和交往障碍。

社交嫉妒感是一种非常有害的心理。巴尔扎克这样描述说："嫉妒者比任何不幸的人更为痛苦,因为别人的幸福和他自己的不幸,都将使他痛苦万分。"嫉妒是一种消极的心理品质,在人际关系交往中,嫉妒感只能给大学生带来痛苦、忧伤、攻击性言论和行为,产生交往障碍。

大学生可以采用以下方法调适嫉妒心理。

1. 客观评价自我,发现自身长处

当嫉妒心理萌发时,能够积极主动地调整自己的意识和行为,能够客观、冷静地分析自己,找出差距和问题。聪明人会扬长避短,寻找和开拓有利于充分发挥自身潜能的新领域,这样可以在一定程度上补偿先前没能满足的欲望,缩小与嫉妒对象的差距,从而达到减弱乃至消除嫉妒心理的目的。

2. 正确看待别人的能力和长处

一个人不可能在任何时候都比别人强,人有所长也有所短。人固然应该喜欢自己、接受自己,但还要客观看待别人的长处。这样才能化嫉妒为竞争,才能提高自己。所以当别人确实在某一方面强于自己时,应该实事求是地承认,并努力赶上别人,完全用不着嫉妒和不服气。

3. 善于调整目标

当自己的目标和别人的目标一致,而别人在这方面已经超过自己很远时,可以改变目标,换一个方向去努力,也许会获得和别人一样理想的结果。

4. 善于转移注意力

不要总是把目光盯在别人的优点和长处上,也不能总是把注意力放在少数优秀人物身上,要学会退而求其次。

5. 保持良好的心态

在任何一个群体中,总有人比较优秀走在前头,也总有人相对落后一点,自己可以去努力、去争取,实在赶不上,暂时也不必强求。

6. 努力消除嫉妒心

嫉妒心是很难隐藏和掩饰的,在人际交往中很容易被他人觉察。一旦别人发觉你嫉妒他,交往就会受到影响,与其这样,倒不如消除嫉妒心理,坦诚、轻松、愉快地与对方沟通,这样或许能获得意想不到的良性交往效果。

7. 学会自我宣泄

产生嫉妒心理时,最好能找知心朋友、亲人痛痛快快地说个够,他们能帮助你阻止嫉妒心理朝着更深的程度发展。另外,可借助各种业余爱好来宣泄和疏导,如唱歌、跳舞、练书法、下棋等。

四、社交猜疑心理及调适

猜疑心理是一种由主观推测而产生的不信任的复杂情感体验,是人性的弱点之一。猜疑心重的人思虑过度,凡事都往坏处想,喜欢捕风捉影,无中生有。正如培根所说:“猜疑之心犹如蝙蝠,它总是在黄昏中起飞。这种心情是迷陷人的,又是乱人心智的,它能使你陷入迷惘,混淆敌友,从而破坏你的事业。”

心理学家认为,猜测是闭路思维的结果,其特征是“自圆其说”。怀有猜疑心的人一般总是从某一假想目标出发,脱离考察,进行封闭式思维,最后又回到假想的目标上来。对于猜疑目标就像画圆一样,越画越精,越画越圆,最后越看越像,越看越真。

【心理小贴士】

疑人偷斧

一个人丢失了斧头,怀疑是邻居的儿子偷的。从这个假想目标出发,他观察邻居儿子的言谈举止、神色仪态,无一不是偷斧的样子,思考的结果进一步巩固和强化了原先的假想目标,他断定偷斧贼非邻居莫属了。可是,不久之后在山谷里找到了斧头,再看那个邻居儿子,竟然一点也不像偷斧贼。

大学生在人际交往中常怀有“疑人偷斧”的猜疑心理。例如,宿舍里丢了东西,往往看表面乱猜疑;见到几个同学背着他讲话,就怀疑是在讲自己的坏话;教师有时对自己态度冷淡一些,又会觉得教师对自己有了看法等。他们总觉得别人在背后说自己坏话,或给自己使坏。喜欢猜疑的人特别留心外界和别人对自己的态度,别人脱口而出的一句话很可能会琢磨半天,努力挖掘其中的“潜台词”。这种以怀疑的眼光去捕风捉影,对任何人都怀有一种戒备之心的大学生,不能轻松自然地与人交往,久而久之不仅自己心情不好,还会伤害同学之间的感情,影响人际关系的和谐。

人际交往中的猜疑难以避免,但如果猜疑心过重,对什么都怀疑,则容易造成人与人之间的隔阂、矛盾和冲突,伤害了别人的感情,也孤立了自己,导致人际关系紧张。因此,大学生必须注意克服自身存在的好猜疑的毛病。

大学生可以采用以下方法调适猜疑心理。

1. 学会用理智克制猜疑的冲动

当发现自己开始怀疑别人时,应当立即寻找产生怀疑的原因,在没有形成思维之前,引入正、反两个方面的信息。如“疑人偷斧”中的失斧者,如果失斧后冷静想一想,斧头会不会是自己砍柴时忘了带回家,或者挑柴时掉在路上,那么,这个险些影响他与邻人关系的猜疑或许根本就不会产生。现实生活中的许多猜疑,戳穿了是很可笑的,但在戳穿之前,由于猜疑者的头脑被封闭性思维所主宰,却会认为他的猜疑顺理成章。因此,理智、冷静的思考显然是十分必要的。

2．学会及时沟通，解除疑惑

世界上不被误会的人是没有的，关键是我们要有消除误会的能力与办法，如果误会得不到尽快地解除，就会发展为猜疑；猜疑不能及时解除，就可能导致不幸的事情发生。所以如果可能，最好与“怀疑”的对象开诚布公地谈一谈，以便弄清真相，解除误会。猜疑者生疑之后，冷静地思考是很重要的，但冷静思考后如果疑惑依然存在，那么就应该通过适当的方式与被怀疑者进行推心置腹的交流和沟通。若是误会，可以及时消除；若是看法不同，通过交流和沟通，了解对方的想法也很有好处；若真的证实了猜疑并非无端，那么心平气和地讨论也有可能使事情在冲突之前得以解决。

3．学会“冷处理”

疑惑之事，乱猜疑者与善于进行耐心调查者的区别是什么呢？无非是前者“急功近利”，想用省事的方法达到目的，结果往往不能使事情得到解决，反而会给自己酿成后悔莫及的苦果。对于那些一时无法得到证实的事情，最好的办法是先“放一放”，总会有水落石出的时候。急于求成、胡乱猜疑的弊多利少，远不及耐心考察的“冷处理”方法好。

4．学会识别信息

猜疑心理可能源于自身，也可能是听信别人的流言蜚语而产生的。因此，人们在人际交往中，要善于对信息和信息源进行认真鉴别，冷静筛选，去伪存真，不可偏信。所谓“兼听则明，偏听则暗”，古人所云，颇有哲理。信息只有真人实事才是判断是非的依据，而对未经证实的信息，一定要做到“耳要硬，口要紧，行要慎”。对于小道消息不妨宁肯信其无，不可信其有。遇事保持警觉，认真调查思考，切勿轻从轻信，是大学生避免社交猜疑的最好方法。

【案例讨论】

阿文，男，22岁，大三学生。

自述如下：我也没什么大的问题，就是和人交往时紧张。我不是一个特别内向的人，我喜欢交朋友。和朋友单独在一起时，我总有说不完的话，可是一到人多的场合，特别是遇到陌生人，我就不知道如何与他们打交道了。在学校组织的舞会、节日聚会上，要是我遇到熟人，不得不和陌生人交谈时，我总是站在一旁看某人半天，也拿不准是不是该上前打招呼。即便有人主动过来和我聊天，我也不敢看着对方，只好东张西望，结果聊了一小会儿就感觉无话可说，不欢而散，我想对方一定很失望。

我喜欢唱歌，自己一个人唱的时候感觉不错，可一旦当着大家的面就总是唱得乱七八糟。更糟糕的是，上英语课时，如果轮到我念课文，我总会害怕，感觉全身的血直往脑子上涌，站起来腿都打哆嗦，每次都念得磕磕巴巴，有时念半截儿就没信心再念下去了。这一学期我选了一门公共课，每个人都必须轮流上台发言。得知这个消息，我很后悔选了这门课，整天忧心忡忡。到了发言的前一天晚上，我一夜没睡着，脑子里全是明天可能出现的糟糕场面，结果到了第二天，我躲在宿舍里一天没敢去上课。我觉得朋友越多越好，可实际上我周围的朋友并不多，我想原因在于我不擅长和陌生人打交道。我觉得自己作为一名男生，这么羞怯是件很麻烦的事。

从阿文的讲述来看，他有社交焦虑的表现。在人多的场合或面对陌生人时，生理唤醒水平升高，不能专心，感到笨拙和紧张。他非常关注别人怎样看自己，当众唱歌或发言时过分注重自我，经常会认为自己正在犯错误，自己的讲话听起来一定很愚蠢，自己的样子看起来也一定很傻，因而出现口误、结巴甚至出汗、发抖等反应。

有时候，社交焦虑者过于自我关注和紧张。一方面，导致自己想不出想说些什么，只好让谈话陷入沉默；另一方面，他们的紧张表现又会使交往对象感到压抑、不友好、不舒服，从而主动中断谈话。

需要说明的是，社交焦虑和性格内向不是一回事。像阿文一样，社交焦虑者中的大多数都愿意有更多的朋友，但是他们的羞怯使他们无法结识更多的朋友，许多愉悦的交往和潜在的友谊很可能因为交流的中断而被扼杀于萌芽状态。在遇到困难时，他们也很少向人求助，原因只在于他们害怕别人对自己的请求做出不友好的反应。社交焦虑者真正缺少的是自信，不相信自己能给别人留下好印象，他们总是担心别人怎么看待自己，担心对方会发现自己的愚蠢、无聊和幼稚（尽管事实并非如此）。对于负面评价的惧怕又常使得他们干脆选择了缄默这一自我保护的策略，根本不给别人对他们做出评价的机会。

心理学研究证明：适度的焦虑可以唤起人的警觉，促使人投入行动，是有利的。但是，一旦这种焦虑情绪影响每天的正常生活，就会成为一大心理干扰因素。

讨论：我们应如何区分性格内向和社交焦虑呢？如何评估社交焦虑的程度？各种专业量表是否可以提供有力的支持呢？应如何减轻社交焦虑？

【心理测试】

大学生人际关系综合诊断量表

亲爱的同学，请根据自己的情况以“是”或“否”回答以下 26 个问题。

1. 关于自己的烦恼，有口难言。
2. 和陌生人见面感觉不自然。
3. 过分地羡慕和妒忌别人。
4. 与异性交往太少。
5. 对连续不断的会谈感到困难。
6. 在社交场合感到紧张。
7. 时常伤害别人。
8. 与异性交往感觉不自然。
9. 与一大群朋友在一起时，常感到孤寂或失落。
10. 极易感到窘迫。
11. 与别人不能和睦相处。

12. 不知道与异性相处时如何适可而止。
13. 当不熟悉的人对自己倾诉他的生平遭遇以求同情时，自己常感到不自在。
14. 担心别人对自己有什么坏印象。
15. 总是尽力使别人赏识自己。
16. 暗自思慕异性。
17. 时常避免表达自己的感受。
18. 对自己的仪表（容貌）缺乏信心。
19. 讨厌某人或被某人所讨厌。
20. 瞧不起异性。
21. 不能专注地倾听。
22. 自己的烦恼无人可诉。
23. 受别人排斥与冷漠。
24. 被异性瞧不起。
25. 不能广泛地听取各种意见和看法。
26. 自己常因受伤害而暗自伤心。

计分规则与结果解释：大学生人际关系综合诊断量表

【能量补给】

1. 你在日常生活中常用的人际交往的心理效应有哪些？
2. 观察身边朋友，了解他们在人际交往中使用了哪些非语言交流技巧。
3. 你会通过哪些途经来提升你的沟通技巧呢？

【拓展阅读】

1. 图书《卡耐基沟通与人际关系》

该书作者为戴尔•卡耐基，他是美国著名演说家、作家和教育家，是国际著名励志大师。在本书中，他集中介绍了处理人际关系的基本技巧、六种使别人喜欢你的方法，以及如何让别人的想法和你一样。内容深入浅出，实用性强。

2. 电影《当幸福来敲门》

这部2006年上映的影片是由真实故事改编的，片中讲述了一位濒临破产、老婆离家的落魄业务员如何刻苦耐劳地担起单亲家长责任并且奋发向上成为股市交易员，以及最后成为知名的金融投资家的经历。该片不仅仅讲述了励志故事，还向我们展现了何谓有效沟通。

第七章　直面挫折　逆风飞翔——挫折应对

【学习目标】

知识目标：初步了解挫折及挫折反应的含义及构成，了解大学生挫折的来源及挫折应对方式。

能力目标：掌握应对挫折的方法，锻炼应对和处理挫折能力，提高抗挫能力和耐受力。

素养目标：面对挫折冷静应对，学会从挫折中学习成长。

思政目标：增强自我负责的意识，努力成为不畏艰难、勇往直前的社会主义建设者和接班人。

【思维导图】

思维导图：挫折应对

【案例导读】

小孙作为大一新生，入校前便从网络媒体渠道知晓，大学里不仅仅只有学习，还要多方面锻炼自己，为将来步入社会打好坚实基础。于是，一入校就积极踊跃地展现自己，军训期间积极申请加入班级临时负责人队伍，院系各项活动更是积极参加，平日为班级忙前忙后，事事以班集体为先，热心为同学们服务，感觉一切都在朝着自己想象中的样子进行，然而他却在班委竞选中落选了。小孙不解，自己做错了什么，同学们要这样对他……

屋漏偏逢连夜雨，在随后的院学生会纳新中，他也被中意的部门刷下来了。现在的小孙不想去上课，不愿见到同学，心情压抑到了极点……

以上案例中，小孙遭遇的种种不如意便是本章要讨论的主题——挫折。首先让我们了解一下挫折，然后共同学习大学生的挫折反应及应对方式，最后探讨提升挫折承受力的渠道与方法。

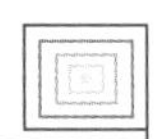

第一节 挫折概述

挫折和不幸是天才的晋身之阶，信徒的洗礼之水，能人的无价之宝，弱者的无底深渊。

——[法]巴尔扎克

一、什么是挫折

生活中，我们常常祝福同学、朋友“所得皆所愿”“万事顺意”，然而现实中，大学生成长路上，很难一切如愿，多多少少都会遇到些问题和困难，让我们感到紧张、焦虑、愤怒、压抑等，进而产生挫折感。挫折是指个体从事有目的的活动时，由于遇到阻碍和干扰，导致需要得不到满足时表现出的一种消极情绪状态。

微课：认识挫折

编者在日常心理咨询工作中发现，常常引发大学生挫折感的并非是他们遭遇的挫折本身，而是学生本人对挫折的认识。挫折包含以下三方面内容。

1．挫折情境

挫折情境是阻碍个体动机实现，使个体需要无法满足的情境，如考试不及格、对喜欢的人表白失败、和宿舍同学闹矛盾等。

2．挫折认知

挫折认知是个体对挫折情境的认知和评价，比如有的同学认为和同学闹矛盾是常有的事，正确处理好就行了；而有的同学则觉得自己就是一个处理不好人际关系的人，以后也处理不好。

3．挫折反应

挫折反应是个体在挫折情境下，基于挫折认知评价而产生的各种负面情绪反应或行为反应，如沮丧、抑郁、攻击、焦虑、逃避等。

这三者之间的关系可以用一句话来表述，即挫折情境引发个体挫折认知最终产生挫折反应，其中挫折认知起着至关重要的调节作用。

一般来讲，挫折情境越严重，挫折反应越强烈；反之，挫折反应就轻微。但是只有当挫折情境被个体感知到时，才会产生相应的挫折反应。如果出现挫折情境，而个体未意识到，或者即使意识到了但并不认为很严重，也不会产生挫折反应，或者只产生轻微挫折反应。因此，挫折反应的程度主要取决于个体对挫折情境的认知。

例如，同样都是遭遇驾照考试不及格，有人则认为自己太笨了，不适合学车，不适合考试，可能后面也很难考过；而有人则觉得无所谓，一次不行就下次再努力。因此，前者会产生较大的负性情绪反应，而后者则比较轻微。

由此可见，个体认知和评价的过程存在较大的个体差异性，挫折既可以培养人的坚强意志，引导人总结经验，汲取教训，使自己的追求得到完善和提高；但同时它又可能使人消沉、情绪低落，甚至诱发心身疾病。

【心理训练游戏】

认 识 挫 折

深呼吸，让我们闭上眼睛慢慢回忆一下生活中我们遭遇过什么样的挫折情境。我们对情境有什么样的认知呢？我们又产生了怎样的情绪反应？等等。

心理训练：认识挫折

讨论：4 ～ 6 人小组讨论交流——大学里“我”所经历的一次挫折。

请小组代表用两分钟的时间跟大家分享自己的挫折故事，并分析自己的挫折情境、挫折认知和挫折感受，如表 7-1 所示。

表 7-1　挫折三要素分析表

挫折情境 （如恋爱失败）	挫折认知 （如我不够优秀）	挫折感受 （如沮丧）

二、大学生挫折的来源

1. 新环境适应

这类挫折常发生在大一新生身上，因为大学的生活模式和高中有着很大的不同。高中阶段每天有做不完的模拟题，学习压力大，任务重，早晚有班主任监督，生活事务均由父母代劳打理，于是许多同学怀揣的信念是“考上大学就好了”，梦想中的大学是自由的、无拘无束的，所有时间、课程由自己安排；然而真正进入大学以后发现，学校有严格的校规校纪，学习不再是生活中的唯一，多才多艺、勇于表现自己的同学更受大家欢迎，生活也要全部自己安排……所有的这些变化让许多新生感到迷茫、无措。

2. 人际关系

目前大学生们普遍认识到，良好的人际关系是良好发展的基石，因此大家渴望良好的人际关系，渴望得到别人认同，尤其是对许多远离家乡的大学生来讲，远离父母，面对陌生的环境，更渴望拥有友情的呵护，期望自己在新环境里建立融洽、亲密的人际关系。但是随着学生们生理和心理日益成熟，自我意识迅速发展，大家在人际交往的过程中对个人空间和隐私等有了更高的要求，在这种需求下，使得同学们的人际交往中出现了对亲密的高需求与私人空间距离感的冲突，容易给大学生们带来较大的心理落差。还有许多同学因家庭行为习惯、价值取向等方面的差异，在人际交往中矛盾表现比较突出，个别同学因性格特点或道德素养方面的问题，导致被宿舍同学排挤，交不到知心朋友，因此把自己封闭、孤立起来，内心被孤独、焦虑情绪占据，产生了人际挫折。

3．自我认知

每个人的身体素质和能力水平不尽相同，有的因自己身材太胖而感到自卑，觉得自己体型不好；有的嫌弃自己容貌不够美，悲观失望；有的觉得学习成绩不够优异，找不到自己的位置；有的纠结自己没有演讲、唱歌等特长，不敢表现自己……当下的大学生们对自我的关注度提高，希望自己得到别人的认可和赞许，但往往又因为过于在意别人的评价而使内心受挫，产生一系列不良的挫折情绪反应。

4．学习

大学的学习模式与高中有很大改变，有些同学不适应这种由被动到主动的改变，学习的方法不得当，整天埋头死学，到头来学习成绩不理想，他们对学习的收获与自己的期望值相差甚远。也有部分同学进入大学后，目标定位太高，既要在学生会、社团里干得风生水起，学习上也要样样拔尖，但是现实的难以兼得让其有心无力，百感交集，内心萌发出一种莫名的焦虑感，高期望的落空让同学们产生严重的挫败感。

5．恋爱

大学生正处在情感不断丰富和成熟的特殊阶段，有着强烈的情感需求，对爱情的渴望尤为突出。比如，女生期待理想完美的恋爱对象，期待男生既体贴又要多付出，然而现实的反差导致了许多大学生不愿进入恋爱阶段。另外有些学生只能享受爱情的甜蜜，却承受不了失恋的痛苦。一旦失恋，自己不能及时调整失落的情绪，行为上容易走极端，会变得自弃、沉沦、颓废，甚至陷入无法自拔的地步。

6．求职与就业

每个大学生都希望自己能找到一份称心如意的好工作，尤其是人生的第一份工作大家都会特别谨慎地对待，希望自己一定要入对行。因此在寻找工作的过程中难免比较焦虑。另外每个人内心需求不一样，选择自然也不一样，有的人关注发展性，因此为自己量身定做适合自己的职位和发展方向；有的人则更多考虑现实问题；还有些同学不清楚自己的需求，习惯与同学比较，尤其是平日在学校里考试成绩不错的同学，习惯了在跟同学比较中获取满足感，而实际工作之间不具有可比性时，就不可避免地遭遇一系列挫折。

三、挫折的积极意义

人生中难免会有挫折，比如升学的失败、物质的匮乏、亲人的离去、朋友的背叛等。人们常说“人生不如意十有八九”，挫折会让我们感到痛苦和绝望，然而挫折也是一把双刃剑，当下的挫折只是暂时的，当我们勇于面对挫折时，适度的挫折可以帮我们驱走惰性，逆境中收获成长的机会。

1．挫折能够增强解决问题的能力

挫折作为刺激源，可以激发我们的心理预报系统，它要求我们要坚强，直面现实，反省自己，探究导致失败的原因，认真总结经验教训，进而寻找摆脱困境的方法。

2．挫折可以磨炼人的意志

学习走路的小宝宝，从爬到走经历了数次的跌倒。但是每一位小宝宝都没有放弃，继续努力。从扶着把手站起来，摔倒，到再次扶着站起来，一次又一次。终于有一天，他可以勇敢、独立地站起来，迈出他人生的第一步。挫折是我们迈向成功的催化剂，每一次挫折都会激发我们去学习、领悟处世为人之道，不断提高对自我的认识，并进行自我提升。

3．挫折能增强人的耐受力

当下大学生从小备受父母呵护，成长路上父母一路护航，很少遭遇挫折。进入大学，离开了父母的保护，不可避免地要经历一些挫折。面对挫折，许多大学生在一次次的挫折中增强了自己的耐受力，磨去了棱角，更加适应社会的发展。

第二节　大学生的挫折反应及应对方式

一、认识挫折反应

当人遇到挫折时，就会引起心理上的感受和反应，对人的生理、心理与行为带来相应影响，这种感受和反应在不同人的身上表现也不同。

1．挫折的生理反应

在挫折带来的强烈、持续的消极情绪作用下，人的神经、心血管、内分泌、消化等系统会出现反应，如心率加快、血压升高、呼吸加快、出汗等。如果紧张、焦虑情绪持续，会出现面色苍白、四肢发冷、心悸、气急、腹胀等症状，危害人的身心健康。

2．挫折的情绪反应

当遭受挫折时，常会表现为情绪的反应。有人反应过度，对鸡毛蒜皮的小事也做出很强烈的情绪反应，如发脾气、大哭大闹、怒不可遏；有人却反应较弱，一般人感到痛苦、惧怕或悲伤的事情，他却无动于衷、冷漠应对，或者在某些事情上，连正当的愤怒也不敢表示，过分压抑自己的情绪。最常见的挫折情绪反应有愤怒、焦虑、沮丧、失望、压抑、抑郁等。

【心理小贴士】

缓解不良情绪反应的方法

(1) 早上醒来，走向阳台或推开窗户，享受阵阵拂面清风，任凭风儿吹散那经过一夜休息却挥之不去的烦恼之网。

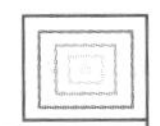

(2) 动用所有的器官,看见阳光,听见鸟鸣,感觉到毛巾的柔软,品尝早饭的美味,细细感受这些涌进大脑的信号吧。

(3) 练习一种简单的呼吸技巧,可用来平息因气愤而变得急促的呼吸,比如用 7/11 呼吸法。首先,从 1 数到 7,同时缓慢平稳地吸气,然后从 1 数到 11,并同样缓慢平稳地吐气。继续以这个节奏吸气及呼气,直到你的呼吸变得放松而有规律,引发焦虑的紧张情绪便自然得到平息。

(4) 构想一间静室。想象家中有这样一间房间,在你进去以后,再狂乱的内心也能变得平静如水。你会如何装饰这个房间?什么颜色能让这个房间拥有让人平静的能力,你会放置哪些小摆设?它们各自有怎样的意义?具体应该摆放在什么位置?最后,让宁静和安详充满整个房间。当你感到精神疲惫之时,便可造访存在于大脑之中的这个房间。

(5) 赦免消极想法。消极想法一旦出现,可以想象它是来投降的,接受它的示弱,然后打发它上路,并注意不要责怪它的存在。

3. 挫折的行为反应

挫折的外显行为反应因人而异,有积极的行为反应和消极的行为反应。消极反应中最常见的是攻击行为。

【心理小贴士】

心理实验:习得性无助

习得性无助 (learned helplessness) 是指重复的失败或惩罚而造成的听任摆布的行为,是指一种通过学习形成的对现实的无望和无可奈何的心理状态。

这种现象是美国心理学家塞利格曼 (Seligman) 1967 年在研究动物时提出的。实验将狗分为三组,放在三个地板充电的房间里。第一组狗被轻微地电击,但在它们旁边会有一个开关,只要碰一下,就可以停止电击。第二组狗也遭受电击,但它们没有任何方法阻止电击。第三组狗则完全没有电击。之后,把这些狗放进另一个用隔板隔开的笼子里,隔板的高度是狗可以轻易跳过去的。隔板的一边有电击,另一边没有电击。实验结果发现:电击时,第一组和第三组很快就跳出了隔板;第二组在电击时只是在原地哀号,这些狗就是"习得性无助"的受害者。

1975 年,塞利格曼把习得性无助的实验扩展到人的身上。他把挑选的大学生随机地分成三个小组。第一组大学生会被安排听噪声,不论他们做出什么样的举动,都不会让噪声消失;第二组大学生也会被安排听噪声,不同的是,他们可以通过自己的努力使噪声停止;第三组大学生被安排在一个安静的环境中,没有噪声的干扰。

当大学生在各自的环境中待了一段时间后,会被安排进行实验的下一个步骤。这个步骤中增添了一个实验设置,即手指穿梭箱。当大学生把手放到手指穿梭箱的一侧时,就会听到令人烦躁的噪声。但是当他们把手放到手指穿梭箱的另一侧时,这种噪声就会消失。

实验发现,第二组和第三组的大学生在听到噪声后,都会试图结束噪声,把手移到手指穿梭箱的另一侧。但是第一组大学生在听到噪声后显得有点儿无动于衷,他们不会把手放到"手指穿梭箱"的另一侧结束噪声的干扰,而是让噪声继续响下去。塞利格曼认为,第一组大学生已经产生了习得性无助心理,所以才会出现这种行为。

为证明习得性无助对日后学习有消极影响,塞利格曼又做了另外一项实验。他要求学生把下列的字母排列成字,比如ISOEN、DERRO,可以排成NOISE和ORDER。学生要想完成这一任务,必须掌握排列规律。实验结果表明,在实验中产生了习得性无助感的被试者很难完成排列任务。

二、挫折应对方式

现在,请大家想象一下这样的场景。

你正要去参加一个非常重要的约会,可却因交通堵塞被困在公交车上。交通堵塞非常严重,被困车辆排起了长龙,你从车窗向外望去,一眼望不到头,下车步行肯定赶不上约会了。

此时的你会想些什么呢?会做些什么呢?

会不停地叹气、烦躁?

会不停地探头望,期望事故早点被处理,交通早日通畅?

会无奈地闭上眼睛听音乐或者干脆睡觉?

会放弃坐车,自己下车去寻找另外的交通?

还是会观察其他人的衣着表情,来判断他们的职业,推测他们的心情来消磨这段无聊时光?

……

当我们遭遇不愉快事情的时候,为了使自己的情绪恢复平衡,减轻或消除由于挫折而带来的精神上的焦虑、痛苦、烦恼和不安,使自尊心免受伤害,人们会自觉或不自觉地采取一些自我保护的方法和策略,把自己与现实的关系做某些调整和改变,使自己比较容易接受,或来缓解处理当前的矛盾与冲突,这种在人内部心理活动中具有的有意或者无意地解脱烦恼,减轻内心不安,以恢复心理平衡与稳定的自我调节和自我保护的方式,称为心理防御机制。心理防御机制一般可分为积极的心理防御机制和消极的心理防御机制。

1. 积极的心理防御机制

1)认同

认同是指个体在现实生活中无法获得成功时,将自己比拟为某一成功者,将他所钦佩或崇拜的人的特点当作自己的特点,作为自己行为的一部分去表达,借以掩盖自己的缺点和短处,以减轻挫折产生的痛苦;或者迎合能满足自己需要的人,按照他们的希望去支配自己的思想和行动来冲淡自己的挫折感,并以此求得内心的满足。例如,同学们常以一些历史名人、社会名士、教师或者同学作为励志效仿对象,进行积极的自我激励与暗示。

认同分为两种。一种是近似模仿。例如,在日常生活中,小女孩模仿母亲穿高跟鞋的样子;高官显贵的子女常以父辈之尊为己尊,遇到挫折则自抬身价,以泰然自若的神态消除尴

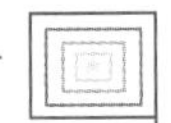

尬。另一种是利用别人的长处，满足自己的愿望和需求。例如，一个女孩喜欢和漂亮女孩做朋友，她可以为别人夸奖她朋友而感到自豪。

2）升华

升华是指将个体一些压抑的本能行动如饥饿、性欲或攻击的内驱力转移到一些人们可接受的或社会所接纳的活动上来，是一种最积极的、富有建设性和创造性的行为反应。例如，有打人冲动的人，借锻炼拳击或摔跤等方式来满足自己的心理需求。即个体把痛苦化为具有建设性的动力，将低层次的需要和行为上升到高层次的需要和行为，把情感和精力投入有利于社会和他人的活动中，在重大挫折面前重塑自己的人生价值。

例如，一生命运多舛的西汉文史学家司马迁，因仗义执言，得罪当朝皇帝，被判处宫刑。在狱里，他撰写了《史记》。此外还有屈原被放逐赋《离骚》，左丘失明写《左传》，孙膑跛脚修《兵法》等，他们都是生活中的坚强者，将自己的"忧情"升华，为后世开创一个壮观伟丽的文史境界。

3）补偿

补偿是个体因生理上某方面的缺陷、心理上不适应或者个体条件不足而使目标无法实现时，以新的目标代替原有目标，以其他方面的成功来补偿因失败而丧失的自尊与自信，进而减轻挫折感和不适，实现心理平衡。"失之东隅，收之桑榆"就是这样一个例子。比如某大学生在班级竞选中落选，没有机会表现自己的能力，于是自创社团有了优异的表现；有的同学学习成绩一般但绘画才艺出众，赢得了大家的好评，使自己内心得以满足。

4）幽默

幽默是一种较高级的防御机制。当一个人遇到挫折时，常可用幽默来化解困境，维持自己的心理平衡。它与诙谐、说笑话有所不同，幽默允许一个人承担及集中注意于困窘的境遇上，而诙谐、打趣的话则可引起分心或从情感上转移话题。例如，大哲学家苏格拉底有位脾气暴躁的夫人，有一次，当他在跟学生讨论学术问题时，听到叫骂声，他夫人提着水桶过来往他身上一浇，弄得他浑身湿透了。在场的人都非常尴尬，可是他却微微一笑说："我早知道电闪雷鸣之后，一定会有倾盆大雨。"本来很尴尬的局面，经此幽默就自然化解了。

2．消极的心理防御机制

消极心理防御机制是指当个体遭受挫折后所表现出来的强烈情绪色彩的非理性行为，比如压抑、攻击、逃避、退行、否认、合理化、投射等。

1）压抑

压抑是最基础的一种防御机制，指个体把意识不能接受的观念、欲望、冲动、情感或行为在不知不觉中压抑到无意识中，使自己意识不到，不去回忆，主动遗忘。比如，许多同学讲到某段不愉快经历时，经常提到"我想不起来了，具体事情不记得了"。个体在面对不愉快的情绪时，不知不觉有目的地遗忘，这与时间久而自然忘却的情形不一样。例如，我们常说"我真希望没这回事""我不要再想它了"；或者在日常生活中，有时我们做梦、不小心说漏了嘴或偶然有失态的行为表现，这都是压抑的结果。

压抑有时也会导致失去记忆。例如，有一些曾遭受极度悲伤或目睹惊恐事件的人，会把那次经历忘得一干二净，无法再回想起来。比如遭遇车祸死里逃生的人、失恋的人等在事件过后，以失去记忆来免去面对的痛苦与悲伤。

当然不是每一次的压抑都会导致失去记忆，只有个人主观认定极端可怕的经历，才会导致失去记忆。不过有些事情还是"忘记了最好"，因此适度的压抑有利于情绪的调整。但长期频繁的压抑，使得在后面的生活中一丁点儿的小事情就可触发曾经压抑的情感体验，进而遭遇更强的挫折与心理不适。

2）攻击

攻击是个体在遭受挫折后，在情绪与行动上会产生一种对有关人或物的攻击性的抵触反应，以消除来自挫折的痛苦。攻击有两种形式。一种是直接攻击，将愤怒的情绪直接导向造成其挫折的人或物，比如同学之间的打架斗殴、损害公物等。另一种是转向攻击，不能将愤怒的情绪直接导向造成其挫折的人或物，而只能转向自己或第三者，即向"替罪羊"发泄受挫情感。转向攻击通常在两种情境下发生：一是对自己缺乏信心、悲观失望，于是受挫后产生自责，把攻击转向自己；二是由于觉察到不可能或者不应该对引起挫折的对象直接攻击，而把挫折的情绪发泄到其他人、物上，比如某女生跟男友吵架后，把怒气发泄到宿舍舍友身上等。

3）逃避

逃避是指个体受挫后，不敢面对自己所预感的挫折情景，而逃避到比较安全的环境中去的行为。如现实人际关系不好，则沉溺于网络社交虚拟游戏中，满足自身的社交需求。大一新生常常因对新环境的不适应，而产生各种不喜欢所在学校和专业的状况，进而产生退学、复读等行为；一次上台表演失败了，便从此再也不参加任何抛头露面的活动；一次恋爱失败了，就再也不敢谈恋爱了。

4）退行

退行是指个体受到挫折时，表现出与自己年龄、身份极不相称的行为或者盲目轻信他人等。表现出这种行为方式的学生对自己缺乏信心，看不到自己的力量，像孩子一样依赖他人。例如，新生报到当天，我们可以看到部分大学生从报到到床铺、生活用品整理都要父母代劳；父母告别要离开学校时，有的大学生拽着父母胳膊，哭诉着央求他们别离开，就像一个十分幼稚的小孩；还有大学生军训期间因辛苦而跟父母哭诉、撒娇等，这些都是典型的退行。退行也常发生于我们日常生活中，平常受到惊吓时，有时我们会大叫一声"妈呀！"，或夫妻吵架，妻子跑回娘家向母亲哭诉，都是退行行为。

当人长大成人后，本来应该运用成人的方法和态度来处理事情，但在某些情况中，由于某些原因，采用较幼稚的行为反应，并非不可。例如，女生在男朋友面前撒娇等，偶然"倒退"，反而会给生活增添不少情趣与色彩。但如常常"退化"，使用较原始而幼稚的方法来应对困难，利用自己的退化行为来争取别人的同情与照顾，用以避免面对现实的问题与痛苦，其退行就不仅是一种现象，同时也是一种心理症状了。

5）否认

否认是一种比较原始而简单的防御机制，借着扭曲个体在创伤情境下的想法、情感及感觉来逃避心理上的痛苦，或“否认”不愉快的事件，当作它根本没有发生，来获取心理上暂时的安慰。“不可能，这种事不会发生在我身上。”“我怎么会有心理问题呢，绝对不可能的事情。”当我们对眼前的行为结果不接受时，我们本能的反应是表现相反的行为来平缓自己内心的焦虑。这种现象在日常生活中处处可见，比如，小孩子摔坏东西后，捂上双眼，许多人面对绝症或亲人的死亡，就常会本能地说“这不是真的”，用“否认”来逃避巨大的伤痛。个别同学高考成绩出来了，发现自己的成绩与自己的预估差别很大，坐在计算机前可能直接待在那里了，不相信自己的眼睛，怀疑是不是查错考号了；反复校对几遍，做出的反应还是觉得不可能，怀疑教师是不是错判了试卷；等等。

6）合理化

当我们的目标未能实现或行为不能符合社会规范时，尽量搜集一些合乎自己内心需要的理由，给自己的行为一个合理的解释，以掩饰自己的过失，以减免焦虑的痛苦和维护自尊免受伤害，此种方法称为“合理化”。在人生的不同遭遇中，除了面对错误外，当我们遇到无法接受的挫折时，短暂地采用这种方法以减除内心的痛苦，避免心灵的崩溃，并无可厚非，不过，个人如常使用此机制，借各种托词以维护自尊，则不免有文过饰非，欺骗别人也欺骗自己之嫌，终非解决问题之道。

【心理小贴士】

“合理化”三方式

(1) 酸葡萄心理。当自己所追求的东西因自己能力不够而无法取得时，就加以贬抑和打击，就像伊索寓言里的那一只狐狸，看到了架上长满了的成熟葡萄，想吃，但因架子太高，跳了数次都摘不到，而无法吃到葡萄，硬说葡萄是酸的，不想吃了。在日常生活中这样的例子也很多，例如，某学生高考失利而考取了一所一般大学，就说：“宁当鸡头不当凤尾，没考上名牌大学更好，那里竞争激烈，说不定学习要拼命才能跟上趟，而在一般大学学习，说不定我轻轻松松地读书就可名列前茅。”一同学恋爱分手了，自己虽然内心痛苦至极，却带着一副无所谓的表情说：“旧的不去新的不来，我还不稀罕他呢。”

(2) 甜柠檬心理。此方法是指企图说服自己和别人，自己所做成或拥有的已是最佳的抉择。我们面对生活中所发生的一些不如意的事，努力去强调事情美好的一面，以减少内心的失望和痛苦。如找了个相貌平平的女朋友，说主要看气质；选了个不善言辞的男朋友，说他忠厚老实。这种“塞翁失马，焉知非福”“知足常乐”的心态，有时适当地运用，能协助我们接受现实，但这种方法如过分使用，会妨碍我们去追求生活的进步。

(3) 推诿。个体将自己的缺点或失败推诿于其他理由，找人担其过错，个人免于遭受内疚、痛苦、焦虑等情绪。例如，考试没考好，不承认是自己准备不足，而说考试时身体不好或说考题超出范围；打人说是自卫；喜欢应酬、饮酒作乐，说是为了生意或工作在联络感情；球赛输了，说场地不好，裁判不公；教师体罚学生说“爱之深，责之切”，不会划船说“溪窄”

等，都很传神地表现了推诿的作用。

7）投射

投射是指个体在遭遇挫折后，为了保护自尊，减轻焦虑和痛苦，将自己内心那些不能为社会规范或自我良心所接受的感觉、欲望、冲动、态度、意念等投射到别人身上或外部世界去，断言别人是这样的，以某种借口、态度、念头来保持心境安定。“以小人之心，度君子之腹”说的就是投射现象。

【心理训练游戏】

成长三部曲

活动介绍如下。

小鸡的成长需要完成三步：①全蹲——鸡蛋；②半蹲——小鸡；③站立——大鸡。

组员们最开始都是鸡蛋，然后找同为鸡蛋的组员用石头剪刀布形式决胜负，赢了的便成长为小鸡，小鸡找与自己一样的小鸡PK成长为大鸡，输了的小鸡又变回鸡蛋，重新找另外的鸡蛋PK，大鸡之间的PK方式类似，赢了的可以回到自己的位置上，输了的又变回小鸡。最后的状态是三种状态各一位，其他全部进化完毕。

讨论：

1. 在活动过程中你有哪些情绪和感受？
2. 当你输了退回到上一步时，你是怎么想的？
3. 频繁输掉多次，被打回原形时，感受如何？
4. 跟组员分享活动中自己运用到的心理防御机制有哪些。

第三节　挫折承受力及其提高方法

挫折承受力是抵抗挫折而没有不良反应的能力，即个体适应挫折、抵御和对付挫折的能力。个体挫折承受力有明显个体差异，有的人遇到一点挫折便感到悲观、失望、颓废，有的人即使遇到很大的挫折仍意志坚定、愈挫愈勇。

一、挫折承受力的影响因素

1. 身体因素

生理上的疾病或缺陷会使人更加脆弱，四肢健全的人面对周围人议论残疾人可以毫不在意，但是身患残疾的人可能就会比较敏感，听着非常不舒服。

2. 社会经验

挫折承受力是个体生活适应过程中习得的能力，是可以随着生活和经历不断提高的。经过实习锻炼的大学生可能要比初涉社会的大学生要更容易直面挫折，挫折反应也会相对小一点。

3．个性特征

个性是一个人所具有的意识倾向性和较稳定的心理特征的总和。一个人的性格特征、个人兴趣、世界观、价值观都对挫折承受力有重要作用。性格开朗、乐观、坚强、自信的人，相较于性格孤僻、悲观、懦弱、心胸狭窄的人，其挫折承受力要高得多。

4．认知因素

我们对周围事物的想法和观点会对挫折承受力产生影响。挫折发生后，不同人对挫折的认知会产生不同的情绪，进而产生这样或那样的心理行为反应。对于同样的挫折情境，有人会觉得不值得一提，有人却觉得天都要塌下来了。归结原因，其实在很大程度上就是因为个人的认知方式不同。

5．挫折频度

个体在一段时间内频繁遭遇挫折，挫折的承受力则会降低。比如，活泼开朗、大大咧咧的小丽最近刚与男友分手，心情郁闷的她英语考试又挂科了，烦躁的她因宿舍舍友不经意的一句玩笑话就火冒三丈，与舍友吵了一架，情绪彻底崩溃。屋漏偏逢连夜雨，平日看起来极小的挫折情境，却在当下成了压倒小丽的“最后一根稻草”。

6．社会支持度

社会支持主要是指个体在社会上获得情感支持的来源，通常包括家人、亲戚、朋友、教师等。若一个人家庭幸福，朋友众多，当遭受挫折的时候，可以有对象倾诉，同时可以帮助其想办法，其痛苦程度便会减轻，挫折承受力自然也就会比较高。反之，则挫折承受力就会比较弱。

【心理小贴士】

二十四年“替补”，终圆航空梦

伴随着神舟十五号乘组航天员记者见面会的召开，邓清明的名字得到了社会的热议与支持。

1998—2021 年，他是经历三次备份未执行过飞天任务却仍在现役的航天员。

2010 年，邓清明入选强化训练队，成为神舟九号飞行任务备份航天员。然而遗憾的是，最终邓清明落选了。神州九号落选，邓清明没有气馁，他把神州九号的经历当作一次积累，继续努力备战。

神舟十号任务，最后他因为微乎其微的分差再次与梦想擦肩而过。

神舟十一号任务，邓清明再次作为备份航天员来到酒泉卫星发射中心。这次，是他离飞天梦想最近的一次。在备战的三年里，他完成了和主份同样数量、同样标准的训练。然而发射前一天，总指挥部宣布由景海鹏、陈冬执行神舟十一号任务。邓清明说当时听到结果的时候懵了一下，但仍转过身面对战友景海鹏，紧紧地抱住了他，说了一句："海鹏，祝贺你！"

三次备份、三次与梦想擦肩而过，作为航天人没有过多的时间来失落和沮丧，需要他抛开过去，放空自己，以从零开始的心态重新迎接新的挑战。"宁可备而不用，决不用而无备"。这是邓清明常说的一句话。这是他的人生信仰，也是他的真实写照。

2022 年 11 月 28 日，中国载人航天工程办公室发布消息，由费俊龙、邓清明、张陆 3 名航天员执行神舟十五号载人飞行任务。

为了这一天，他备战了 24 年！

二、提高挫折承受力的渠道

挫折是每个人生命必经的一段历练，正如化茧成蝶、丑小鸭变天鹅一样，正是因为有了生命中的历练，他们才会得以蜕变，成就自身的美丽。挫折是我们大学生成长道路上的必修课，如何利用好这堂课，充分将这堂课变成自身成长的资源，这才是至关重要的。

1. 正确认知，乐观面对

心理研究结果表明，一个人越能够获得与挫折事件相关的信息，就越能够有效处理它；越是参加到他怕"面对的挫折情境"中去，就越能够有效地对付这种情景。可见，个体对挫折的反应和承受力不仅取决于挫折情境，更重要的取决于其对挫折的认知。

面对挫折，我们要努力正视和接纳挫折。乘坐电梯的案例警示我们：悲观的人想到的是"真倒霉，怎么轮到我就上不去了"；乐观的人则欣然面对这一结果，笑一笑，告诉自己"没关系，下一趟我是第一个进去的人"。思想转变了，心态也会跟着转变。面对狂风暴雨，你可以从容地弯下身子保护自己，也可以抗拒它导致狼狈不堪，娇嫩的树枝在暴雪重压之下不愿低头，最终会因为承受不了而被压断。然而生活中我们很难看到一棵柏树、松树等常青树被大雪或冰雹压倒，因为它们知道如何去顺应，知道怎样弯下它们的枝条，如何去适应那些不可避免的恶劣情况。生活中我们要学会像杨柳一样柔顺，去笑着接纳挫折，而不是去反抗生命中那些诸多的不顺。

【心理小贴士】

没有过不去的坎

生活中，请努力去看生命中美好且值得关注的一面，永远没有过不去的坎，请铭记：

你改变不了环境，但你可以改变自己；

你改变不了事实，但你可以改变态度；

你改变不了过去，但你可以改变现在；

你不能预知明天，但你可以把握今天；

你不能样样顺利，但你可以事事尽心；

你不能左右天气，但你可以改变心情。

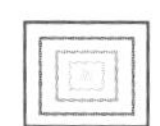

2．善于运用积极成熟的心理防御机制

心理防御机制是一种自发的心理调节机能，它在一定程度上能够帮助人们提高和保持自尊，使人适应挫折，减轻精神痛苦，促进自身发展；但是如果过度使用或使用不当，不仅减轻不了挫折反应，反而会使人逃避现实，降低对生活的适应能力，从而经受更多的挫折，进而产生心理疾病。因此合理运用心理防御机制可以有效缓解个体情绪上的痛苦，提高挫折承受力，为人们最终战胜挫折提供条件，特别是多运用积极、成熟的心理防御机制；认同、补偿、幽默等可以帮助人们正视挫折，客观分析挫折产生的原因，总结经验教训，战胜挫折，使人们更好地面对现实，积极进取。

【心理训练游戏】

三 件 好 事

(1) 每晚就寝前，安心静坐片刻，回想一下白天发生的事。

(2) 想出三件令你感到满意、快乐或感恩的好事，事情可大可小，训练自己去发现生活中点滴善意、纤小的美和人间温暖。

(3) 将它们一一写下来，再细细回味这三件事带给你的美好感受，让自己沉浸其间。

3．合理客观的归因方式

生活中，人们经常会对我们行为的成功与失败进行归因，归因是指人们对他人或自己行为原因的推论过程。具体地说，就是观察者对他人的行为过程或自己的行为过程所进行的因果解释和推论。

具体可分为内归因、外归因和综合归因。内归因将行为归因于如人格、品质、动机、态度、情绪、心境以及努力程度等个体内部因素。外归因，又称为情境归因，是指将行为原因归于行为或事件发生的外部条件，包括背景、机遇、他人影响、工作任务难度。然而在许多情境中，行为与事件之发生并非由内因或外因单一因素引起，而兼有二者的影响，这种归因称为综合归因。

在归因过程中形成的归因倾向对人的心理承受力有非常大的影响。在成败归因中，成功时，个体倾向于内归因；失败时，个体很少用个人特征来解释，而倾向于外归因。比如有的学生认为成绩好归结于自己的努力、聪明，而成绩差则是因为教师的教学水平不高、运气不好、教师命题、评分等不可控因素，而不去努力克服困难，改变失败处境。成功内归因有利于自我价值的确定，失败外归因，减少自己对失败的责任则是一种自我防卫。在竞争条件下，个体倾向于把他人的成功外归因，从而减少他人成功对其带来的压力，如果他人失败了，则倾向于内归因。对他人的成败归因，个体均明显地使自己处于有利位置，以保护自我价值，这种倾向叫动机性归因误差。

因此，大学生们要多多收集事件信息，客观了解原因所在，合理科学地进行归因，避免归因的片面性，面对责任，敢于承担，同时也要克服过分承担的倾向，避免过多自责带来的挫折感。

【心理训练游戏】

挫折归因练习

我最近一次遭受挫折的时间是________________________________。

我遭受的挫折是________________________________。

分析挫折产生的原因，我发现：

内部原因（主观原因）是________________________________。

外部原因（客观原因）是________________________________。

心理训练：挫折归因练习

4．充分挖掘社会支持资源

遭遇挫折的时候，人会变得脆弱而敏感，此时尤其需要他人情感的支持，能有一个对象让我们放心地去倾诉，真诚地陪伴自己。因此在遭遇挫折时，能够求助并获得他人的支持，是一项至关重要的能力。

社会支持系统是我们的情感支持后盾。心理学研究发现，一个人与他人一起处在挫折压力中时，可以降低消极情绪体验。因此我们在面对挫折时，与同学互动过程中相互了解、相互鼓励、相互依赖，也可以有效地提升挫折承受力。此外，在生活中我们还要不断积累和挖掘比如家人、舍友、朋友、教师、社团同伴、网络、心理咨询机构等情感支持资源，来提升挫折承受力。尤其需要强调的是，当个人遭遇重大挫折而难以承受时，应当优先选择心理咨询求助。

5．不断增强自我效能感

自我效能感是个体对完成特定任务所具有的行为能力的自信程度。通俗来讲，就是“我能行”“我可以做到”的坚定信念。

当我们在接受一个任务或者遇到了困难时，我们常常会问自己：“以我的能力能应付眼前的困难吗？”对于这种问题的回答往往决定了一个人解决问题的方式是消极逃避还是迎难而上。因此，不断增强自我效能感有利于培养抗挫折能力。

【心理小贴士】

自我效能提升的四种方法

（1）积累成功经验。学会发现自己微小的成功。生活中从自己擅长的事情做起，从小事做起，让自己不断感受到成功的体验，慢慢积累这种成功的体验。

（2）找到成功榜样。寻找自己敬佩的榜样，了解并学习其成功的经验。

（3）寻求正面反馈。如果能被重要的人肯定或赞许，如父母亲、老师、朋友等，或在求学经历中被接纳、欣赏、关心、称赞、重视，就容易建立起积极的自我效能。

（4）锻炼身体。成功的运动习惯、强健的身体信息都能提升自我效能，学会分辨负面的身体和情绪信息，就可以将身体不适与能力不达区分开来。

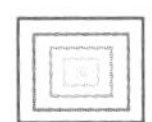

6. 搜寻让自己快乐起来的方式

运动是调适情绪的好办法之一。运动时分泌出来的内啡肽可以让人感到快乐,因此可以加入一些体育运动的社团,或者在情绪低落时选择到操场跑几圈,大汗淋漓后的平静会让自己的心情变得不错。还有许多缓解情绪转移注意力的方法,比如放松冥想、听音乐、大声歌唱、吃甜食等。

古人云:“天将降大任于是人也,必先苦其心志,劳其筋骨,饿其体肤,空乏其身,行拂乱其所为,增益其所不能。”人生难免会遇到挫折,没有经历过失败的人生不是完整的人生。没有河床的冲刷,就没有钻石的璀璨;没有挫折的考验,就没有不屈不挠的人格,让我们一起乐观面对、接纳挫折吧!

【案例讨论】

李军,中南民族大学2014级博士研究生,2016年第十一届中国大学生年度人物。

他留着小平头,戴着宽边眼镜。从外表看,这位博士和同龄人没有多少差别,然而他的“求学历程”却震撼了许多人……

李军出生在湖北省利川市一个贫困山村家庭。从小学开始,李军成绩始终保持在班上第一名。初二时,他还获得了全国英语竞赛二等奖,这是他所在的三教寺中学有史以来获得的最高奖项。然而,中考前一场突如其来的重病让他错失中考。

为圆读书梦,他选择去离家50千米远的高中求学,素不相识的校长被这个怀揣读书梦的山村少年感动,不仅特招了他,还减免了高中3年学费,激励他用心学习,考上大学。入学后,因家里农作物连续3年遭遇自然灾害,加上母亲患有严重风湿病要人照顾,家里常常穷得揭不开锅,为此生活拮据的李军四度辍学,每次都是靠老师和同学的捐款加上自己半工半读挺过来。直到现在,他就读高中的许多老师都记得,有个家境贫寒,夏天只穿草鞋,冬天不穿袜子的贫寒学子,一直稳居学校年级前三名。

2007年,李军以全班第一名的成绩考上了淮北师范大学(时为“安徽师范大学淮北分校”)。为减轻家里负担,李军选择了北京一所“学费全免、奖学金做生活费、保证毕业就业”的职业院校。但到北京后,李军才发现被学校骗了——不仅不提供奖学金,更不减免学费,也不是之前所说的“统招生”,想到离家时父母的兴奋与期冀,李军瞒住家里,一边打工赚钱一边读书。最终在2008年3月,李军因交不起学费被学校开除。

身处异地他乡,没住处、没学历,他选择到臭豆腐厂做杂工。在如此艰难的环境下,李军咬牙报了自考专科和本科。从此,不管白天如何劳累,晚上他都会在宿舍看自考教材,同宿舍的工友讥讽他不自量力,妄想出人头地。面对工友的冷漠,李军默默激励自己:“即使低到尘埃里,我也不愿放弃梦想。”即便如此,命运也没有偏爱李军,在一次忙完工作偷偷看书的时候,李军被臭豆腐厂主管抓住,并以“不务正业”的理由开除。在这之后,他先后卖过猪肉,当过保安,干过搬运工。无论怎样艰苦,他都坚持学习。

功夫不负有心人,正是李军坚持学习的信念让他用了两年时间,顺利通过了50多门考试，以超过80分的平均成绩拿到了自学专科、本科毕业证和学士学位证。

2010年6月，捧着大学毕业证的李军告诉父亲，他想考研。然而，命运再一次跟李军开了一个玩笑。2011年，因连续多日熬夜奋战和严重营养不良，李军在研究生入学考试中高烧，最终与研究生擦肩。考研结束后，李军一度消沉，人消瘦到不足90斤。在最失落的时候，是一摞摞考研复习资料、一段段求学记忆激发了他的求学斗志，他决定再来一次。终于在2012年，李军顺利考上了中南民族大学农村与区域发展专业的研究生。两年后，他继续在校攻读博士学位。

李军在求学路上忍饥挨饿，战胜病魔，不倦追求，最终破茧成蝶，梦圆博士。

讨论：

1. 李军都遭遇过哪些挫折？
2. 他采用的心理防御机制是什么？
3. 李军的求学经历给你带来什么启发？

【心理测试】

心理承受力水平测试

亲爱的同学，请根据你的实际情况做出“是”或“否”的回答。

1. 你认为自己是个弱者吗？
2. 你是否喜欢冒险和刺激？
3. 你生活在使你感到快乐和温暖的班级吗？
4. 如果现在就去睡觉，你担心自己会睡不着吗？
5. 生病时你依旧乐观吗？
6. 你是否认为家人需要你？
7. 晚睡两个小时会使你第二天明显精神不振吗？
8. 看完惊险片很长一段时间内，你一直觉得心有余悸吗？
9. 你常常觉得生活很累吗？
10. 你是否有一些无话不谈的知心朋友？
11. 当考试成绩不理想时，你会感到非常沮丧吗？
12. 你认为自己健壮吗？
13. 当你与某个同学闹意见后，你一直无法消除相处时的尴尬吗？
14. 大部分时间你对未来充满信心吗？
15. 你有一个关心、爱护你的家吗？
16. 当你在课堂上回答不出问题时，你在课后还会久久地感到烦恼吗？
17. 每到一个新地方，你是否常常会出现问题？如吃不下饭，睡不着觉，拉肚子，等等。
18. 即使在困难时，你还是相信困难终将过去吗？
19. 你明显偏食吗？

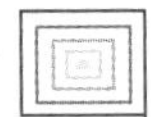

20. 当你与父母发生不愉快时，你是否曾想离家出走？
21. 你是否每周至少进行一次所喜欢的体育活动，如登山、打球、游戏等？
22. 你觉得自己有些神经衰弱吗？
23. 你认为教师喜欢你吗？
24. 心情不愉快时，你的饭量和平时差不多吗？
25. 看到苍蝇、蟑螂等讨厌的东西，你感到害怕吗？
26. 你相信自己能够战胜任何挫折吗？
27. 你是否常常与同学们交流看法？
28. 你常常因为想心事躺在床上久久不能入睡吗？
29. 在人多的场合或在陌生人面前说话，你是否感到窘迫？
30. 你是否认为你经历的挫折与其他人相比根本算不了什么？

计分规则与结果解释：心理承受力水平测试

【能量补给】

1. 最近遇到过生活或学习上的挫折吗？你是如何应对的呢？

2. 结合你的应对方式，请总结一下你常用的心理防御机制是什么，并确认它们是积极的还是消极的。

3. 请你回顾一次成功应对挫折的经历吧，这次成功的经历使你有怎样的收获呢？

4. 你会做些什么来提升你的挫折承受力呢？

【拓展阅读】

图书《终身成长》

在对成功的数十年研究后，美国斯坦福大学心理学家卡罗尔·德韦克发现了思维模式的力量。她在书中表明：我们获得的成功并不是能力和天赋决定的，更受到我们在追求目标的过程中展现的思维模式的影响。

她介绍了两种思维模式——固定型与成长型，它们体现了应对成功与失败、成绩与挑战时的两种基本心态。你认为才智和努力哪个重要？能力能否通过努力改变？你是会满足于既有成果还是会积极探索新知？只有用正确的思维模式看待问题，才能更好地达成人生和职业目标。

德韦克揭示的成功法则已被很多具有发展眼光的父母、教师、运动员和管理者应用，并在实践中得到了验证。通过了解自己的思维模式并做出改变，人们能以最简单的方式培养对学习的热情，和在任何领域内取得成功都需要的抗压力。图 7-1 为图书封面。

图 7-1 《终身成长》图书封面

第八章　解码爱情　爱中成长——恋爱与性心理

【学习目标】

知识目标：了解爱情三要素及依恋模式，了解恋爱与性心理的常见心理问题。

能力目标：提升维持健康恋爱关系的能力，学会应对恋爱与性心理问题。

素养目标：培养健康的恋爱与性心理，促进自身心理健康发展。

思政目标：树立正确的恋爱观，培养学生爱人爱己的能力，提升大学生的责任意识。

【思维导图】

思维导图：恋爱与性心理

【案例导读】

小佳因失恋来心理咨询室求助，说前几天和男友吵架，男友提出了分手。小佳十分伤心，不知道该怎么办了，遂来此寻求帮助。问起吵架原因，小佳因担心男友与其他女孩交往，总是时不时检查男友手机，且经常让男友不断证明是爱自己的，要考验男友在他的生活里是最重要的。恋爱前期，男友都会耐心地跟她交流，给她回应，但小佳的要求越来越多，甚至无理取闹，最终男友在吵闹中表示小佳让他感觉十分心累，不想继续下去了……

小佳深知是自己的原因，但是又控制不了自己，男友的分手让自己很恐慌、无助。

小佳的故事是不是也在你的身边上演？那么，我们不禁思考，小佳为什么要执着地要求男友表达爱自己呢？在本章中，让我们一起探索大学生恋爱密码，帮助大家认识爱情，树立正确的大学生恋爱观，妥善处理恋爱与性心理问题。

第一节　探寻爱情密码

爱情是人与人之间最亲密的社会关系，爱情不单单是年轻人的事，在生命发展全过程的成熟阶段均会产生爱情。大学生正值青春妙龄阶段，此时的爱情格外激烈、迷人。当青春携着爱情而来，我们不禁要思考：爱情到底是什么呢？

一、爱情是什么

生理学家认为爱情是大脑分泌某种物质的结果。人类学家发现,在大脑底部附近的腹侧背盖区的 ApEn 细胞制造了一种天然的兴奋剂——多巴胺,这是产生爱情的物质基础。爱情在本质上兼具有生理性和社会性,生物属性在爱情中有一定的基础和动力作用。但人并不是完全受本能驱使,引导我们行为的更强大的力量是人的社会属性。爱情是生理、审美、道德、社会交往、精神等多方面的融合,是男女之间基于共同的生活理想,在各自内心形成的相互倾慕,并渴望对方成为自己终身伴侣的一种强烈、纯真、专一的感情。

心理学家对爱情的定义包含了对亲密关系的认知、情绪和行为,从生理、态度、特性等方面进行研究。如精神分析学派创始人弗洛伊德认为爱情是由性引发的情感;鲁宾将爱情定义为对某一特定的他人所持有的一种态度;人本主义心理学家卡尔·罗杰斯说:爱是深深理解和接受。而马斯洛则认为爱是人的一种复杂的、高层次的需要。

二、爱情与喜欢

许多交往中的大学生常常会想起一些问题:我是不是已经在恋爱了?我和他(或她)交往有没有进一步的可能?我觉得我们只是朋友,但是别人怎么说我们是一对呢?这个问题确实不太容易回答。鲁宾(1970)认为喜欢一个人有两个最主要因素:一是人际吸引的双方有共同的理解,二是喜欢的主体对喜欢的对象有积极的评价和尊重。而爱情包括依恋、关怀与奉献、亲密三个最主要的因素。要了解爱情与喜欢的不同,我们可以做以下对比说明(表 8-1)。

表 8-1　爱情与喜欢的不同

类　别	爱　　情	喜　　欢
唤起因素	对他人的幻想	对他人的现实评价
感情强度	比较狂热、激烈,与许多相互冲突的情绪有联系	单纯的情感体验且比较平稳、宁静
与性的关系	与性欲、性幻想等需要有关	不涉及这方面的需要
是否排他	独占性和排他性	互相帮助,共同分享

虽然爱情与喜欢是不同的,但有一点可以确定的是:爱情必须以喜欢为基础,但喜欢不一定就是爱情。喜欢是一种亲近的关系,而爱情则是一种亲密的关系,由亲近发展到亲密还是有一段距离的。

三、爱情三角理论

美国心理学家罗伯特·斯腾伯格运用定量与定性分析相结合的研究方法,在进行大量文献综述和实证研究的基础上提出了爱情三角理论(triangular theory of love),他指出爱情这一概念都应有三要素构成,即亲密(familiarity)、激情(enthusiasm)和承诺(commitment)。

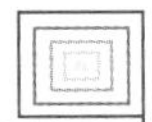

1．亲密

这是指亲密无间、不可分割的感觉。它是爱情中的情绪成分，包括10个基本要素：①渴望促进对方幸福；②与对方一起体验；③对对方高度关注；④在需要帮助时依赖对方；⑤互相理解；⑥与对方分享自我和自己的占有物；⑦互相提供情感支持；⑧互相尊重；⑨与对方亲密沟通内心感受；⑩重视对方在自己生活中的价值。斯腾伯格指出这一成分也广泛存在于较深的友谊之中。

2．激情

这是指与性、身体亲密与浪漫有关的驱动力。它是爱情中的动机成分。激情能引起浪漫恋爱、体态吸引、性完美以及爱情关系中的其他有关现象。该成分就是在爱情关系中能引起激情体验的各种动机性的唤醒源。在爱情关系中，性的需要是引起这种激情体验的主导形式。

3．承诺

这是指短期内爱上对方的想法以及长期维持这份爱的承诺。它是爱情中认知的成分，能传达承诺成分的行动有誓约、忠实、共渡难关、订婚、结婚等。

根据斯腾伯格的研究，亲密、激情和承诺这三要素结合起来就产生了七种不同类型的爱，如图8-1所示。在关系发展的不同阶段，这三要素的组合方式会有所不同。例如，在热恋时，承诺水平会达到最大值，之后保持平稳。而激情在大多数关系中是最快达到顶峰，然后便迅速衰退，在关系早期便趋于平稳。此外，如果对于伴侣双方来说，三要素的成分都差不多，那么这样的关系将比较幸福。

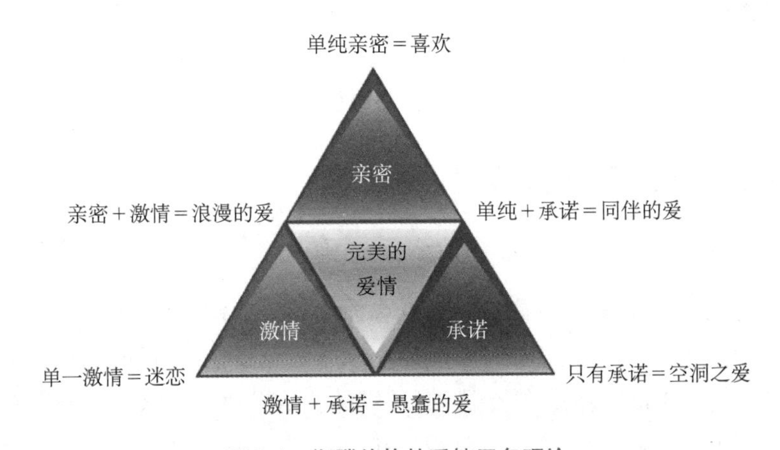

图8-1　斯腾伯格的爱情三角理论

【心理小贴士】

斯腾伯格的七种爱情类型

(1) 喜欢式爱情：只有亲密的爱情，如友谊。双方在交往中会感到信赖、亲切、轻松，但没有激情，也不一定愿意相守一生，喜欢并不等于爱。当然，如果其中任何一方的情感因素发生微妙的变化时，友谊有可能发展成爱情，但也有恋爱不成连朋友都做不成的可能。

（2）迷恋式爱情：只有激情的爱情，双方都被强烈地吸引，缺乏基本了解和信任，只关注当下的欢愉，未曾考虑将来的发展。处于迷恋中的人们相信“爱是不需要理由的”。

（3）空洞式爱情：只有承诺的爱情，如纯粹为了结婚的爱情。此类“爱情”看上去丰满，却缺少必要的内容。金玉其外，败絮其中，就是空爱。当两性之间的关系只有承诺而没有亲密和激情时，两者的爱情如同枷锁一般，只有无尽的责任和义务。

（4）浪漫式爱情：只有激情和亲密，没有承诺。这种“爱情”崇尚过程，不在乎结果。当两性之间具有高度的亲密和激情，双方不需要承诺来维系关系时，被认为是一种十分轻松、享受、唯美的浪漫之爱。若仅有浪漫之爱，缺乏承诺的意愿或能力，是很难步入婚姻的。

（5）伴侣式爱情：只有亲密和承诺，没有激情。当两性之间的关系既有亲密又有承诺，唯独缺乏性爱的吸引时，彼此的关系已经升华为亲情式的信赖和依恋，仿佛携手走过漫漫人生之路的银发夫妇，虽没有青春时的激情，却具有难以描述的情感深度，有着更多的亲近、交流和分享，伴随着情感的倾心投入，双方努力维护着深厚而长期的友谊，成为不离不弃的心灵伴侣。

（6）愚蠢式爱情：只有激情和承诺，没有亲密。没有亲密的激情更多是生理上的冲动，而没有亲密的承诺不过是空头支票。亲密是维系持久爱情的基石，当爱情没有亲密因素时，仿佛大厦没有坚实的地基，是虚幻的空中楼阁，随时都可能倒塌，是一种虚幻的爱。这种爱会发生在旋风般的求爱中，在势不可挡的激情中两个人闪电般结合，但对彼此并不是非常了解或喜爱，在某种意义上这样的爱是风险很大却可能是没有结果的爱情。

（7）完美式爱情：包含激情、承诺和亲密三要素。这是理想的爱情模式。完美的爱情是以亲近和信任的亲密关系为基石，以性的吸引和欣赏为催化剂，以承诺和担当为约束的。这种爱体现出热烈、温暖和责任，既具有相对的稳定性，又充满热情和活力，这种爱最终会转化成伴侣之爱。

四、恋爱发展的过程及依恋模式

1．恋爱发展的过程

很多人总是羡慕别人幸福美满的婚姻、从一而终的爱情，总是抱怨自己遇不到一个对的人，却忽略了别人一路走过的艰辛。恋爱是男女双方培育爱情的过程，也是爱情双方情感的不断深化和相互交融的心理过程，一个成熟、美满的恋情必须经历以下四个阶段。

第一阶段：共存（甜蜜期）。这是恋情最开始的阶段，属于热恋阶段。彼此之间充满了吸引力，总有说不完的话，心甘情愿消耗大把时间待在一起，甚至可能为此而寝食难安，几乎到着迷的境界。这个阶段极少出现争吵，度过的都是甜蜜时光。

第二阶段：反依赖（矛盾潜伏期）。此时激情慢慢消退，情感不再如此剧烈，至少会有一方想要有一点自由空间做自己的事，所以另一方常感到被冷落，容易出现裂痕。此阶段的恋人需冷静处理两人关系，千万不可因冲动就随意提分手。

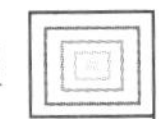

第三阶段：独立和怀疑（矛盾突发期）。该阶段是恋爱关键期，想独立的一方需更多自主的时间和空间；感觉被冷落的一方可能会产生恋人不爱自己或不再重视自己的想法，于是怀疑和猜忌就随之而来。这个阶段需要双方都去认真对待，可以尝试寻找两个人的共同点，适时策划一些双方都喜欢的活动来维持恋情。如果爱好没有共同点，不妨试着迎合一下对方的喜好。

第四阶段：共生（稳定期）。恋爱发展到这个阶段，双方了解加深，关系走向基本稳定，彼此间信任增多，也会理解、尊重对方多一些，此时，爱情相对会有美满的结果。这个阶段的主要任务是巩固恋情。

现实生活中，许多恋人在第二或第三阶段就选择了分手。因此，充分了解爱情发展阶段，才能更了解自己的感情状态；恋爱双方只有共同带着信任、理解和宽容努力经营爱情，才会让爱情之舟驶向幸福的彼岸。

【心理小贴士】

恋爱中常见的心理效应

（1）吊桥效应。当一个人提心吊胆地过吊桥时，会不由自主地心跳加速。如果这个时候碰巧遇见另一个人，那么他 / 她会把由情境引起的心跳错误理解为对方使自己怦然心动，因此才产生一定的生理反应，故而滋生出爱情的情愫。心理学家在实验中发现，做一件刺激的事可以使人紧密相连在一起，比如一起跑步、健身、密室大逃脱等，在惊慌和激动中获得浪漫的机会。

（2）光环效应。人们通常所说的“情人眼里出西施”，又称为成见效应，指交往中形成的一种夸大的、以点概面或以偏概全的主观印象。

（3）罗密欧与朱丽叶效应。恋爱中若出现干扰双方爱情关系的外在力量时，双方的情感联结反而会加强，恋爱关系也因此更加牢固。所以，恋爱中出现危机不见得是坏事，会让双方都建立起用心经营感情的意识，让爱情进入良性发展。

（4）契可尼效应。一般人对已完成了的、已有结果的事情极易忘怀，而对中断了的、未完成的、未达目标的事情却总是记忆犹新。比如恋爱中那个宛如天边月光的人、无疾而终的暗恋、那封没有送出去的情书或未说出口的爱语，都将是你心中“中断的、无果的、难忘的”记忆。

2．恋爱与成人依恋类型

微课：恋爱与依恋类型

我们常常会有这样的疑问，为什么一个平日看起来独立的女孩，恋爱后会对男友十分依赖？为什么有的人在恋爱过程中总是很痛苦，而有的人则轻易就能收获甜蜜的爱情？为什么恋爱分手会使有的人做出异常的事情甚至轻生？国外研究发现，成人婚恋关系中的情感联结可以被理解为是一种依恋关系。依恋最早是由英国精神病学家鲍尔比（1969）提出的，他将依恋定义为“个体与具有特殊意义的他人形成牢固的情感纽带的倾向，能为个体提供安全和安慰”。随后，研究者们开始探寻依恋与成人的亲密关系之间的相关性，并将成人的依恋分为以下四种类型（图 8-2）。

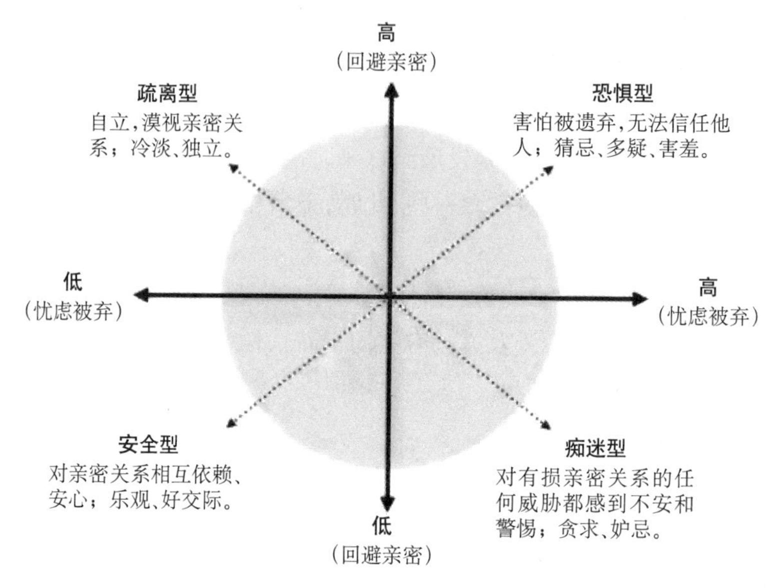

图 8-2　成人依恋类型

（1）安全型或安全—自主型。安全型依恋是一种稳定和积极的情绪联系，以爱情关系中的关怀、亲密感、支持和理解为标志，这种类型的人认为自己和他人都是值得爱和信任的。他们易与他人亲近，总是放心地依赖他人和让他人依赖。无论我们自己的依恋类型属于哪一种，能找到一个安全型的人做伴侣是一件幸福的事情。

（2）痴迷型。该类型的人依赖于他人的赞许来获得内心的安适感，可能会过度地寻求认同。他们认为自己是没有价值、不值得爱的，但他人是可接受的，所以总是努力赢得他人的接纳。痴迷型依恋非常重视亲密关系，以至于过度依赖对方。因此，他们既渴望能与恋人亲密，又对恋人是否可靠和可信满腹猜疑，最终导致一种不稳定和矛盾的心理状态。

（3）恐惧型。该类型的人对自己和他人的态度都是消极的，可能出于害怕被拒绝而极力避免和他人发生亲密关系。虽然他们希望有人喜欢自己，但更担心自己离不开别人；一旦建立了亲密关系，又往往会过度担心伴侣会离开自己，整天提心吊胆。有时想到与伴侣亲密相处，他们就会感到恐惧。

（4）疏离型。该类型的人对个人的看法相对积极，他认为自己是有价值的，但他人是会拒绝自己的，和他人发生亲密关系会很受伤，因此将避免与他人发生联系作为保护自己不受伤害的重要手段。他们拒绝和他人相互依赖，相信自己能自力更生，也不在乎他人是否喜欢自己；他们会更关注替代选择，更容易被新结识的人所吸引。

简而言之，安全型的人在与他人亲密接触中非常安心，不会担心别人会苛刻地对待自己，因而能积极快乐地寻求亲密、相互依赖的人际关系。相形之下，其他三种类型的人充满焦虑和不安，在亲密关系中如坐针毡。恋爱关系中，假如痴迷型的人爱上疏离型的人，痴迷

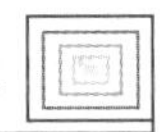

型希望关系亲密些，但疏离型却因对方的亲密依赖而“退避三舍”，此时的回避可能会让痴迷型恋人因感情疏远而气馁。循环往复，双方交往进入恶性循环，影响双方的恋爱幸福体验，因此了解恋人的依恋类型，理解对方的行为模式，会有助于增进亲密关系的稳定，提升幸福感。

【心理小贴士】

实验一：恒河猴亲子依恋实验

美国心理学家哈利·哈洛在威斯康辛麦迪逊大学做的关于恒河猴（恒河猴94%的基因与人类相同）的依恋实验就是比较著名的亲子依恋实验之一。

哈洛制作了两只假的猴妈妈：一只是用铁丝编成的“铁丝妈妈”；另一只是先做母猴的模型，再套上松软的海绵状橡皮和长毛绒布后做成“绒布妈妈”。实验的时候，把刚刚出生的小恒河猴放进一个笼子里，里面等待它的正是“铁丝妈妈”和“绒布妈妈”。

小猴会喜欢哪一个妈妈呢？

一个有趣的现象出现了：如果“铁丝妈妈”身上没有奶瓶，而“绒布妈妈”身上有，小猴很快就和“绒布妈妈”难舍难分；而如果奶瓶是在“铁丝妈妈”身上，小猴也并不会因此而在“铁丝妈妈”身边留恋，只是在觉得饿的时候会跑去喝奶，其余时间则总是依偎在“绒布妈妈”的怀里。

哈洛等人由此认为：小猴对母猴的依恋并不只是因为母猴给它喂奶，更重要的原因是母猴能给小猴以柔和的感觉，抑或是“绒布妈妈”给予小猴的其实还不止这些。如果在小猴离开“绒布妈妈”出去玩耍时，突然给它看一个模样古怪的庞然大物，小猴便会惊恐万分地撒腿奔向“绒布妈妈”，紧紧依偎着它，并逐渐安静与平复下来。可是，如果把“绒布妈妈”换成“铁丝妈妈”，小猴就不会跑去寻求安慰。可见“绒布妈妈”还能带给小猴安全感。

后来，心理学家给“绒布妈妈”增添了越来越多的母性特征，例如，在身体上装电灯泡，这样“绒布妈妈”的“体温”升高了，这时，小猴就去找温暖的“绒布妈妈”，而不愿找冷冰冰的“绒布妈妈”。如果把“绒布妈妈”设计成能摇动的，则吸引力就更大。当然，即使“绒布妈妈”的母性特征更加丰富，也不能与真的母猴相比。研究证明，在“绒布妈妈”身边长大的小猴与在真妈妈身边长大的小猴相比，其心理活动不如后者正常。

实验二：陌生情境实验——儿童依恋类型实验

该实验是由艾斯沃斯等（1969）设计的。他们首先安排母婴在一个完全陌生的环境中，然后让婴儿分别经历母亲离开、陌生人进入等情境，如图8-3所示。观察婴儿在与母亲分离和相聚的过程中，以及面对陌生人的过程中的表现，从而对婴儿的依恋类型进行判断。

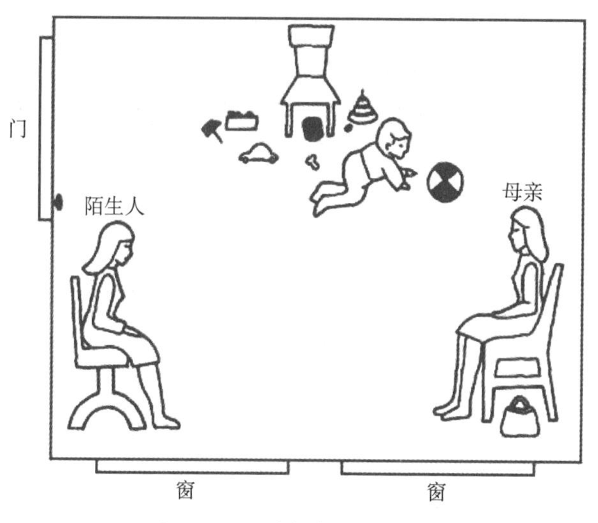

图 8-3 陌生情境实验场景

根据婴儿在陌生情境中的不同反应，将婴儿依恋划分为以下三种类型。

(1) 安全型依恋：主要表现为在与母亲一起时，将其作为“安全基地”，以母亲为中心主动去探索环境，并不是总依偎在母亲身旁，只通过偶尔的靠近或眼神注视与母亲交流，母亲在场时婴儿感到安全；当母亲离开，婴儿明显表现出苦恼、不安；但当母亲回来时，会立即寻求与母亲接触，将其作为“避风港湾”，易被安抚。该类型占 65% ～ 70%。

(2) 回避型依恋：主要表现为与母亲刚分离时并不难过，但独自在陌生环境中待一段时间后会感到焦虑。容易与陌生人相处，容易适应陌生的环境，很容易从陌生人那里获得安慰。当分离后再见到母亲时，对母亲采取回避态度。该类型约占 20%。

(3) 焦虑—矛盾型依恋：主要表现为每当母亲要离开前就很警惕。当母亲离开时非常苦恼、极度反抗，任何一次短暂的分离都会引起大喊大叫。但当母亲回来时，其对母亲的态度又是矛盾的，既寻求与母亲接触，但同时又反抗与母亲接触。当母亲亲近他时，生气地拒绝、推开，但是要他重新回去做游戏似乎又不太容易，会不时朝母亲这里看。该类型占 10% ～ 15%。

第二节 大学生恋爱心理问题及恋爱能力培养

一、大学生常见恋爱心理问题

进入亲密关系是成年早期的重要任务之一，爱情的神秘与美好也吸引着无数大学生，但根据埃里克森的人格发展阶段理论，大学生正处于亲密对孤独的冲突阶段，因此大学校园里的爱情也会出现一些问题。

1. 恋爱动机问题

国内学者采用《大学生恋爱动机问卷》（杨良群，2009）对大学生恋爱动机进行调查，发现当今大学生的恋爱动机总体上是积极的，在恋爱动机的六维度（性爱性、情感性、婚姻性、面子性、功利性、消遣性）中，情感性与婚姻性占主导，但仍旧有部分学生群体存在恋爱动机问题。

（1）消遣心理。大学生活空余时间多，许多同学难以合理规划和安排，很多时间无事可干，睡觉、玩游戏、追剧、刷视频、看小说就成了许多大学生的课余消遣方式，同时远离家人、朋友，来到陌生环境求学，难免产生无聊与寂寞感，甚至有的同学会产生“谈恋爱打发时间”的念头。

（2）从众心理。人要想在社会中学会定位自己及认知自己，必然会与周围人进行比较。比如，许多同学看到自己舍友、朋友都陆续恋爱了，感觉自己不“脱单”很没面子，不谈恋爱会比别人差，为展示自己的人格魅力，因此导致匆忙恋爱。

（3）功利心理。随着信息化的发展，部分大学生受社交媒体、网络媒介等不良价值观的影响，恋爱功利心理逐渐显现。比如，对恋爱对象的选择重在颜值高、物质条件好等外在条件上。

2．虚拟的网恋

网恋对大学生来讲并不陌生，但以下两种情况并不算真正的网恋：其一，通过朋友介绍互赠 QQ 号或微信号，在网上交流和了解，然后见面确认恋爱关系；其二，通过网络认识后，在网上聊天，同时生活中也互通电话交流，最后觉得还比较合适才会成为恋人。

网恋专指那些在虚拟的网络世界以恋爱为目的，在虚拟游戏世界和社区以恋人身份和网上恋人共同生活、共同经营一段爱情甚至是婚姻的一种恋爱关系。大家在网络世界都习惯以理想化的状态进行自我呈现，恋爱的男性给人的感觉多半是才貌双全、事业有成，恋爱的女性给人的感觉多半是高颜值、温柔贤惠，能上得厅堂及入得厨房；同时，网恋还可以满足大学生追求浪漫的心理，恋爱中可以轰轰烈烈，可以海誓山盟，可以轻轻松松满足对方需求的一系列东西，因此，网恋比现实恋爱更容易满足大学生对理想对象的期待，导致大学生沉溺网恋难以自拔。

3．单相思

单相思常常指一方一厢情愿地喜欢和迷恋对方，希望和对方发展恋爱关系的一种单方面存在的恋爱。其最大的特点就是单边性。单恋一般发生在性格比较内向的学生身上，当发现自己被一异性深深吸引的时候，由于缺乏自信或别人已有男女朋友而不敢向对方表白，无人诉说时就向空间、日记倾诉，或者将爱深藏内心深处。单恋也发生在明知对方有恋人，还不顾一切去追求，最终是追得轰轰烈烈，结果却凄凄惨惨。常识上，我们可能认为女性比男性更多情，但实际上成为单相思主动的一方，男性是明显多于女性，这是因为男性“性幻想”往往比女性更为大胆狂放的缘故。

4．失恋

恋爱过程是双方相互了解和选择的过程，如果一方选择终止关系，另一方就会陷入失恋。恋爱过程是甜蜜的，然而失恋是个人一段重要亲密关系的断裂和丧失，这会引起失恋者诸多心理应激反应。大多数同学在经历痛苦后，能够正确面对并妥善处理受挫状况，走出失恋阴霾，愉快走向新生活；然而，也有部分同学失恋后产生悲伤、愤怒、失望等消极情绪，难以自我排解，甚至产生自暴自弃、自伤报复等状况，导致心理危机。

【心理小贴士】

亲密关系中的“追逃”模式

亲密关系中通常有三种不良沟通方式：双方都主动攻击，就会争吵；一方主动，另一方被动逃避，就是追逃；两个人都被动逃避，就成了冷战。

在追逃的关系模式中，追的形式有很多种：比如黏着对方，希望对方多和自己在一起；用批评和指责的方式让对方知道自己的需要；用沉默和眼泪让对方多关注自己。

无论哪种形式，追的本质就是希望对方能有更多的回应，希望能在感情上和对方更靠近，是对对方爱的呼唤。

二、大学生恋爱能力的培养

中国科学院心理研究所、社会科学文献出版社联合发布了我国第三本心理健康蓝皮书——《2022年大学生心理健康状况调查报告》，该报告中显示：恋爱中的大学生抑郁得分最低，焦虑得分也较低。因此，培养大学生恋爱能力，形成健康良好的恋爱关系是促进大学生心理健康的一剂良药。

1. 树立积极的恋爱观

恋爱观是人们对于恋爱和爱情所持的基本观点和态度。西南大学黄希庭教授曾将恋爱观分为爱情价值观和爱情道德观两个成分，爱情价值观主要包括爱情在人生中的重要性、恋爱生活方式、择偶标准、择偶方式四个方面；爱情道德观则是个体反映婚恋中所必须遵从的社会道德规范的观念系统，比如未来婚姻生活、“三角恋”“多角恋”以及性生活的道德情感反映等。树立积极的恋爱观会对恋爱动机、恋爱关系经营以及恋爱结果均有重要的影响。

(1) 端正恋爱动机。恋爱对象的选择是一个复杂的过程，主要受外貌、财富、兴趣爱好和社会地位等诸多因素的影响。当下大学生在恋人的选择上，建议将志向、兴趣、理想等内在因素作为首选标准，选择志同道合，拥有相似兴趣爱好、生活情趣以及学业理想的对象做恋人，共同成长，互相成就。

(2) 正确认知爱情。首先，爱情是奉献和责任，在恋爱中发自内心地去关心对方，是付出，更是一种责任。弗洛姆在《爱的艺术》中曾提到“爱情首先是给不是得”，这是让彼此都幸福的事情。其次，爱情是尊重和理解。尊重是在认识、了解对方的前提下，理解对方的独立性和个性，遵从对方的需求去自我发展。众所周知，玫瑰象征爱情，我们不能因它有刺就不爱它，更不能拔掉对方的刺，而是要在互赠玫瑰时，学会如何不被刺伤，更要学会怎样不刺伤别人。尊重中给予空间和自由，奉献中学会爱己爱人。

(3) 协调好爱情与学习的关系。爱情在人生中占有重要地位，没有爱情的人生是不完

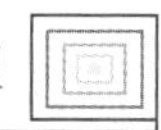

整的，但爱情不是人生的全部，只为爱情而活着是苍白的。大学生的首要任务是学习和成长，学业是大学生成就感与价值感的主要来源，更是将来走向社会的基石，因此要把学业与爱情协调好，抛开学业谈恋爱的做法是不理智的，更是可悲的，难以获得幸福的爱情。

2．男女在情感上的差异

男女间最原始、最基本的差异是生理结构的差异。随着社会的演变，因生理差异衍生的社会分工引发了男女价值关系的差异，这种价值关系的差异正是两性之间情感差异的价值根源。男女情感差异主要表现在以下方面。

在强度上，男性的情感较为强烈而短暂，像脱缰野马，而女性情感偏温和持久；在细致度上，男性情感粗犷，多注重大维度，难以从细微处关心体贴别人，而女性情感则较细腻，很在意对方的细微变化；在情感表达上，因为生理的差别，女性荷尔蒙能够使女性对于人脸上的表情、语言等各方面的辨识比男性快20/1000秒，所以女性更容易把问题“说出来”。而男性遇到问题“觉得说出来也没什么用”，所以常以沉默独处来应对；在灵活度上，男性的爱来去匆匆，但女性爱得难，不爱更难；在理智程度上，女性喜欢凭感觉去爱，属于情感思维，难以听从理智的劝告，而男性喜欢探索事物本质及内在规律，善用客观标准来评判事情，常用理智思维来思考事情。在偏好上，男性对漂亮、温柔体贴、善解人意等女性特质有偏好，而女性则对处事果断、上进、沉稳、慷慨、成熟等男性特质有偏好。

【心理训练游戏】

盲　行

活动场地：室外或宽敞的室内。

人员要求：男女生两人为一组。

活动目的：通过“盲行”活动，训练男女生的信任与沟通，实现亲密关系的角色互换，让他们学会换位思考。

活动准备：

(1) 眼罩若干，以及绳子、椅子之类的障碍物。

(2) 障碍设置（绳子；天然障碍物，如绕树木、跨台阶、蹲着行走，等等）。

(3) 事先考察地形，根据活动时间规划路线；领导者和协助者均需要熟悉路线；设置5～6名协助者，全程协助保护安全。

活动流程：

(1) 请所有同学站成两列，男生一列，女生一列，一对一站好。

(2) 活动领导者说明游戏规则：活动由男生、女生两人一组作搭档，共同走过一段设有障碍的路线。首先由女生担任“盲人”，男生担任“拐杖”。“盲人”的任务是充分信任“拐杖”的带领，并根据非言语提示前行；“拐杖”的任务是全力协助“盲人”并保护好“盲人”的安全，帮助其到达目的地。从目的地返回时，两人互换身份。注意整个过程不能用语言交流，“盲人”绝对不许提问，“拐杖”绝对不许用语言提示“盲人”。

(3) 领导者按照路线领走，障碍设专人指引并保障人员的安全。再次重申：整个活动过程中都不能说话，就是一支静静行进的队伍，“拐杖”一定要意识到自己责任重大，一定要保护好“盲人”的安全。“盲人”也要充分信任“拐杖”能保护好自己。两组人员之间保持半米左右的距离。

讨论：

1. 静静回味全部活动过程。无论最初扮演的是“盲人”还是“拐杖”，你内心深处最真切的感受是什么？

2. 在行进过程中，你们遇到了一些障碍，是怎样克服的？你们凭借的是什么？依靠的是什么？

3. 当你安全地护送或被护送回目的地时，又有什么感受？

4. 结合活动，联系你过往恋爱生活的点点滴滴，你得到了哪些启示？

3．培养爱的能力

大学生恋爱不仅是一种需要，更是一门艺术。要想真正体验恋爱的幸福，首先要学会去爱，要具有爱的能力。

1）表达爱的能力

谈恋爱，顾名思义，在“恋”和“爱”之前还有一个“谈”的阶段。“爱你在心口难开”正是对谈的阶段的形象表述。当有了喜欢的对象，如何向对方表达才能增加成功的概率，或者采用什么方式避免被拒绝后的尴尬，这都需要艺术和能力。有轰轰烈烈的宿舍楼下摆蜡烛表白的，也有校园广播、同学聚会时突然表白；也有含蓄地一起看电影、压马路等，还有更加私密的微信、情书或者当面表达等，形式各异。一般情况下，我们认为恋爱双方中一般都是男生主动追求，女生被动些。但随着社会的进步，“90 后”“00 后”的大学生中，女生也越来越主动，有爱就大胆表达，即使表达后遭到拒绝，也总比带着困惑不敢表达要好，因为对方也可能钟情于自己，自己不主动表达也许会错过一段美丽姻缘。

【心理小贴士】

爱的五种语言

——[美] 盖瑞・查普曼

（1）肯定的言辞，恋人双方可以多表达赞扬、欣赏对方的话语，甜言蜜语会让对方很高兴。

（2）美好的时刻，注重恋人双方的“仪式感”，给对方创造惊喜感，共度两人美好时光。

（3）礼物作为爱的视觉象征，与是否值钱无关，重要的是你为对方精心准备。

（4）通过为对方服务，而让对方开心、幸福，以此来表达你对对方的爱。

（5）牵手、拥抱、亲吻、抚摸都是爱最直接的表达。

2）接受爱的能力

当幸福来临时，如何把握和捕捉，面对追求者的表白，该不该接受及如何接受，也是一种能力。首先，在接受一段感情时，要考虑清楚自己是否真的同样喜欢对方，是否有足够心理

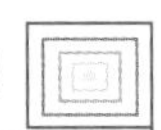

准备开始一段恋情，而不是觉得有人喜欢就得意洋洋，代表自己有魅力，草率接受。其次，当两人彼此两情相悦时，在保持基本的礼貌和矜持时，可以愉悦地接受对方的追求，不要心里已接受，可是行动上躲躲闪闪，或为了考验对方而故意多次拒绝，致使给对方一个错误的信息，错过美好的姻缘。

3）拒绝爱的能力

被别人爱是一种幸福，但是对方不是你心仪的或者不适合自己的，就需要面临拒绝别人。首先在拒绝别人时，请报以感激之心来拒绝对方，以不伤害对方的自尊心和感情为前提，更不要为了显示自己有魅力当着很多人拒绝对方。另外拒绝对方时，表达尽量委婉些，先肯定对方的优点，真诚地给对方讲明自己不能接受这份感情的缘由。如果无法当面拒绝，可选择用微信或私信的方式来表达自己的意思，这种书面的拒绝方式也可以将伤害降到最低。

4）承受恋爱受挫的能力

恋爱受挫是大学生遭遇的比较大的挫折，如果处理不当会产生失恋应激障碍，严重的还会影响到当事人以后的两性关系。面对失恋，不要过分压抑失恋带来的痛苦，应寻找适当方式宣泄，可以大哭一场，也可以在体育场或空旷的地方大声呼喊来释放激动情绪带来的能量。也可以找朋友倾诉，如果还是感觉心中抑郁，还可以到心理咨询室进行咨询。另外，及时转移注意力。恋爱受挫后不要让自己长期沉溺于悲伤的情绪中，要把注意力从失恋这件事转移到自己比较感兴趣的事情上去，或者出去走走，散散心，冲淡内心的挫折感和压抑感。

5）持久爱的能力

在经历爱情的过程中，保持爱的新鲜感及维持爱的永恒是每个处在恋爱中的人所期待的。每一个人都有对爱情的想象和憧憬，追求心中的爱情是浪漫而完美的。然而现实却发现，恋人有那么多的缺点，爱情也有那么多不尽如人意的地方，因此在了解恋人的基础上，应相互尊重，相互信任，不要妄图改变对方去适应自己，不要苛求完美的爱情。

此外，一些大学生总喜欢跟恋人衡量到底是你爱我多一点还是我爱你多一些。要知道，爱情不像在菜市场买菜那样可以讨价还价，付出多少就可以回收多少。真正的爱是奉献，是真心实意地为对方着想，当一方有心事或双方出现问题时，不要抱着让对方去猜测、理解的心理，而是要主动地把问题摆到桌面上，及时沟通，做好协调工作，这样才能有助于恋爱双方更好地理解和配合对方。

第三节 大学生性心理问题及调适

一、性与性心理

性是个体自然的、本能的欲望和需求，是人类生存和繁衍后代的必要条件，也是爱情中不可或缺的要素。大学生们随着性生理的成熟和性心理的发展，许多同学会面临各种各样与性相关的困惑，无法合理应对，进而导致心理困惑和冲突，有些甚至为此付出沉重代价。因此，了解性知识，培养健康性心理，对于大学生来讲至关重要。

1．性心理的含义

性心理是指个体在性生理基础上，与性特征、性欲望、性行为有关的心理状态与过程。主要包括性意识、性观念、性情感和性适应等。性心理是个体心理活动中最为重要的组成部分。

2．性心理健康的标准

良好的性心理健康使个体在免受性问题困扰的同时，还能完善自身人格，促进自身身心健康的发展。个体的性心理健康应该符合以下标准：

（1）能够正确认识自我，愉快地接纳自己的性别。性心理健康的人，能够正视自己性生理的发育和性心理的变化，能客观地认识和评价自己，认同自己的性别角色。

（2）具有正常的性欲望。性欲是一个人能够获得性爱和性生活的重要条件，假若没有性欲望，就不会有和谐的性生活，性心理健康就无从谈起。正常性欲望对象是指向成熟的个体，而非其他物品等替代物。

（3）性心理特点和性行为符合相应性心理发展年龄特征。在生命发展的不同年龄阶段，人的心理发展也表现出不同的特征，性心理的发展也同样呈现出阶段性的特点。

（4）具有良好的性适应能力。个体在生长发育过程中，良好的性适应能力表现为自己能够正确对待性生理成熟带来的身心变化；在出现性冲动后，能够正确地释放、控制、调节，使之符合社会规范的要求等。

（5）能和异性保持和谐的人际关系。性心理健康的个体，能够在日常的学习生活中与异性进行自然的、符合社会规范要求的交往。在交往过程中保持独立而完整的人格，不卑不亢，做到相互尊重、相互信任。

（6）有正当、健康的符合社会伦理道德规范的性行为方式。性心理健康的个体要具有一定的性知识和性道德修养，性动机是合情、合理、合法的，性行为是建立在爱情的基础上并相互愉悦的，同时也是专一、排他的。

二、大学生常见性心理问题

1．性心理困惑

1）性梦

生活中，许多大学生有过性梦经历，但部分学生在做到性梦时会出现精神紧张、焦虑不安、愧疚自责等不良反应，感觉自己很有罪恶感。其实大可不必如此，这些反应主要是由于缺乏对性梦正确与科学的认识以及心理负担过重而导致的。性梦是在潜意识中被压抑的性欲望冲动的自发暴露，是性心理、性生理发育正常的标志。性梦的自然宣泄类似一种安全阀的作用，可以缓和累积的性张力，有利于性器官功能的完善与成熟。当然，如果总在重复同样的性梦，也应该引起警觉，而且长期反复梦见同一件事情，容易导致心理负担过重，最好去求助专业机构来缓解。

2）性自慰

性自慰又称手淫，是指个体在性冲动时，用手或工具刺激生殖器以引起性快感，从而获得性满足，这是青少年获得性补偿和性宣泄的常见行为。许多人一听手淫，就认为是邪恶、不道德的，并且在传统的“手淫有害”论的影响下，部分大学生常常因为自己有过自慰行为而自责，且错误地把手淫前后身体上或心理上的一些变化，如反应变得缓慢或记忆能力减退等，敏感地归结为手淫导致。性自慰虽不是完美的性满足方式，但适度的、有节制的性自慰是无害的，在一定程度上有助于缓解个体性紧张，宣泄性能量，保持身心平衡，避免性犯罪和不轨行为。过度的性自慰则不提倡，它会损害我们的身心健康。

【心理小贴士】

过度手淫的调适

(1) 转移注意力，用学习活动或者其他感兴趣的活动填充满自己的业余生活。

(2) 睡觉前听一些轻音乐或喝杯牛奶，换上干净、宽松的睡衣，尽量将手放在外面。

(3) 减少不良的性刺激，不要看色情书籍和影视。

(4) 加强运动，适度化解过于旺盛的性能量。

(5) 发挥自己的毅力，慢慢减少手淫次数和频率，可采用厌恶疗法，比如，一旦有手淫想法的时候就用橡皮筋弹打自己的手腕。

(6) 如果以上方法都不能缓解或消除症状，就需要寻求专业的心理咨询和医疗机构。

3）婚前性行为

随着大学生性观念的转变以及校园环境的开放包容，我国高校大学生的整体性行为发生率呈现上升趋势。有调查显示，近七成大学生可以接受婚前性行为，七成以上大学生可以接受开房或同居。但因社会传统文化及观念约束，大学生婚前性行为多数在隐蔽状态下进行，外加性教育的缺乏，致使他们常伴随内心恐惧、紧张、焦虑，以及担心感染性病及艾滋病，或者害怕怀孕等，从而产生羞愧感与罪错感，进而导致性反应抑制和性焦虑。

【心理小贴士】

青年学生预防艾滋病核心信息（节选）

(1) 艾滋病是一种危害大、病死率高的重大传染病，目前既不可治愈，也没有疫苗。

(2) 目前我国青年学生中艾滋病主要传播方式为性传播，特别是男性同性性行为传播。另外，这种传播向低龄化发展。

(3) 拒绝不安全性行为，包括无保护（不使用安全套）的男性同性性行为，与不知道感染状况的人发生无保护性行为，与多人发生性行为，吸毒或醉酒后发生性行为等。

(4) 发生性行为时应全程正确使用合格的安全套，这是预防艾滋病、性病的最有效措施。

(5) 使用毒品会增加感染艾滋病病毒的风险。

(6) 性病可增加感染艾滋病病毒的风险,特别是梅毒、生殖器疱疹等以生殖器溃疡为特征的性病,必须及时到正规医疗机构诊治。

(7) 发生易感染艾滋病危险行为后,必要时可采取药物阻断,减少艾滋病病毒感染的风险。

(8) 发生高危行为后,应该主动进行艾滋病检测与咨询,早发现、早诊断。

(9) 疾控中心、医院等机构均能提供保密的艾滋病咨询和检测服务。

(10) 感染艾滋病病毒后应及早接受抗病毒治疗。

爱是需要等待的,因此恋爱中面对性需求或要求时,应当做出对人对己负责任的性选择。恋爱中要相互尊重、理解,不要轻易跨越禁区。如果不小心发生危险性行为了,也一定要做好保护措施,这是对彼此负责任的态度。

2. 性心理障碍

性心理障碍是指在性行为方面的心理和行为明显偏离正常,并以这类偏离为性兴奋、性满足的主要或唯一方式的一组心理障碍。

1) 性身份障碍

性身份障碍主要是个体心理上对自身性别的不满意甚至否认,对生理上的性别特征呈持续厌恶的态度,并伴有改变自身性别的生理特征以达到转换性别的强烈愿望。

2) 性偏好障碍

性偏好障碍是指性活动方式与常人不同,以古怪条件来引起满足性欲。如恋物癖、异装癖、露阴癖、窥阴癖、性施虐与性受虐症等。这部分群体的异常行为使本人体验到极端矛盾和痛苦,这种痛苦是性欲和社会道德标准之间的冲突,抑或是本人意识到给他人带来侵害而出现心理上的自责与内疚。

三、培养健康性心理的途径

性心理健康是大学生完成学业、健康成长、幸福成才的重要基础,因此大学生应了解培养健康性心理的途径,为自己的全面发展助力。

1. 主动学习科学、系统的性知识

性是成长和学习的结果,受传统观念的影响,当下大学生缺乏科学、系统的性教育,获取性知识的正规渠道较少,因此朋友、低级论坛等渠道便成为大学生学习的重要来源,容易造成误导。因此,大学生应通过选修课、网络公开课、慕课、阅读相关研究文献等多种正规渠道,系统性地学习性知识。其中不仅要学习性生理、性心理知识,还要学习性道德、性保健、性能力、性审美、性社会学、安全性行为、性文化差异和个体差异等方面的知识,科学客观地认识性,消除对性的神秘、恐惧感,坦然面对自身的性冲动,同时也有利于预防性心理异常。

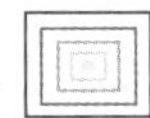

【心理训练游戏】

水手与姑娘

心理训练：水手与姑娘

活动场地：室内外均可。

人员要求：20人以上。

材料准备：事先印好的顺序选择表及小组统计表。

活动目标：深入探讨两性真爱的含义，省思性与爱的关系及性道德。

活动流程：

（1）指导者给全体成员讲一个故事，故事如下。

一艘船遇上暴风雨后不幸沉没了。船上的人中有5个人幸运地乘上了两艘救生艇：一艘救生艇上坐着水手、姑娘和一位老人，另一艘船上坐着姑娘的未婚夫和他的亲戚。气候恶劣，波浪滔天，两只救生艇被打散了。

姑娘乘的救生艇漂到一个小岛上。与未婚夫分开的姑娘十分惦念未婚夫，千方百计寻找，但找了一天一点线索也没有。第二天天气转好，姑娘仍不死心，继续寻找，还是没有找到，有一天，姑娘远远地发现了大海中的一个小岛，就请求水手："请修理下救生艇，带我去那个岛上好吗？"水手答应了姑娘，但提出了一个条件：以后要嫁给他，要跟现在的未婚夫断绝关系。陷入失望和困扰的姑娘找到老人，与他商量："我很为难，怎样做才好呢？请你告诉我个好方法。"老人说："对你来说，怎么做正确，怎么做错误，我实在不能说什么。你扪心自问，按你的心愿去做吧。"姑娘万般无奈，寻未婚夫心切，结果满足了水手的要求。

第二天早上，水手修好了救生艇，带着姑娘去了那个小岛。远远地，她看到了岛上未婚夫的身影，不顾船未靠岸，就跳进水里，拼命往岸上跑，一头扑进未婚夫的怀里，姑娘犹豫要不要告诉未婚夫给水手承诺的事呢？她思前想后，还是说了实情。未婚夫一听，顿时大怒，一把推开她，并吼着"我不想再见到你了"，转身跑走了。姑娘伤心地边哭边往海边走。见此情景，未婚夫的亲戚走到她的身边，用手拍着她的肩膀说："你们两人吵架我都看到了，有机会我再找他说说，在这之前就让我来照顾你吧。"

（2）故事讲完后，指导者给每个成员发一张表，要求大家从刚才故事中出现的5个人物（水手、姑娘、老人、未婚夫、亲戚）中按照自己的好感程度做出选择并排序，然后简单写下原因。

（3）选择完后在组内交流，每个人说明自己的想法，并统计全组的倾向性意见。

（4）通过听取他人的意见，小组成员受到启发，可以修正自己的意见。

（5）小组代表发言。

2．积极进行自我调节

出现性需要、性欲望都是正常的事情，大学生不必强迫自己压抑或回避甚至自责。要从认知层面接纳自己的性别角色，正视性需求。面对性冲动，性行为不是唯一解决性冲动的渠道，适度的性控制是心理健康的表现。大家也可以借助参加体育运动，比如打篮球、排球、羽毛球或游泳等来转移注意力，将过剩的精力宣泄掉；或者积极参加社团活动，增进与异性交往的机会，积极进行自我调整；还可以将自己的性冲动进行转化或升华，使自己专注于工作与学习，增强自己的价值感和成就感。

3．及时求助专业机构

由于性问题仍属于比较隐私的个人问题，很多人在遇到性困惑时，难以找人倾诉和宣泄，所以专业的心理帮助就显得尤为重要。当自己感觉无法独立应对性困惑或有严重的性心理失调时，应当主动寻求专业的心理咨询或心理治疗。他们会运用专业的性心理知识和指导技术给予你启发、帮助和指导，帮助你从性困扰和不当的性心理和行为中走出来，提高性适应能力，以便更好地维护身心健康。

【案例讨论】

小宁马上面临毕业，却因要不要跟男友继续交往伤透了脑筋。她在大学里一共谈了三段恋爱，但是这三段都是网恋，前两段从未见过面，可以说是“柏拉图式”的恋爱。现在的男友已经见过面了，一开始只是拉拉手，亲亲脸，自己都可以接受。但是最近几次见面，她感到很痛苦，不知道该如何与男友单独相处，刚开始简单的拥抱和亲吻，自己还是可以接受的，但是最近男友总是有些比较激烈的、大胆的爱抚，让自己很慌乱，理智上觉得这种爱抚是正常的，但是自己又感觉速度太快了，才刚见面几次，怎么就进展得这么快？害怕他失控，更害怕自己无法把控节奏。

她认为现在的爱情已经不纯粹了，感觉男朋友是为了性才会跟自己在一起的，甚至开始对他的品德有了怀疑。

讨论：

1. 小宁遇到了哪些困惑？

2. 假如你是她，你会怎么做呢？

【心理测试】

爱情量表和喜欢量表

指导语：请根据你的实际情况，选择“符合”或者“不符合”。

一、爱情量表

1. 他（她）情绪低落时，我首要的职责是让他（她）快乐起来。

2. 在所有的事情上我都可以信赖他（她）。

3. 我觉得不计较他（她）的过失是一件容易的事。

4. 我几乎愿意为他（她）做任何事。

5. 我对他（她）有独占欲。

6. 若不能永远跟他（她）在一起，我会觉得非常痛苦。

7. 寂寞时我首先想到的就是去找他（她）。

8. 他（她）的幸福属于我最关切的事。

9. 我愿意原谅他（她）的任何过错。

10. 我觉得他（她）的幸福、安康是我的责任。

11. 同他（她）在一起的大部分时光，我就这样看着他（她）。

12. 我非常享受他（她）对我的信赖。

13. 没有他（地）的日子，对我来说很难过。

二、喜欢量表

1. 我们在一起时的心情总是一样的。

2. 我认为他（她）的环境适应能力很强。

3. 我强烈推荐他（她）做一项责任重大的工作。

4. 我认为他（她）特别成熟。

5. 我相信他（她）有良好的判断力。

6. 即使同他（她）短暂相处，人们大多都会有很好的印象。

7. 我觉得他（她）跟我很相似。

8. 我愿意在班级或群体选举中投他（她）一票。

9. 我觉得他（她）是一个能很快赢得尊重的人。

10. 我觉得他（她）绝顶聪明。

11. 在我认识的人中，他（她）是非常可爱的。

12. 他（她）是我很想学习的那种人。

13. 我觉得他（她）非常容易做到让人们钦佩他（她）。

计分规则与结果解释：爱情量表与喜欢量表

【能量补给】

1. 请回顾当下或曾经令你难忘的一段恋情，你和恋人处在恋爱的哪个阶段呢？如果已分手，是在哪个阶段分手的呢？你和恋人分别属于哪一种依恋类型呢？

2. 在恋爱中，最让你困惑或纠结的问题是什么？

3. 在过去的交往中，遇到同样困惑的问题，你是如何解决的？

4. 面对这一困惑，你想做点什么“小改变”来改善你当下的恋爱关系？

【拓展阅读】

1. 图书《亲密关系》

本书探究了长期以来诗人、剧作家、哲学家乃至医学家对亲密关系的理解和论断。

由于数千年来科学家对亲密关系研究的忽视，当通俗心理学占据了关系学的主导地位时，人们对人际关系的了解和领会往往是肤浅的，甚至是错误的。

然而，最近20年中，如本书所记载，这方面的研究工作发生了重大的变化。

它将使我们对爱情、婚姻、承诺、友谊、激情、理解、沟通、亲密、依恋、伴侣选择、嫉妒等各个方面有一个崭新的认识。

2. 电影《怦然心动》

电影讲述的是20世纪60年代小镇男孩布莱斯和朱莉的初恋故事。在中产阶级家庭出身的布莱斯搬到小镇的那天，邻家女孩朱莉对他一见钟情，并开始对他热烈地追求，但是布莱斯却避之不及。朱莉一家经济拮据，但家庭整体氛围温馨，家人之间相互关爱。而布莱斯的父亲却鄙视朱莉一家，认为她家脏乱的庭院使整个小区蒙羞。布莱斯受到了他父亲的影响，对朱莉更是逃避，直到他外公的出现。他外公认为朱莉在精神上很像他过世的妻子，在他的不断启发下，布莱斯抛开多年的偏见，开始了解并最终爱上朱莉。

电影不仅仅表达了男生、女生之间羞涩的爱情，还有对于成长、生活的思考。

第九章　牵手你我　互助共赢——团队合作

【学习目标】

知识目标：理解竞争、合作及朋辈互助的内涵与意义。

能力目标：培养团队合作精神，提高合作能力。

素养目标：增强互助意识，学会在团队中助人自助。

思政目标：践行新时代青年观，养成合作互助的优良品行，为实现伟大复兴中国梦奋斗不息。

【思维导图】

思维导图：团队合作

【案例导读】

2022年6月5日，神舟十四号飞船成功发射。太空出舱六小时，创造多个“第一次”。从打开问天实验舱气闸舱出舱舱门的瞬间，到从太空看地球的画面，再到航天员与小机械臂协同工作的场景，历历在目，振奋人心。

天地一体，乘组一心。出舱活动取得圆满成功，既源于舱内外的密切配合，也离不开天地间的周密协同。为了克服新人新舱带来的新挑战，乘组任务分工明确，航天员密切协同互助；为了更好地提供支持，出舱活动专业支持小组在出舱活动期间集中协同工作；为了更好地支持航天员完成空间站设备安装、检修等出舱任务，安全绳研制团队通过大量试验验证，最终研制出长度更长且可伸缩的安全绳。正因为有乘组的共同担当，有地面人员的支持保障，有工程全线科研人员的辛勤付出，出舱任务画上了圆满句号。

一个人的努力是加法，一个团队的努力是乘法。秉承互助精神，激发协同智慧，凝聚团队力量，从“神舟”问天到“嫦娥”奔月，从“天问”落火到“羲和”探日，我国航天事业的每一次成功和进步都离不开航天团队协同配合形成的强大合力！

第一节　竞争与合作

一、竞争与合作的概念

竞争是为了胜负优劣而进行的争斗，是指不同的个体为同一个目标开展争夺，促使某种只有利于自己的结果得以实现的行为或意向，通常是一种激发自我提高动机的活动形式。参与竞争的目的是超越自我，开发潜能，激发学习热情，提高工作效率，取长补短，共同进步。

合作是指不同个体为了共同的目标而协同活动，促使某种既有利于自己又有利于他人的结果得以实现的行为或意向。合作不是大家做共同的事情，而是为了一个共同的目标，分工做不同的事情。合作能力是大学生从事各种职业必备的核心能力，大学生要想参与社会竞争并取得事业的成功，就必须增强合作的信念，充分做好合作的心理准备。

二、竞争与合作的原因

1．相互依赖

凯利等人在探讨合作与竞争行为产生的原因的时候，提出了相依理论，其中有一个重要的概念是“转换”。例如，我们在图书馆听音乐时，虽然可能更喜欢将音乐外放，但实际上会选择戴上耳机把音量调小，以致不影响他人。这时就体现出了“转换”这个概念，我们会为了更加长期的最大化的利益而选择暂时放弃眼前的利益，与别人达成合作。

2．情感

生活中我们经常会发现，当我们选择合作伙伴时，往往会选择与自己关系比较好的那些。研究证实，情感可以激发人们利他主义的价值取向。当一个人对群体中某一特定个体产生心意相通的感觉时，他倾向于与这个个体合作。

3．攻击本能

研究者认为，人类采取竞争行为的其中一个原因是出于攻击本能。研究发现，随着雄性激素水平升高，愤怒的倾向也会升高，而愤怒与攻击本能有着密切的关系。因此，雄性激素会直接影响着人的攻击本能，其水平越高，攻击的倾向就会越强。如果攻击本能被激活，个体会更多地采取竞争行为。

三、竞争与合作的意义

1．竞争的意义

竞争是生存的必须和必然。由于人类具有更倾向于竞争的心理特点，决定了合作是暂时的而竞争是绝对的。一个正常发展的人，既需要有良好的合作能力，善于赢得支持，促成更大、更广泛目标的实现，也需要有良好的竞争能力来面对挑战。竞争迫使人不断进取，为发展做出不懈努力，从而使社会进步有了源源不断的动力。

【心理小贴士】

鲶鱼效应

挪威人爱吃沙丁鱼，如果在海上捕到沙丁鱼后能让它们活着抵港，卖价就会比死鱼高好几倍。但是，由于沙丁鱼生性懒惰，不爱运动，返航的路途又很长，因此捕捞到的沙丁鱼往往一回到码头就死了，即使有些活的也是奄奄一息。只有一位渔民的沙丁鱼总是活的，而且很生猛，所以他赚的钱也比别人的多。该渔民严守成功秘密，直到他死后，人们才打开他的鱼槽，发现只不过是多了一条鲶鱼。

原来当鲶鱼装入鱼槽后，由于环境陌生，就会四处游动，而沙丁鱼发现这一“异己分子”后，也会紧张起来，加速游动，如此一来，沙丁鱼便活着回到港口。这就是所谓的“鲶鱼效应”。

运用这一效应，通过个体的“中途介入”，对群体起到竞争作用，它符合人才管理的运行机制。因此，我们可以发现存在竞争时才更能激发群体的生气与活力，使得个体、群体乃至社会得以不断地发展。

2．合作的意义

竞争与合作使得社会成为一个整体，只有竞争的社会是不完整、不健全的社会。在学校中，我们不难发现许多教师在班级中建立合作学习小组，小组中的同学共同学习，进行面对面的交流，小组最终的学习成绩由每个成员决定。在这种学习模式中，学生之间相互喜爱与接受的程度大大提高，进一步促进了班级同学之间的友好相处，促使形成更加愉悦的校园氛围。可见，合作是促进人们良好交往和友好共处的有效工具。在构建命运共同体的今天，在激烈的市场竞争中，合作已经成为个人和组织提高竞争力的有效途径。

“1+1>2”是个富有哲理的不等式，它表明集体的力量并不是个人力量的累加之和，也表明两个人真诚合作后的力量也不是两人力量的简单相加，良好的合作会使人力量倍增，如虎添翼。

四、竞争与合作的影响因素

社会文化中群体、人际、个人等各种层次的因素都可能对竞争与合作产生影响。

1．群体方面（家庭、学校、社会）

每个人在社会中都扮演着多重角色，身处不同的环境，必然会受到不同环境的影响。

作为子女，家庭的氛围会直接或间接地影响大学生的竞争与合作行为。一般说来，如果父母相对来说更加民主、平等、开明，更能尊重子女的想法，则孩子的心理健康水平会更高，合作的意识也会更强。

作为学生，校园的文化、氛围会对大学生的价值观念产生影响。如果在学校中接触到的更多是通过合作的方式获得相应的回报，那么就能更好地传递合作意识，学生也善于合作。

作为社会人，在这个充满挑战的社会，社会风气、文化、群体氛围都会潜移默化地影响大学生最终选择合作或是竞争。

2．人际交互作用

“人敬我一尺，我敬人一丈”，我国传统文化的价值观揭示了人们在交往中合作倾向的根源。根据社会交换理论，如果我们能在交往中与对方形成一种和平的关系，那么我们就会让这种关系保持下去，也就是我们会选择“敬别人一丈”；反之，如果对方自私自利，与我们产生竞争的关系，那么我们就会以同样的方式“回敬”。

此外，在人际交往中，不可或缺的就是沟通。群体成员间的沟通会影响合作或竞争行为的产生。威克曼的实验设置了一个囚徒困境，以研究沟通对于合作的重要性。结果发现（图 9-1）：在无沟通条件的情况下，竞争水平最高，只有 40% 的被试选择合作；而当实现了言语沟通后，合作概率上升到了 70% 以上。言语沟通在促使双方讨论计划、增进彼此了解、做出承诺和使对方信服等方面产生了一系列作用。通过沟通，双方增强了信任，这可能是沟通因素最终起作用的关键。

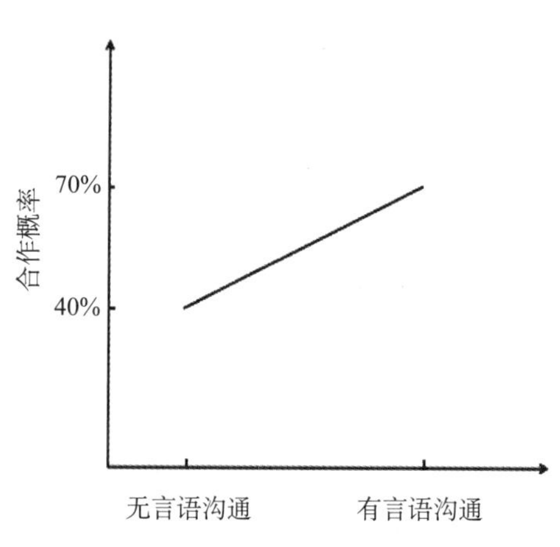

图 9-1　有沟通条件下的合作概率

【心理小贴士】

囚　徒　困　境

两个共谋犯罪的人甲、乙被关入监狱，并且不能互相沟通情况。如果两个人都不揭发对方，则由于证据不确定，每个人都坐牢一年；若一人揭发，而另一人沉默，则揭发者因为立功而立即获释，沉默者因不合作而入狱十年；若互相揭发，则因证据确实，二者都判刑八年，如图 9-2 所示。

选　项	甲揭发	甲沉默
乙揭发	各被判 8 年	乙获释，甲被判 10 年
乙沉默	甲获释，乙被判 10 年	各被判 1 年

图 9-2　囚徒困境惩罚

在囚徒困境中两人是不能沟通的，双方只能猜测对方会做什么样的选择。当你认为对方选择沉默时，自己选择揭发会获得更多的好处；而当你认为对方揭发时，你就会有两种选择，揭发或沉默。如果选择沉默，那么自己将被判 10 年，对方将被释放；如果选择揭发，那么对方也会受到惩罚，并且也会减少自己的损失。因此，不管对方如何选择，我们自己选择揭发都是好的，所以两人无法合作。

3．奖惩结构

(1) 竞争性相互依存结构。如果在群体中只有一个人能获得最优奖励,那么这个奖励是以别人的失去为条件的。在这种情况下,个体倾向于选择竞争,从而确保自己能够获得唯一的最优奖励。这种奖惩结构会大大地损害成员之间的合作倾向。

(2) 合作性相互依存结构。合作性相互依存结构,即成员之间以积极的方式相联系,每一名成员做得越好,群体越可能取得最后的胜利。这种奖励结构引导个体通过群体合作取得共同成绩来达成自己的目标。

4．个体特点

(1) 合作倾向者倾向于选择与群体成员合作,从而使包括自己在内的所有成员获得最大的利益。

(2) 竞争倾向者的目标是比别人获得更多的利益,比别人做得更好。在群体中常常选择竞争以确保自己在群体中是最优的,获得的利益是最多的。

(3) 个人主义倾向者,不在乎群体中其他成员的利益获得情况,只求自己能够获得最大的利益。

第二节 培养理性竞争与团队合作的能力

一、学会理性竞争

1．具备良好的竞争心态

在一次竞争中失败了并不代表每一次都会失败,应克服自暴自弃的心理,不断地调整前进的方向。切不可因一次的失败就产生忌恨和报复的心理,这会使人跌入无底的深渊。每个人都有成功的机会,在竞争中获得成功时不应忘记群体中的其他人,应知道竞争之中也有合作,方能在成功后带动群体,获得自己真正的成功。

2．养成正确的竞争策略

竞争战略基本形式有两种,即正位竞争和错位竞争。所谓正位竞争,就是在知己知彼的条件下,同自己实力、地位相当的对手进行正面竞争；错位竞争,就是错开对手的锋芒,以己之长击彼之短而确立相对优势竞争地位的一种战略。

【心理小贴士】

跑不掉的螃蟹

抓螃蟹的渔民往往会携带一个有小盖的竹篓。捉到第一只螃蟹后,他们会把盖子盖严,以防止螃蟹逃走。捉到第二只螃蟹后渔民就不再盖盖子了。

这是为什么？原来当有两只以上的螃蟹时,每一只都会争先恐后地朝出口处涌去,但是竹篓口很窄，只能允许一只蟹通过。于是就出现了下列匪夷所思的场景：当一只螃蟹爬到篓口时，其余的螃蟹就会用同样威猛的大钳子抓住它，最终把它拖到下层，由另一只强大的蟹踩着它往上爬。这种无序的状况只能出现一种结果，就是尽管篓口一直敞开着，但却没有一只螃蟹能够幸运地脱离牢笼。

盲目的竞争只会让自己处于不利环境中，即便本有机会走出困境，也往往因为彼此之间不愿合作而最终失去成功的机会。因此，大学生应学会理性竞争，有效地发挥竞争的积极作用。

二、培养合作精神

1. 增强合作意识

党的十八大以来，习近平总书记提出要坚持合作共赢、共同发展，推动构建人类命运共同体。新时代的青年观指出中国青年要以实现中华民族伟大复兴为己任，合作能力是大学生的核心必备能力之一，提高合作能力及增强合作意识是当代大学生立于社会所必须要做到的。

在信息技术高度发达的现代社会，人与人之间的关系越来越复杂，而合作的本质就是与他人打交道，所以有一个良好的人际关系是极其重要的。大学生在校以及走上工作岗位后，一定要虚心学习，与人为善，最大限度地获取他人的支持与帮助。

2. 提高合作技能

合作究其根本还是一个人际互动的过程，当我们帮助别人满足他们的需要时，相应地也会从别人那里获得帮助。当我们希望别人怎么对待我们的时候，我们要先用同样的方法去对待别人；当我们希望从别人那里获得什么的时候，我们要先学会付出，人与人之间的合作是互相的，如此才能在合作中和平相处一同取得丰厚的收获。无数经验证明，在合作的过程中，仅仅依靠自己的力量是不能获得成功的，成功者都是善于借助他人的力量。

然而，和有些人相处很容易，但和有些人相处却很难。产生冲突的原因就在于我们有时候过于强调人与人之间的差异。这就要求我们要注意学习沟通技能，和他人建立互相信任、团结合作的关系。掌握沟通技巧后，那些曾经使你头痛的人物，也会和你由冲突转向合作。事实上，合作的真谛就是优势互补、共同提高、实现双赢。

【心理训练游戏】

盲　阵

心理训练：盲阵

目的：增强团队合作，学习团队解决问题的方法。

时间：15 分钟左右。

人数：20 ～ 30 人。

道具：5 米长的软绳 6 段，袋子 6 个，眼罩 30 个。

游戏程序：将所有成员分为 6 人一组，每组一个放有一段长绳子的袋子。每组成员站在活动场所的一处。让每个成员戴上眼罩,告诉他们每组面前有一个袋子,袋子里面有一根长绳。每组的任务是把绳子拿出来,把绳子拉成一个圆圈,每个人要站在绳的外围,保持距离均等。做完之后,可以再做一遍,把绳子拉成别的形状,如三角形、正方形甚至一条直线等。

三、培育团队精神

1. 团队精神概述

团队精神是指团队成员为了实现共同的目标和利益而选择彼此合作的意愿和作风。团队精神是高绩效团队的灵魂和成功团队的素质。团队精神包含三个层面的内容,即团队凝聚力、团队合作意识和团队士气。

团队凝聚力是针对团队和成员之间的关系而言的,表现为团队成员强烈的归属感和一体性,把个人工作和团队目标联系在一起,对团队忠诚,对团队的成功感到自豪,对团队的困境感到忧虑。

团队合作意识是指团队和团队成员表现为协作和融为一体的特点。团队成员间相互依存、同舟共济、互相敬重、彼此宽容和尊重个性的差异,彼此间形成一种信任的关系。

团队士气是团队精神的一个重要方面。拿破仑曾说过:“一支军队的实力,四分之三靠的是士气。”为团队目标而奋斗的精神状态对团队的业绩非常重要。

团队精神对于整个团队的发展具有重要的意义,主要表现在以下方面。

(1) 目标导向功能。团队精神能够使团队成员齐心协力,朝着一个目标努力。对团队成员来说,团队要达到的目标即是自己必须努力的方向,从而使团队的整体目标分解成各个小目标,在每个队员身上都得到落实。

(2) 团结凝聚功能。任何组织群体都需要一种凝聚力。团队精神通过队员在长期的实践中形成的习惯、信仰、动机、兴趣等文化心理,来沟通人们的思想,引导人们产生共同的使命感、归属感和认同感,培养群体意识,逐渐强化团队精神,产生一种强大的凝聚力。

(3) 促进激励功能。团队精神要靠每一个队员自觉地向团队中最优秀的员工看齐,通过队员之间正常的竞争达到实现激励功能的目的。这种激励不是单纯停留在物质的基础上,而是要能得到团队的认可,获得团队中其他队员的认可。

(4) 实现控制功能。在团队里,不仅队员的个体行为需要控制,群体行为也需要协调。团队精神所产生的控制功能是通过团队内部所形成的一种观念的力量、氛围的影响,去约束、规范、控制团队的个体行为。这种控制不是自上而下的硬性强制力量,而是由硬性控制向软性内化控制;由控制个人行为,转向控制个人的意识;由控制个人的短期行为,转向对其价值观和长期目标的控制。因此,这种控制更为持久且更有意义,而且容易深入人心。

(5) 团队互助功能。团队精神所带来的归属感、认同感以及良好的文化、心理氛围,会使得团队成员在群体中体现出助人与自助的倾向,团队成员之间会相互影响、相互促进、互助共赢。

2. 团队目标

当团队成员具备实现目标的相关知识和技能，以及与他人合作的愿望时，团队合作可以达到预期的目标。优秀团队合作的关键是创造一种归属感，这是团队成就的重要因素。

根据马斯洛需要层次理论，个体有归属与爱的需求，每个人都希望有一个可以归属、可以依靠的港湾。在社会中，每个人都希望被一个组织接受并成为这个组织的成员。只有这样，在面对无论是自然还是社会的各种困难和危险时，我们能得到团队这个大家的帮助，才能够战无不胜。这就是人生存和寻求“安全”的需要。如果一个公司或单位能够充分利用员工对这种“安全感”的心理追求，让员工感觉到自己像身处港湾一样可以遮风避雨，那么这个团队就充满了凝聚力和向心力，团队成员也就有充足的内在动力。

要建立一支高绩效的团队，并使团队成为成员可以信赖的港湾，首要任务就是确定团队的目标。目标是团队存在的原因，也是团队的核心动力，是团队决策的前提。没有目标的团队只能是步履维艰，在猜测和运气不确定的情况下，风险因素很大。团队目标的实现与所有成员的利益息息相关，也是激励每个人、协调成员行动的关键因素。

3. 团队精神的培养

团队精神的培养可以从以下几个方面入手。

（1）明确提出团队目标。目标是把人们凝聚在一起的力量，是鼓舞人们团结奋斗的动力，也是督促团队成员的标尺。要注意用切合实际的目标凝聚人、团结人，调动人的积极性。

（2）健全团队管理制度。管理制度可以使人们的行为规范化。好的团队都应该有健全完善的制度规范，如果缺乏有效的制度，就无法形成纪律严明、作风过硬的团队。

（3）创造良好沟通环境。有效的沟通能及时消除和化解团队内部的分歧与矛盾，因此，必须建立良好的沟通环境，以增强团队凝聚力，减少“内耗”。

（4）尊重每个团队成员。尊重是调动人的积极性的重要前提。尊重团队中的每个成员，人人都感受到团队的温馨。关心成员的工作与生活，将会极大地激发成员献身事业的决心。

（5）引导成员参与管理。每个成员都有参与管理的欲望和要求，正确引导和鼓励这种愿望，就会使团队成员积极为团队发展出谋划策，贡献自己的力量与智慧。

（6）增强成员全局观念。团队成员不计较个人利益和局部利益，将个人、部门的追求融入团队的总体目标中去，方能达到团队的最佳整体效益。团队中成员之间的关系，一定要做到风雨同行、同舟共济，只有通过集体的力量，充分发挥团队精神才能使工作做得更出色。

如果大家能协同合作，承担起自己在团队中的角色，发挥自己的作用和长处。那么就能使整个组织得到质的升华，每个人也会变得更加强大。在团队中常见的角色有以下几种（表 9-1）。

表 9-1 团队角色分类

团队角色	典型特征	作用	优点	缺点
实干者	有责任感，做事效率高，守纪律，但比较保守	由于其可靠、高效率及处理具体工作的能力强，因此在团队中作用很大；实干者不会根据个人兴趣，而是根据团队需要来完成工作	有组织能力、务实，能把想法转化为实际行动；工作努力、自律	缺乏灵活性，可能会阻碍变革
协调者	冷静、自信，有控制力	擅长领导一个具有各种技能和个性特征的群体，善于协调各种错综复杂的关系，喜欢平心静气地解决问题	目标性强，待人公平	个人业务能力不太强，较易将团队努力归为己有
推进者	有挑战性，好交际，富有激情	是行动的发起者，敢于面对困难，并义无反顾地加速前进；敢于独自做决定而不介意别人的反对。推进者是确保团队快速行动的最有效成员	随时愿意挑战传统，厌恶低效率，反对自满和欺骗行为	有挑衅嫌疑，做事缺乏耐心
创新者	有创造力，个人主义倾向明显	提出新想法和开拓新思路，通常在项目刚刚起动或陷入困境时，创新者显得非常重要	有天分，富于想象力、智慧，较为博学	好高骛远，不太关注工作细节和计划，过分强调自己的观点
信息者	外向、热情、好奇，善于交际	有与人交往和发现新事物的能力，善于迎接挑战	有天分，富于想象力，有智慧，较为博学	当初的兴奋感消失后，容易对工作失去兴趣
监督者	冷静、谨慎，不易激动，会做精确判断	监督者善于分析和评价，善于权衡利弊来选择方案	做事冷静，判别能力强	缺乏超越他人的能力
凝聚者	合作性强，性情温和、敏感	善于调和各种人际关系，信奉“和为贵”，可使团队协做得更好，团队士气更高	随机应变，善于化解各种矛盾，促进团队合作	在危急时刻可能优柔寡断，不太愿意承担压力
完美者	埋头苦干，守秩序，尽职尽责，易焦虑	对重要且要求高度准确性的任务，完美者在管理方面崇尚高标准、严要求，注意准确性，关注细节，坚持不懈	坚持不懈、精益求精	容易为小事而焦虑，不愿放手甚至吹毛求疵

第三节　大学生朋辈互助与团队合作

运用朋辈互助开展团队建设，是促进人才培养的独立创新方式，有利于促进团队优化，提升团队凝聚力。朋辈互助与团队建设相辅相成，良好的朋辈互助氛围能有效促进团队的成长，而完善的团队建设又会反作用于团队成员，增强朋辈互助。

本节将就朋辈互助展开讲述，帮助同学们了解朋辈互助，获取朋辈互助，成为朋辈互助者，从而培养大家的团队合作精神，同时促进大家在团队中的成长和发展。

一、朋辈互助概念

1. 朋辈

朋辈是指同辈、同伴、同伙等，也指拥有共同的生活背景，年龄、地位、社会背景相似的一类人。朋辈间年龄相近，关注的热点相似，具有相似的价值判断标准和经验，生活方式和理念相似，既有着情感因素的维持，又有着共同存在的意义与方向。

2. 朋辈互助

朋辈互助包含学业互助、生活互助、心理互助、生涯互助等。熊秀兰综合国内外学者对朋辈互助育人概念进行了界定：具有相同背景或由于某种原因拥有共同语言的同辈人互相分享感受、观念或行为技能，通过同辈间的榜样示范、情感浸染、观念熏陶，使受教育者（同辈）掌握学习方法，习得专业技能，转变思维方式，提高思想认识，促进身心健康，从而获取课堂外的教育。

二、朋辈互助意义

研究表明，父母双亲、同伴、教师对个体在人际交往关系上的影响伴随年龄增长不断发生变化。在大学期间，同龄朋辈之间人际关系彼此影响比率高达 80%。近距离的同龄朋辈接触频繁，交往密切，心理也趋于亲近认同。同龄朋辈在校共同生活、探讨学习、协同工作，能够有效对同龄求助者进行直接的心理和行为观察、监督和干预，可更为有效地促进青年大学生成长成才。党的十九大报告指出："青年兴则国家兴，青年强则国家强。青年一代有理想，有本领，有担当，国家就有前途，民族就有希望。"青年一代自助互助可使他们具备优良的品德及良好的心理素质。

1. 增强学生自我教育的主动性

大学生朋辈互助是朋辈之间的一种相互帮助、相互学习的隐性教育过程，是大学生主动进行自我教育的方法。朋辈之间能够利用自我教育调节自身和同伴面临的各项问题。在进行自我教育的过程中，大学生实现了自我价值，增强了自我责任感。因此，朋辈互助调动学生自我教育的意识，增强自我教育的主动性，有利于大学生自身的健康成长。

2. 补充大学生教育力量

朋辈同学住宿、饮食、学习都在一起，容易形成建立相互信任、相互倾诉关系，双方之间的意见来源于身边的人，对于大学生来说比较容易接受，不会产生抵触情绪；同时，朋辈同学之间能够第一时间了解对方状况，发现同伴存在精神压力，可以随时帮助疏导。因此，可以充分利用朋辈间的相互影响来补充对大学生的教育力量。

3. 构建同学之间互促发展的关系

朋辈互助通过常态化互助、互励，构建了同学之间互促发展的关系，增进了同学间的学

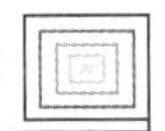

习和生活的交流，能够在彼此帮助和学习中提升自身素质，实现自己的人生价值，找到群体归属感，这对于促进朋辈间形成和谐、健康关系，促进共同进步以及全面发展具有极其重大的意义。

4．干预学生危机事件的发生

大多数学生的危机事件未发生前朋辈同伴都能感知到异常，且这是预防危机事件发生的最佳时期。朋辈互助可以在学生危机事件发生前及时进行干预，将危机事件的苗头提前解决，以防危机事件的发生。因此，朋辈互助可以在恰当的时机及早地减轻学生存在的心理困惑和精神压力，有助于把危机事件化解在初始状态，即使不能控制危机事件的全部状况，也能够及早发现，做到提前预警。

三、朋辈互助渠道

高校学生在校期间同吃、同住、同学、同行，身处一个共同的系统，且处于相同的人生发展阶段，具有天然的群体同质性；而由于他们来自不同的地域和家庭，又存在个体差异性。这样的同质性和差异性为朋辈互助的开展提供了土壤。朋辈互动每天都在不同个体之间以“点对点，辐射性”的方式发生，具备可传导、易扩散的特性，因此朋辈互助的渠道是多元的，在任何时刻和地点都可以看到大学生的朋辈互助。

1．学生骨干朋辈互助

大学生骨干队伍基本上由学生党员、团干部、辅导员（班主任）助理、班级干部、寝室长等组成，目前国内大多数高校已构建较为完善的心理健康四级网络体系，而大学生骨干大都被吸纳其中。学生骨干“从群体中来，到群体中去”，在学生需要心理帮助时能够第一时间出现在其身边，提供力所能及的帮助，他们能深入地了解同伴群体的各个方面，并以更强的管理与自我管理能力帮助周边的同学解决各类问题。

2．“学长制”朋辈互助

在“朋辈支持理论”下，青少年的成长离不开同龄人的帮助和支持。要让青少年“少走弯路”，将更多精力和时间用在学习和生活上，就要充分发挥朋辈中助理辅导员、高年级同学、有经验同龄朋友的力量。“学长制”就是在不同年级交叉吸纳优秀人才构建“朋辈优秀学长”群体，“学长”们充分利用朋辈之间的信任与方便沟通交流的特点，帮助低年级学生解决适应、学习、生活、人际、就业等方面的问题；通过分享经验，给低年级学生基本的参照，帮助他们在陌生的校园生活中找到共同的声音，了解成长与环境转变所带来的困惑，帮助他们摆脱迷茫，走出困扰，尽快适应大学学习生活，并融入新的班集体。

3．学生社团朋辈互助

大学生参加高校社团活动并成为高校社团的一员，让他们结识了不同专业、不同阅历的其他人，这些人成了大学生“社会网络”的一部分，而仅仅只是成为社会网络中的一员就能够给予人们归属感和认同感。这些同学、朋友和熟人能够在个人有需要时,成为提供帮助和支持的来源。他们能够通过倾听某人的问题,给予同情和鼓励来提供情感支持,能够成为提供指导和信息的重要来源。高校社团给予参加者以机会与不同背景的同伴交上朋友,拓宽了他们的眼界。

4. 班集体朋辈互助

古语有云“近朱者赤,近墨者黑”,说明环境对人的塑造作用十分重要。社会环境、集体环境对一个人的个性生成、品格养成、行为形成具有十分重要的影响,良好的集体生活能够使人向善、向美,良好的群体环境能够给人积极的影响。在班级内部组建团队,互相带动和补充,促进学生们全方位、立体化发展,提高他们的综合能力。通过积极引导,使学生间形成良好的互动关系,朋友间互帮互助,从而强强联合,在共同合作的基础上实现资源共享,取长补短,共同进步。

5. 信息化朋辈互助

信息化的飞速发展使得人际交往不再受时间和空间的约束,朋辈互助也就有了依托媒体开展的可能性。当下,诸多高校已经开发了朋辈心理互助平台,如清华大学“清心伙伴”朋辈互助平台、湖南大学“麓山心语”网络工作室等,还有许多高校存在学生自治的互助平台。这些信息化平台依托于当下大学生常用的社交软件开发或构建,如微信、QQ、微博等。高校大学生在遇到学习、生活、情感等方面的问题时,都可以寻求这些互助平台的帮助。

四、朋辈心理辅导

1. 朋辈心理辅导概念

朋辈心理辅导或称朋辈辅导、朋辈心理咨询等,是运用大学生之间年龄相近、环境相同、经验和价值观相似等特点,同伴之间相互提供倾听、同理与经验分享,是协助同学探索自我、适应环境,增进自我成长的一种人际帮助过程。其目的是使学生建立良好的社会支持系统,克服成长中的障碍,有效调控行为,形成良好的个性品质,了解自己和他人,增进社会适应能力和充分发挥潜能。

微课:朋辈心理辅导

2. 朋辈心理辅导分类

1)按辅导内容分类

朋辈心理辅导涉及大学生学习和生活的各个方面,如学习辅导、生活辅导、生涯辅导、适应辅导、不良行为矫治、危机干预等。

(1)学习辅导。学习辅导是针对学习过程中发生的各种问题,如针对学习潜能、学习动机、学习兴趣、学习态度、学习习惯、学习方法和策略、学习计划与监控、成败归因、考试焦虑等所进行的辅导。

(2) 生活辅导。生活辅导涉及的范围较广,包括生活目标与态度的确立、日常良好生活习惯的养成、课余时间的支配、人际交往、情绪管理、消费、休闲、安全、家庭关系处理等。大学是一个人走向社会的预演,除了学习一定的知识和技能外,学会生活和提高社会适应能力已变得尤为重要。

(3) 生涯辅导。在面临升学和就业的选择时,大学生常常会感到迷茫,朋辈心理辅导可以通过建立"学长、校友联系制",让高年级学长或校友对低年级的同学提供相关信息和技巧、方向的指导,支持和鼓励低年级同学澄清个人兴趣、价值观,以协助其拟定及实行生涯发展规划。

(4) 适应辅导。适应辅导主要是针对大一新生入学后对新环境适应问题所采取的辅导,包括熟悉校园环境、课程体系、学习方法以及休闲、消费等日常生活技能辅导等,以促进大一新生更快地适应大学的生活和学习。同时适应辅导可协助同辈学生处理个人适应或情境引起的压力问题。

(5) 不良行为矫治。进入大学后,一些学生认为终于脱离了父母的管制,开始自我放纵,可能出现网瘾、酗酒、吸毒、打架斗殴等问题。针对具有这些不良行为的同学,朋辈辅导者可以在心理健康教师的指导下对其进行矫治。

(6) 危机干预。在高校中我们常会看到越来越多的急性个案及精神疾病个案的出现,这些个案被列为危机干预对象。他们可能只是经历了一般生活适应、人际交往问题或感情问题,从而延伸到产生自伤、自杀、伤人的危险行为;也可能是某种精神疾病暴发,如抑郁症、躁狂症、惊恐发作、强迫症、精神分裂症等。对于这些个案,朋辈辅导者负有及时发现、通报、看护的职责。

2) 按辅导的手段分类

按朋辈心理辅导的开展形式和手段可以划分为互助式心理训练、互助式心理激励、互助式心理辅导、互助式心理暗示。

(1) 互助式心理训练。互助式心理训练是一种群体式的心理互助活动,主要采取角色扮演、心理剧等训练方法。学生既是训练者,又是被训练者。学生通过扮演各种角色,用心体会不同角色的思想和内心情感,纠正自己对他人的错误认知,达成相互理解,学会一定的社交技巧和应变能力,从而达到互相训练、互相学习、共同提高的目的。通过话剧、小品的表演,也能取得教育其他同学的效果。

(2) 互助式心理激励。互助式心理激励是指同学之间给予积极的刺激,使每一位学生都能以积极的心态对事、对人、对己,对待学习、工作、生活,使他们在互相激励中获得一种"高峰体验"。学生在学习、工作、生活中,不仅需要别人的关注,而且需要别人的支持和鼓励。发动学生帮助身边的同学寻找其优点,开展互赠格言活动,帮助个别学生战胜挫折,克服困难,迎接挑战。开展互助式心理激励应当让学生广泛参与,主动投入。

(3) 互助式心理辅导。互助式心理辅导主要指通过培训和督导一批志愿从事心理援助工作的学生,在心理辅导基本原则的指导下,对周围需要心理帮助的同学给予心理开导、安慰和支持,提供一种具有心理辅导与咨询功能的服务。这些学生具有真诚、友爱、热情等品质，加之同龄人之间经验、背景、观念相似，容易产生共鸣并实现心理上的相通、兼容。

互助式心理辅导能促进学生了解自己，愉快地认识社会，接纳自己，有效地调节自己，克服各种心理障碍，使之在学习上、生活上以及职业上获得最理想、最完美的自我选择和适应，逐步达到自我完善。

(4) 互助式心理暗示。互助式心理暗示是学生采用言语或非言语的手段，含蓄间接地对其他学生的心理和行为施加积极影响的活动。积极的暗示可帮助被暗示者稳定情绪，树立自信心及战胜困难和挫折的勇气。同学之间的关系密切、共同点多，往往命令少、要求少、强迫少，从众多、模仿多、默契多，所以同学之间开展互助式心理暗示会取得比较好的效果。开展互助式心理暗示要注意把握积极暗示，克服消极暗示。

3. 朋辈心理辅导员及其角色功能

1) 朋辈心理辅导员

朋辈心理辅导的形式多样，目标层次不一，任务也有所不同，实施朋辈心理辅导的人员也分为多种，具有多重身份和角色。如朋辈心理咨询员、朋辈辅导员、心理联络员、学生社团、学生骨干等，总体上可均称朋辈心理辅导员。

大学生在日常学习和生活中总会遇到一些琐碎的问题，但又没有达到需要心理咨询才能解决的程度。对此，他们经常喜欢向同学、朋友求助，同学、朋友也有很高的热情和爱心，愿意自发、主动地给予帮助。但是由于大学生本身经验和阅历有限，并不是每次都能使求助者获得有效的帮助。有的人在帮助别人的同时，还会勾起自己的伤痛，一起陷入负面的情绪当中；也有的总希望自己的心血没有白费，如果同伴没有按照自己的指导去做，就会感到受挫。

因此，通过招募志愿者组成朋辈辅导员群体，并对其进行“同伴调解计划”“沟通与助人技巧”“危机干预”“突发事件处理”“学长辅导计划”等专题训练，培养出一批在某个方面较擅长，更有效、更高明的助人者就成了必要。朋辈辅导员将在专业教师的指导下举办朋辈调解、朋辈伴读、领导示范团体、新生适应辅导等各种有针对性的活动，邀请有需要的同学参加。

2) 朋辈心理辅导员的角色功能

(1) 宣传普及心理健康知识，构建和谐校园。

(2) 促进学生心理成长。

(3) 帮助学生解决一般成长性问题。

(4) 协助心理辅导中心开展工作。

(5) 协助心理健康教育中心进行心理危机干预。

【心理小贴士】

朋辈心理辅导员的素质要求

心理辅导是人对心灵的触摸、抚慰，对心理辅导工作者的个性修养、工作理念、工作态度等方面有一定要求，这也是保证工作质量的基础。

1. 朋辈心理辅导的基本理念

1）具备“五心”

爱心，即爱人爱己之心。辅导员要对来访者有发自内心的尊重与理解，对其处境表现出真诚的理解和关注。

耐心。耐心地倾听、关注，并做好长期陪伴思想准备，不急于求成。

诚心。真诚地对待来访者。在来访者面前真实地展现自己，不骄矜做作，不装腔作势，不摆架子，不讲空话，不作权威，不作无保证的承诺。

细心。辅导过程中细心观察来访者的言行举止、神态、外在表现等，做到不放过任何细微的环节，充分了解来访者，准确把握信息，以便对来访者提供全面帮助。

虚心。充分尊重、接纳来访者。在与来访者互动中共同成长，不以个人好恶、是非标准做判断或决定。

2）做到“六戒”

戒主观武断。在辅导中要全面了解信息，不应根据自己的经验做出判断、界定等。

戒好为人师。不能以权威、经验者身份面对寻求帮助的学生，不能让学生感到不平等。

戒宣扬自己。不能以自己的经验、身份等优势面对来访者，给对方造成压力，从而让对方产生不平等的感觉。

戒随意插话。有人说“心理咨询是出租你的耳朵”，这句话充分表明“听”在辅导中的重要作用。因此“戒”不仅体现了尊重，同时也是来访者信息的主要来源。这并不表示恰当的问话也不被允许，而是要适当、适时提问。

戒“悲天悯人”。来访者不是弱者，只是在成长过程中遇到问题，这些问题如果有人帮助会比较快、比较容易解决。生活中我们每一个人都有可能遇到自己不善处理的问题，这时新角色的加入会帮助我们找到新角度和新方法看待、分析、解决当前的问题与困惑。

戒大事化小、小事化了。每一个人都是独特的，他（她）的问题也是独特的。不要单凭主观对事情的重要性、难易进行判断，决定事情处理的方式、方法，而要以当事人的需要为出发点。

3）七个“不等于”

心理辅导≠心理治疗。心理辅导不是心理治疗，两者在本质、模式、面对的问题、来访者性质等方面都不同。心理辅导以面对正常人的发展性问题为主；心理治疗则主要针对行为变态与人格障碍患者采取必要的诊断与治疗。

心理辅导≠生活咨询。心理辅导不同于日常生活咨询，心理辅导有着严格的指导要求与训练，并以发展求助者独立思考与应对能力为最终目标。

心理辅导≠社交谈话。心理辅导与社交谈话有本质区别，心理辅导是与来访者共同面对问题、解决问题，并在面对、解决过程中实现自我成长。

心理辅导≠逻辑分析。心理辅导不是冰冷的逻辑分析过程，而是一个以共感为基础，以探讨、协商为手段的反思过程，在这个过程中也可以促进咨询师的成长。

心理辅导≠交朋觅友。心理辅导需要一种“距离美”，这种距离可以使来访者有充分的安全感，这种距离也是与一般朋友关系的分水岭。

心理辅导≠安慰他人。安慰来访者不是心理辅导的主要目标，使来访者学会自我安慰和促使自己成长才是心理辅导的主要目标。

心理辅导≠替人除难。心理辅导的主要目标不是单纯帮助来访者克服当前的困难，而是结合这个问题帮助当事人树立自我解决问题的信念并培养自我解决问题的能力，以达到助人自助的最高目标，即“授人以鱼，不如授人以渔”。

2. 良好的心理品质

朋辈心理辅导员要有爱心并对朋辈心理辅导工作有很大兴趣，真心愿意帮助别人；有较强的敏感性和观察力；能及时发现和感知学生的心理需求、心理困惑；能灵活恰当地选择方法和策略对来访同学的各种问题给予指导和帮助；自信、乐观，可以用自己的言行来感染来访者；对自己的辅导能力充满自信，相信自己能够帮助其他同学。

3. 朋辈心理辅导员的工作态度

1）尊重

尊重即维护当事人的价值和尊严，其实质是为了建立良好的、安全的、舒适的咨询氛围，在这样的氛围中可以使来访者充分表达自己的困惑、烦恼、看法。尊重意味着完全接纳当事人，即接纳他（她）的优缺点，并与之平等交流；意味着彼此平等；意味着和气地对待来访者；意味着信任来访者。

2）真诚

真诚即朋辈心理辅导员要诚实可靠，在来访者面前表里如一，真实展示自己。真诚是内心的自然流露，不是靠技巧可以获得的。真诚建立在朋辈心理辅导员对来访者关爱的基础上，同时也建立在朋辈心理辅导员自我接纳、自信谦和与自我保护基础上。

3）共情（共感，同感）

共情是指朋辈心理辅导员在观察、聆听过程中，推断出当事人的感受、信念和态度，并有效地将这些感受传达给当事人，使当事人感到朋辈心理辅导员能充分地理解他、明白他，从而产生一种温暖的被接纳感以及舒畅的满足感。

一方面，共情使朋辈心理辅导员能准确地把握来访者的心理问题，营造出一种充满理解、体谅、关心、温暖和爱护的氛围，让来访者感到自己被接纳和理解，感到愉快、满足，从而建立更融洽的辅导关系。另一方面，共情可以促使来访者自我表达，使来访者在良好气氛中有效地去探索自己，更多地了解自己，有利于双方更深入地沟通。

4. 朋辈心理辅导员的伦理规范

(1) 保密。没有征得对方的同意，不得将双方的言行随意泄露给任何人或单位（遇到难题向督导教师咨询情况除外）。朋辈心理辅导员进行案例讨论时要隐去相关的身份信息，以保护来访者权益。

(2) 用自己的能力提供高质量的心理帮助。由于朋辈心理辅导员并非专业工作者，完全要求其为来访者提供专业帮助是不现实的，但朋辈心理辅导员要有提升自己能力达到专业心理辅导水平的意识和愿望。

(3) 在自身能力范围内开展工作。朋辈心理辅导员要认清自己的能力，不要轻易接受

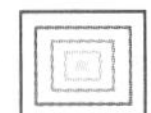

超出自己能力的工作。这不仅是对自己负责,也是对当事人负责的表现,因为不适当的咨询会给来访者带来更大的伤害。

(4) 维护来访者权利与利益。尊重来访者自主权,不能将自己的价值观强加给来访者;来访者自己可以决定接受或拒绝辅导。公正公平对待来访者,不能因为来访者身份、身体条件、经济条件、学习情况等而作差别对待,保证辅导过程中来访者不能受到伤害。

(5) 诚实地向来访者做出承诺。朋辈心理辅导员要对来访者做出忠信的承诺,不能欺骗、隐瞒来访者,这是顺利开展心理辅导工作的重要保障。

(6) 避免与来访者建立双重或多重关系。专业的心理咨询要求来访者和咨询者不能建立双重或多重关系,由于朋辈心理辅导员身份特殊(来访者与咨询者可能是同学关系、朋友关系),所以工作中朋辈心理辅导员如果遇到自己朋友或同学来咨询、寻求帮助,最好找他们不熟悉的朋辈心理辅导员来辅导。

【案例讨论】

从1842年马克思和恩格斯第一次会晤起,以后的40年里,他们在领导国际共产主义运动的伟大斗争中团结作战,患难与共,建立了真挚的友谊。由于革命斗争需要,他们曾身处两地近20年,但他们之间的关系不仅没有因此而疏远,反而联系越来越密切。他们几乎每天都要通信,交谈各种政治事件和科学理论问题,共同指导着各国的无产阶级革命运动。马克思不仅十分钦佩恩格斯的渊博学识和高尚人格,而且对恩格斯的身体很关心。

有一段时间,恩格斯生病,马克思时时挂在心上,他在给恩格斯的信中说:"我关切你的身体健康,如同自己患病一样,也许还要厉害一些。"恩格斯为了"保存最优秀的思想家",在经济上资助贫困的马克思,使其能专心致力于革命理论的研究,他违背自己本来的意愿,到父亲经营的公司中去从事那"鬼商业"的工作。

当《资本论》第一卷付印的时候,马克思给恩格斯写信说:"其所以能够如此,我只有感谢你!没有你为我做出牺牲,我是绝不可能完成三卷书的巨大工作的。我满怀感激的心情拥抱你。"恩格斯尽管做出了巨大牺牲,但他始终认为,能够同马克思并肩战斗40年,是一生中最大的幸福。

马克思与恩格斯之间的这种崇高的革命友谊,正如列宁所赞扬的,它"超过了古人关于友谊的一切最动人的传说"。

讨论:

1. 找马克思与恩格斯最终取得成功的原因是什么?
2. 生活中你可以向哪些同学、朋友寻求帮助?

【心理测试】

贝尔宾团队角色测评

本问卷共有七个部分,每部分有十项陈述。每部分的总分是10分。请分配这10分给你认为最准确地描述你的行为或感觉的项目上。(你可以自由分配这10分,你认为哪一项能反映你的行为或感受，就给这一项一个较高的分数；这10分既可以分别打给几项，也可以只打到一项上。注意：每一部分的总分必须是10分。）（限时20分钟）

测试题目如下。

1. 我认为自己能为团队做出的贡献是：（　　）。

A. 我总有许多点子

B. 我能很快地发现并把握新的机会

C. 我善于发掘对实现团体目标有价值的人

D. 为创造有益的结果，我愿意面对寂寞和冷淡的对待

E. 我能有充分理由而且不带偏见地提出可供选择的方案

F. 我能与不同类型的人融洽地合作做事

G. 通常我能判断某些计划或主意是否适用于某种特定情况

H. 我可使别人对所交托给我完成的任务放心

I. 技术知识和经验通常是我的主要财富

J. 无论在一般或特别的问题上，我的建议都易于被他人接受

2. 如果我在团队中存在某些缺点，这可能是：（　　）。

A. 我太注重捕捉头脑中的一闪念，而忽视了眼前的事情

B. 每当转入新的话题时，我都喜欢大发议论

C. 我一向迁就那些观点颇有价值但却得不到足够关注的人

D. 当处理重要问题时，人们有时认为我武断、专横

E. 我比较内向，难以主动、热情地与同事配合

F. 我发现难以领导他人，这也许因为我太在乎团队气氛了

G. 如果会议安排不合理、缺乏控制并不能顺利进行，我就感到不自在

H. 对不完整的建议，我不愿意发表自己的观点

I. 除我所熟悉的题目外，我不愿发表自己的见解

J. 我倾向低估自己意见的重要性

3. 当跟他人共同完成一个项目或计划时，（　　）。

A. 我善于提出较新的见解

B. 我能很快洞察新主张中可能发生的变化

C. 我不需要施加压力就能影响别人

D. 我会尽力使会议不浪费时间或者偏离主题

E. 我相信自己的判断能力能带来正确的决定

F. 我乐于支持为了大家利益的好建议

G. 别人会信任我用有条理的方法来满足工作的需要

H. 我善于防止因大意而引起的错误或遗漏，保证计划的成功

I. 我努力维持自己专业的形象

J. 大家可以相信我的真心实意

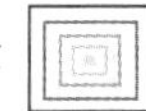

4. 我处理团队工作的特点或方式是：(　　)。

A．我会避开研究浅显的问题，而去探求没被探讨的题目

B．我喜欢为团队或组织做跟外界建立联系的工作

C．尽管我有兴趣听取别人的观点，但当作决定时我会当机立断

D．我会对不同观点进行质疑，即使处于弱势地位也能保留自己的意见

E．我通常能发现争论的线索，以反驳不好的建议

F．我会耐心地进一步了解同事们

G．当一个计划付诸实施时，我有能力让事情顺利进行

H．我总想把自己承担的工作做得更加完美

I．我会先肯定再提出建议

J．我喜欢工作中社会交往的方面

5. 我在工作中获得满足是因为 (　　)。

A．我能找到展开自己想象力的机会

B．我有机会接触到持有新见解的人

C．我能使人们在关键问题和目标上达成共识

D．我对决策权有重大的影响力

E．我喜欢分析形势，权衡各种可能的选择

F．我感到自己能够促进团队的工作关系

G．我喜欢发掘解决问题的实际方法

H．我感到自己有一种能使自己聚精会神地投入工作的素质

I．我感到可以尽情发挥自己的特长及技能

J．我通常找一份能发挥自己特长的工作

6. 如果突然接受一份紧迫并且需要跟不熟悉的人合作的任务时，(　　)。

A．我会自己先行设计解决方法，然后努力将它向团队推销

B．我会公开讨论某观点，从而激发起新的主张，推动工作进展

C．我会根据不同的人的长处寻求减轻工作量的办法

D．如果团队工作没有起色，我会带头发挥作用

E．我相信自己会保持冷静并能理智思考

F．我愿意与表现得积极的人一起工作，即使他可能难于相处

G．尽管有冲突的压力，我还是能将该做的工作向前推动

H．我天生的紧迫感能确保我们按时完成任务

I．我将尽量多地阅读相关的资料

J．不管环境如何，我通常会成功

计分规则与结果解释：贝尔宾团队角色测评

7. 与团队一起工作遇到问题时，(　　)。

A．有时我面对棘手的问题时会感到无能为力

B．如果我不能积极参与激励别人时，我就会觉得无聊

C．当我自己不能独立完成任务时，我会主动要求他人的帮助

D．当别人进度缓慢时，我会做出过激的反应、显得不耐烦

E．一些人批评我太注重理性分析

F．在难以应对或在重要人物面前，我总是不愿直陈自己的观点

G．当工作目标不明确时，我发现自己很难开始做事

H．别人并不欢迎我希望确保每一重要细节都准确无误的态度

I．我觉得自己时常浪费时间，但我希望进行改善

J．我发觉别人不给我足够的机会让我畅所欲言

【能量补给】

1. 你参与或带领过哪些团队？你们的团队精神如何？你怎么定义团队精神的内涵？

2. 从现有的资源条件出发，你想为提高自身竞争力做些什么呢？

3. 学习生活中，你曾接受过朋辈互助吗？你会在哪些问题上求助朋辈呢？

【拓展阅读】

1. 图书《共好》

本书讲述了一家工厂由系统排名32位在经过一年的共好精神推动而晋级到系统第21位的故事，其中主人公之间的率性对话也让我们感受到了简单人际关系的宝贵。共好精神包含三个层面：松鼠的精神——做有价值的事情；海狸的方式——掌控达成目标的过程；大雁的礼物——相互鼓舞，传递正能量。讲述了三个让企业繁荣的方法、步骤、管理名词。《共好》一书还为大家提供了一个操作性极强的共好流程图，供人们循序渐进地实施书中所介绍的新颖、独到的方法。

2. 电影《牛仔裤的夏天》

该电影讲述了四个性格迥异的女孩意外地发现了一条牛仔裤，并神奇地成了友情的信物，伴随她们开始各自的旅程。牛仔裤承载着友谊与勇气在她们之间传递，陪伴她们，学着去爱，学着长大。

第十章　职业规划　共绘蓝图——生涯规划

【学习目标】

知识目标：了解职业生涯规划的内涵及原则、路径。

能力目标：明晰职业规划的原则、路径，了解大学生择业的偏差心理。

素养目标：具备就业心理问题的心理调适能力。增强生涯规划意识，提升自我生涯规划的能力与水平，以更好地获得自我发展。

思政目标：树立正确的职业价值观，肩负使命，立足实际，在平凡的岗位上努力实现职业理想，努力成为担当民族复兴重任的时代新人。

【思维导图】

思维导图：生涯规划

【案例导读】

高考后，春山被一所外贸院校物流专业录取。但春山并不了解专业内容，一时迷茫于未来的发展。

入校后经过深入学习，春山发现自己很喜欢这个专业。一方面，春山擅长英语，且学校外语教学力量雄厚，十分利于提升就业能力；另一方面，自己的家乡就是省内数一数二的物流集散中心，可预见的就业前景良好。很快，春山树立了目标，确定了职业发展方向：回到环境和风土人情都熟悉的家乡发展，并努力进入知名物流企业。

几年学习中，春山始终努力向职业目标靠拢，不仅成绩优秀，还多次获得奖学金，并考取了物流专业的各种证书。毕业前的校园招聘会上，春山被家乡的三家企业同时看中。入职后，春山业绩突出，不到两年就晋升为公司业务主管。

那么，你觉得春山是如何去做就业规划的？他成功就业的主要内因又是什么？本章我们将一起探寻答案——首先聊聊生涯规划与自我探索的关系，其次探讨如何做好职业生涯规划设计，最后了解一下如何调适择业心理偏差。

第一节 职业生涯规划概述

罗曼·罗兰说过：世界上许多事业有成的人，并不一定是比你的机会好，而仅仅是因为他比你能做。亚当·马奇克也曾说过：对一生进行充分规划永远都是一个好想法，但一定要用铅笔写下来，而且手边还要有块橡皮擦。

一、职业生涯规划的概念

职业生涯规划又叫职业生涯设计，是指个体依据一定的主客观条件，有目的地对自己的兴趣、爱好、知识、技能、动机、能力、性格等特点进行测定、分析、总结，据此确定自己一生最佳的奋斗目标，并为实现这一目标做出具体计划和行动的过程。

首先，职业生涯规划的目的绝不仅仅是帮助自己找到一份合适的工作，实现个人目标，更重要的是帮助我们真正了解自己，为自己定下事业大计，筹划未来，拟定一生的发展方向。“人生也有涯而知也无涯”，每个人的生命长度是有限的，如何在有限的生命中找寻人生的快乐源泉，达到自我了解和自我实现，让自己的人生精彩无限，这其实就是不断做出选择的过程，这也是职业生涯规划的意义所在。

当然这里也要澄清一下，对大学生来说，进行职业生涯规划并不意味着过早地把自己的人生用条条框框给框住，而是去发现什么是自己真正想要的，从而树立适当的目标。这样在实现目标的过程中，我们才能更加愿意为了自己的目标解决遇到的困难。曾经有人说，一个有明确的人生理想和目标的人，坚定不移地朝向目标努力，全世界都会为他让路。

其次，生涯规划并不是一次性的，也并不是确定了目标就无法更改，而是要根据各种主客观条件进行评估和调整，甚至到职业目标受挫时要及时转换路径。

最后，职业生涯规划本身并不是需要立刻定下来自己的职业目标，甚至是一辈子的职业，职业生涯规划更多是一个探索和发现自我的过程，只有在充分尝试、充分了解的基础上才能通盘考虑自己的职业目标和需求。

二、职业生涯规划中的自我探索

古人云：“人贵有自知之明，知人者智，自知者明。”苏格拉底也曾说：“认识你自己。”大学生正处在生涯探索期和建立期的转换阶段，发现自己，认识自己和了解自己，是职业生涯规划必不可少的一部分。自我探索涵盖了很多内容，那我们在思考与职业相关的问题时，需要聚焦哪些自我探索的问题呢？

1．职业性格

大学生的职业生涯规划中，基础性的工作就是要知己，即全面了解自己。其中自我了解的重要内容是了解自己的性格。性格是人们对现实和周围世界的态度，主要表现在对自己、对别人、对事物的态度和所采取的言行上。莎士比亚曾说：“性格决定命运。”性格与职业选择的关系也非常密切。在选择职业的时候，我们要仔细分析自己的性格是否适合要从事的职业。性格反映了对工作、对职业的态度成分，直接影响到了职业的选择和职业成就感。例如，有的人对待工作总是一丝不苟，踏实认真；在待人处事中总是表现出高度的原则性、果断、活泼、负责；在对待自己的态度上总是表现为谦虚、自信，严于律己等，所有这些特征的总和就是他的职业性格。

人的性格千差万别，或热情外向，或羞怯内向，或沉着冷静，或火爆急躁。心理学的研究表明，不同的职业有不同的性格要求。虽然每个人的性格都不能百分之百地适合某项职业，但却可以根据自己的职业倾向来培养、发展相应的职业性格。不同性格特征的人员对企业而言，决定了每个员工的工作岗位和工作业绩；对个人而言，职业性格决定着自己的事业能否成功。

【心理小贴士】

MBTI 职业性格测试

既然性格对职业的选择以及职业的成功有着重大的影响，那么该如何判断自己的职业性格？心理学上有一些比较经典的性格测验。MBTI 分为外倾—内倾性、感知—直觉性、理智—感情性、判断—观察性四个维度。不管用哪种分类方法，都可以参考测评结果找到合适的职业。

MBTI 职业性格测试以瑞士心理学家荣格的心理类型理论为基础，它通过了解人们在做事、获取信息、决策等方面的偏好来从四个角度对人进行分析，用字母代表如下。

心理测试：MBTI

精力支配：外向用 E，内向用 I。

认识世界：感觉用 S，直觉用 N。

判断事物：思维用 T，情感用 F。

生活态度：判断用 J，知觉用 P。

四个角度的每个角度均有一种性格倾向，然后四个角度组合就可以形成 16 种人格类型。每一种类型表现出独特的行为与互动风格。因此在与人交往交流中、工作选择、生活平衡方面，你都可以通过了解自己“内在”的特征，以明确可能的最佳做事方法与职业选择。

2．职业兴趣

兴趣是人们力求认识、掌握某种事物，并经常参与该种活动的心理倾向，兴趣也是人们积极研究某种事物的认识倾向。一般来说，兴趣是个人职业生涯适应的一个基本方面，可以为职业生涯选择提供有效的信息。例如，我们如果对某种职业感兴趣，就会对该种职业活动表现出肯定的态度，并积极思考探索和追求。职业兴趣是兴趣在职业选择活动中的表现，它体现了职业的多样性、复杂性、与从业人员个性的多样性和复杂性之间的相互影响。通过对职业兴趣的分类，可以将个体归属到不同的职业兴趣中，从而找到其适合的职业。

兴趣对大学生职业生涯规划的影响主要体现在三个方面。

(1) 兴趣影响职业选择。兴趣是最好的教师，是一种强大的精神力量，可以使人集中精力获得所喜欢职业的知识，启迪智慧，并创造性地开展工作。

（2）兴趣影响工作效率。哈佛商学院曾做过一个研究，发现长期工作中，兴趣是激励行为的重要动力。如果一个人对其所从事的工作有浓厚的兴趣，就能发挥自己全部才能的80%～90%，而且工作效率较高，也不易疲劳；而如果从事不感兴趣的工作，只能发挥全部才能的20%～30%，且容易感到疲劳。

（3）兴趣影响职业稳定性和职业满意度。从事自己感兴趣的职业，工作满意度较高，由此让人对工作单位和工作职位的满意度较高，因而工作的稳定性也就较高。

【心理训练游戏】

兴趣岛测试

恭喜你！你获得了一次免费度假游的机会，有机会去6个岛屿中的一个。唯一的要求是凭兴趣挑出你最感兴趣的岛屿，请不要考虑其他因素，并在纸上写下三条理由。

1号岛屿：自然原始的岛屿。岛上自然生态保持得很好。居民以手工见长，自己种植花果蔬菜，修缮房屋，打造器物，制作工具，喜欢户外运动。

心理训练：兴趣岛测试

2号岛屿：深思冥想的岛屿。有多处天文馆、科技博览馆及图书馆。居民喜好观察、学习，崇尚并追求真知，常有机会和来自各地的哲学家、科学家、心理学家等交换心得。

3号岛屿：美丽浪漫的岛屿。充满了美术馆、音乐厅、街头雕塑和街边艺人，弥漫着浓厚的艺术文化气息。居民保留了传统的舞蹈、音乐与绘画，许多文艺界的朋友都喜欢来这里找寻灵感。

4号岛屿：友善亲切的岛屿。居民个性温和、友善、乐于助人，社区均自成一个密切互动的服务网络，人们重视互助合作，重视教育，关怀他人，充满人文气息。

5号岛屿：显赫富庶的岛屿。居民善于企业经营和贸易，人们能言善道。经济高度发展，处处是高级饭店、俱乐部、高尔夫球场。来往者多是企业家、经理人、政治家、律师等。

6号岛屿：现代、井然的岛屿。岛上建筑十分现代化，是进步的都市形态，以完善的户政管理、地政管理、金融管理见长。岛民个性冷静保守，处事有条不紊，善于组织规划，细心高效。

【心理小贴士】

霍兰德职业兴趣测试

职业兴趣测验是对职业指导有直接用途的工具之一。

约翰·霍兰德（John Holland）于1959年提出了具有广泛社会影响的职业兴趣理论。他认为人的人格类型、兴趣与职业密切相关，兴趣是人们活动的巨大动力，凡是具有职业兴趣的职业都可以提高人们的积极性，促使人们积极、愉快地从事该职业，而且职业兴趣与人格之间存在很高的相关性。霍兰德根据他本人大量的职业咨询经验及其职业类型理论编制了“霍兰德职业兴趣测试”。他认为根据个体对职业的兴趣可以分为实用型、研究型、艺术型、

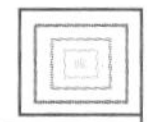

社会型、企业型和事务型六种类型，如图10-1所示。他的理论现在广泛应用于职业兴趣测试，对于个人升学就业具有重要的指导作用，已成为众多职业咨询机构的重要工具。

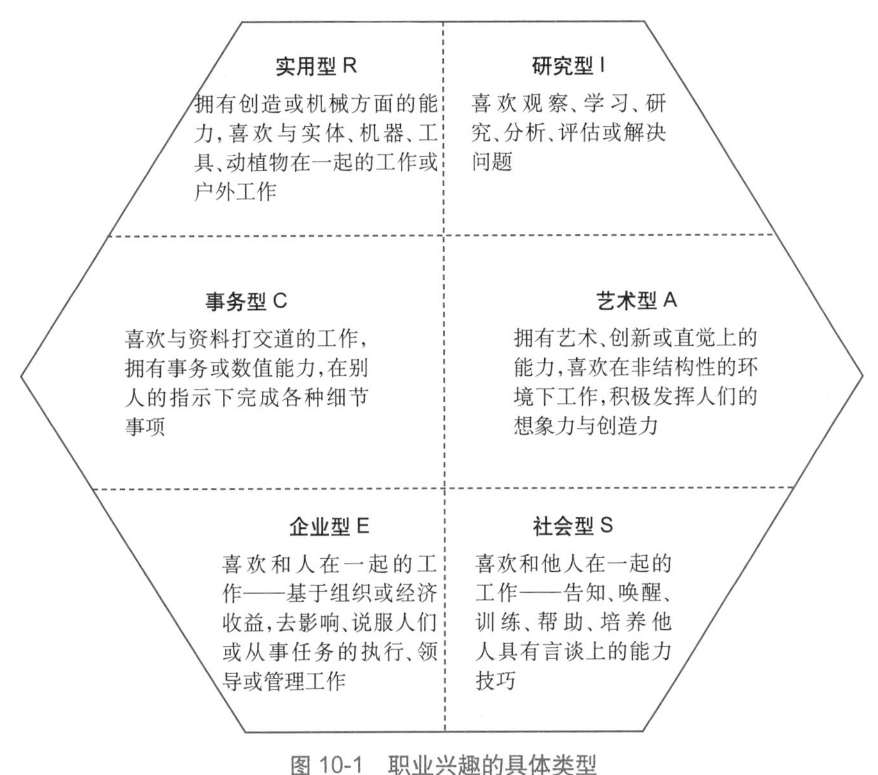

图10-1　职业兴趣的具体类型

3．职业能力

能力是一种心理特征，是顺利实现某种活动的心理条件。能力影响着个体的职业道路的选择、事业的成败。每一个职业的从业者都需要掌握一定的职业能力。职业能力是人们从事其职业的多种能力的综合。我们工作中的自信心和安全感基本来自我们所掌握的技能。但是知道某种职业能力并不代表我们拥有这种能力，拥有这种能力也不代表我们就一定会把工作做好。在工作中，每个人的职业能力特点是不同的，例如，有的人不善于表达，但善于解决实际问题；有的人口齿伶俐，但文字表述却不尽如人意。当然，每种职业所需要的能力也是不同的，很多职业需要从业者综合多种职业能力。例如，如果想成为一名教师，光有语言表达能力是不够的，还必须具有对教学的组织和管理能力，对教材的理解和使用能力，对教学问题和教学效果的分析、判断能力等，并且对学生进行有效积极的教育。这才是一名教师应具有的职业能力。

职业能力主要包含三方面基本要素：一是为了胜任某种具体职业而必须要具备的能力，表现为任职资格；二是在进入职场以后表现出的职业素质；三是开始职业生涯之后具备的职业生涯管理能力。如果说职业兴趣决定了一个人的择业方向以及在该方面想付出努力的程度，那么职业能力则能说明一个人在既定的职业方面是否能够胜任，也能说明一个人在该职业中取得成功的可能性。

【心理小贴士】

职场中重要的软技能是什么？

要获得招聘者的青睐，求职者不仅要在简历中列出相关技能和工作经验，还要在面试或求职中突出自己的优势和具有的软技能。

软技能是招聘经理或者人事经理必须要考虑的因素。

1）可靠性

可靠的员工是公司的巨大资产，是求职者应当在简历中着重突出的重要属性。有很多方法在员工的求职或者面试中突出自己的可靠性，如可以向招聘人员展示自己是一名可靠的员工，同时解释自己在最近职位中的日常职责，如在截止日期前完成任务，及时响应请求，以及主动承担任务，都是可靠性的表现。

2）沟通能力

流畅、清晰的沟通能力是招聘人员在求职者中寻找的一项关键技能。例如，有的公司实施远程或混合式的工作方式，一个团队的成员可能在不同的地方，这就更需要有效的沟通。有效的沟通可以成功地把某一信息传递给沟通对象，沟通对象能够做出预期中的回应。企业领导与员工、员工与员工都需要有效的沟通。

3）解决问题的能力

任何招聘者都不希望招聘一名工作能力很差的员工，员工要为工作单位创造价值才有被留下的可能性，那么解决问题的能力在工作中就显得至关重要。这就要求职场新人能够适应不断变化的工作情况，不断解决工作中遇到的问题并保持韧性。

4. 职业价值观

1）价值观和职业价值观

价值观是指一个人在工作和生活中最为看重的原则、标准和品质，它通常指向一个人内心的需要，对一个人的决策判断起着决定性的作用。价值观体现在日常生活中，也就是我们常常说的“值不值”。

职业价值观通常是指人生目标和人生态度在职业选择方面的具体表现，也就是一个人对职业的认识和态度，以及他对职业目标的追求和向往。理想、信念、世界观对于职业的影响集中体现在职业价值观上。俗话说：“人各有志。”这个“志”表现在职业选择上就是职业价值观，它是个体对职业的认识和态度，以及个体对职业目标的追求和向往，对一个人的职业目标和择业动机起着决定性的作用。

2）职业价值观的特点

职业价值观具有以下四个特点：一是因人而异。每个人都有自己独特的职业价值观和价值体系。二是相对稳定。人的价值观一旦形成，便会相对稳定；但当个体和外界环境发生较大变化时，职业价值观也会发生相应的改变。三是具有阶段性。当自身的需求得到满足后，个体就会产生更高层次的需求，因而职业价值观也具有阶段性。四是不唯一性。每个

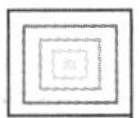

人并不是只有一种职业价值观，个人的价值观是一个完整的体系，包含多个价值观。例如择业时，一个人可能既看重工作稳定性，又希望有高收入，因而择业时常常感到苦恼。

3）职业价值观的表现和分类

由于个人的身心条件、年龄阅历、教育状况、家庭影响、兴趣爱好等方面的不同，人们对各种职业有着不同的主观评价。每种职业都有各自的特性，不同的人对职业意义的认识，对职业好坏有不同的评价和取向，这就是职业价值观的具体体现。

根据不同的划分标准，人们对职业价值观的种类划分也不同。美国心理学家洛特克在其所著《人类价值观的本质》一书中提出13种价值观，即成就感、审美追求、挑战、健康、收入与财富、独立性、爱、家庭与人际关系、道德感、欢乐、权利、安全感、自我成长和社会交往。

在职业生涯规划的过程中，对自己的职业价值观能有清晰而明确的认识，在职业决策的时候也就更加容易。职业价值观反映出个人在工作中最看重什么、最想要得到什么和最不在意什么。如果职业价值观与工作相吻合，那么工作中个人也就会更加真心努力和奋斗，工作满意度也就会越高；当价值观不清晰时，我们难免陷入迷茫、混乱的状态。

【心理训练游戏】

准备：参照表10-1，挑选出对你来说5条最重要的价值观，分别写在5张小纸条上。

澄清：

（1）现在如果你不得不放弃其中的一条，你会放弃哪一条？

（2）如果你不得不再次放弃剩下4条中的一条，你会放弃哪一条？

（3）继续下去，直到剩下最后一条。这是否是你无论如何也不愿放弃的？

讨论：

1. 通过这次活动，你对于自己的价值观有些什么样的了解？
2. 你的价值观会对你的职业选择和人生产生什么样的影响？
3. 其他人的价值观会对你的生活造成什么样的影响？

表10-1 价值观澄清游戏

价值观	描　述	价值观	描　述
声望	获得人们的敬重，对公共事务有发言权	领导性	指导、控制事情，会影响别人
高收入	远远高出生活基本需求	人际关系	人际关系和谐，同事之间关系融洽
独立性	做决定的自由、少被监督和指导。感觉我活着我存在	自我成长	工作符合个性与兴趣，展现个人能力，能在工作中获得新知，促进自我成长
助人	以此为主要职业，用毕生的努力来促使人们的健康、教育、福旨	工作挑战性	工作内容不单调枯燥，需要不断创新，解决难题，或不断实现自己想要做的事
稳定性	不必担心失业和没收入，受大环境影响	上升空间	工作晋升空间大，有发展潜力

通过了解自己的性格，我们可以发现自己适合干什么；通过对兴趣的探索，我们可以发现自己喜欢什么；通过对照职业能力的分类，我们可以发现自己能干什么；通过价值观的澄清，我们可以发现自己更看重什么，了解自己内心的真实需要。当然，自我探索和自我了解不能一蹴而就，这是个漫长而渐进的过程，需要我们在人生的发展过程中不断去探索，不断去澄清。

第二节　职业生涯规划设计

一、职业生涯规划的主要原则

职业生涯规划要从生活发展需要出发，正确认识自身的条件与相关环境，从专业、兴趣、爱好、特长、机遇等方面尽早确定自己未来的发展方向。大学是培养专业人才的重要基地，大学生应当从跨入校门开始确立自己的未来职业生涯目标。大学生在进行职业生涯规划时，应遵循以下基本原则。

1．应与社会需求相结合

择业是一种社会活动，它必定受到社会的制约。如果择业脱离社会的需求，将很难被社会接纳。职业生涯规划要把握社会对人才需求的动力，以社会需求作为出发点和归宿，这样的职业生涯规划才有现实性和可行性。

2．应与所学专业相结合

每一名大学生都有自己的专业，每一个专业都有一定的培养目标和就业方向，经过大学阶段的学习，大学生都具有某一领域专业的知识和技能，这是每一个人的优势所在。而且，用人单位在招聘过程中，首先要考虑大学生所学的专业。因此，大学生在进行职业生涯规划时，应以所学专业为依据，否则，如果所从事的职业不是自己所学的专业，在参加工作后就要重新“补课”，这无形中为自己的工作和生活增加了许多负担，对个人职业发展是极为不利的。

3．应与提高综合能力相结合

知识经济时代是崇尚创新、充满创造力的时代，应养成推陈出新、追求创意和以创新为荣的意识，要有广博的视野，掌握创新知识以及善于开创新领域的能力；树立终身学习的思想观念，不断更新知识结构，有针对性地“充电”，以适应瞬息万变的形势，跟上时代发展潮流；应注重个性发展，要用知识探索未知，解决问题，创造机会与财富，成为社会的强者。在此过程中，还应承认个人智慧具有局限性，懂得自我封闭的危险性，明确团结协作的重要性，才能以合作伙伴的优势弥补自身的缺陷，增强自身力量，在各种人际环境中有良好的沟通能力，与他人友好合作，才能更好地应对知识经济时代的各种挑战。

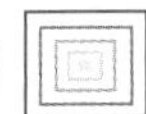

4．应与增强身心健康相结合

千变万化的社会要求大学生要有健康的体魄和良好的心理素质。古希腊哲学家赫拉克利特曾指出："如果没有健康，智慧就难以实现，文化无从施展，力量不能战斗，财富变成废物，知识也无法利用。"在人生选择与实践过程中，应培养和锻炼自己对挫折的承受能力和情绪调控能力，增加生活的磨炼与体验，以正确的人生态度对待困难和挫折。

二、职业生涯规划的基本步骤

职业生涯规划共分 6 个具体步骤（图 10-2）。

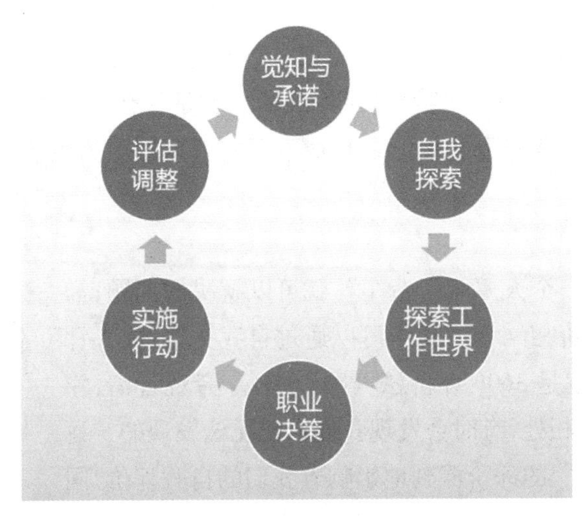

图 10-2 职业生涯规划的基本步骤

1．觉知与承诺

在觉知与承诺阶段，你已经觉悟到生涯规划的重要性，并且愿意花时间来规划自己的职业生涯。但是这并不意味着你在短时间内就可以完成职业生涯规划的所有步骤，而是需要你进一步对自我、环境等做了解，才能做出决策。但无论如何，"良好的开始是成功的一半"。既然已经认识到职业生涯规划的重要性，那就要开始着手准备。

从生涯发展的角度可以把大学分为生涯适应期、生涯探索期和生涯决定期三个阶段，每个阶段大学生都有相应的发展任务。

1）生涯适应期

大学一年级，这个阶段的主要任务是"适应"，注重培养的是对大学生活的适应和对未来职业的设想。在学习上，大学生需要了解专业及了解专业发展，同时改变高中时的学习策略，在大学社团等的工作中发展人际交往和团队合作的能力；在个人发展方面，大学生需要探索个人兴趣和价值观，避免迷茫和从众，克服自卑情绪，有正确的自我定位。

2）生涯探索期

大学二年级，大学生需要在了解职业兴趣和专业兴趣的基础上进行职业探索，通过各种途径了解目标职业。在专业上，大学生需要继续培养专业基本能力，了解职业发展所需的能力，并根据自己的兴趣和特点确定职业目标，开展与职业相关的实践等。

3）生涯决定期

大学最后一年，无论是工作还是升学、出国等，大学生都需要在这一时期做出决定，从规划走向实践。这个时期需要根据自己的需求和社会形势做出适合自己的生涯决定，同时理解生涯决定是人生众多决定中的一次，重要但不唯一。在生涯决定期，大学生要学会一些求职技巧，如收集、整理招聘信息，学会制作简历，进行面试准备、着装得体、注重礼仪等，同时包括专升本、考研等的准备。

2．自我探索

系统化的职业生涯规划是一个“从内而外”的过程，因此在职业规划时，要先认识自己。诚实地自问：我是什么样的性格特征？我的兴趣是什么？哪些东西是我生命中不能缺少的？我最看重什么？我有哪些技能是与众不同并可以赖以为生的？当然，自我探索也需要一定的方法和途径。

1）360° 评价法

自我探索并不是一个人“闭门造车”就可以解决的问题，需要自我评价和他人评价相结合。具体可以通过自我觉察、他人评价相结合的方法，也就是 360° 评价法（图 10-3）。旁观者清，家人、朋友等与我们朝夕相处，有时会发现我们自己无法发现的“盲点”。这些重要“他人”的评价深刻地影响着我们的自我评价，同时也会影响我们的职业选择。

图 10-3　360° 评价法

2）借助专业测评和咨询

许多书籍、网络和期刊中都会提供一些问卷。例如，在本章第一节中提供的一些心理测试经过了大样本的测试，可信度和有效度都很好，可以为我们的自我了解和探索提供一些线索。但是，应注意对这些测试结果要小心解释，它只是一种参考，否则“尽信书则不如无书”。除此之外，我们也可以求助于专业的心理咨询和职业咨询来更好地了解自己。

3）参加实践

积极参与社团活动、学生自治组织、实习、参观、志愿服务等各种社会实践，拓宽自己的活动领域，在新的尝试中更加全面地了解自己，“临渊羡鱼，不如退而结网”，实践出真知，实践也能让我们更加了解自己。

【心理训练游戏】

我的职业生涯规划初体验

心理训练：我的职业生涯规划初体验

你有过生涯规划的经历吗？如果有，你的生涯规划清晰吗？如果没有，当下你想做生涯规划的愿望有几分呢？（分值为 0 ～ 10 分。请选择一个符合你意愿的分值，0 表示完全没有意愿，10 分表示意愿极为强烈）。

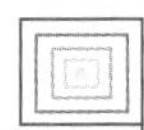

请回顾自己在生涯规划方面已经做过什么方面的准备了；如果自己在当下规划不清晰或者规划意愿不强烈，分析一下遇到的困难是什么；面对目前的困难，思考一下自己想做点什么“小事”来改善当下的困境，这件“小事”计划在什么时间去做。

3．探索工作世界

知己还要知彼。大学生要想在未来的职业生涯中取得成功，就需要对职业环境进行全面分析，以便做出更好选择。通过职业环境分析，可以更加明确地制订个人职业生涯规划的依据和理由，提早做好准备，也可以让自己的职业定位更加合理和现实，从而坚定实现职业目标的信心。

1）职业环境分析的主要内容

国家经济日益发展，科技日益进步，社会职业的结构也会发生变化，在这种情况下，社会发展趋势对职业发展必然会有影响，这种影响可能是正面的，也可能是负面的。那么，应当从哪几个维度来分析职业环境呢？职业环境应当包括七个维度，即社会环境分析、行业环境分析、企业环境分析、岗位环境分析、家庭环境分析、学校环境分析和就业环境分析（图 10-4）。

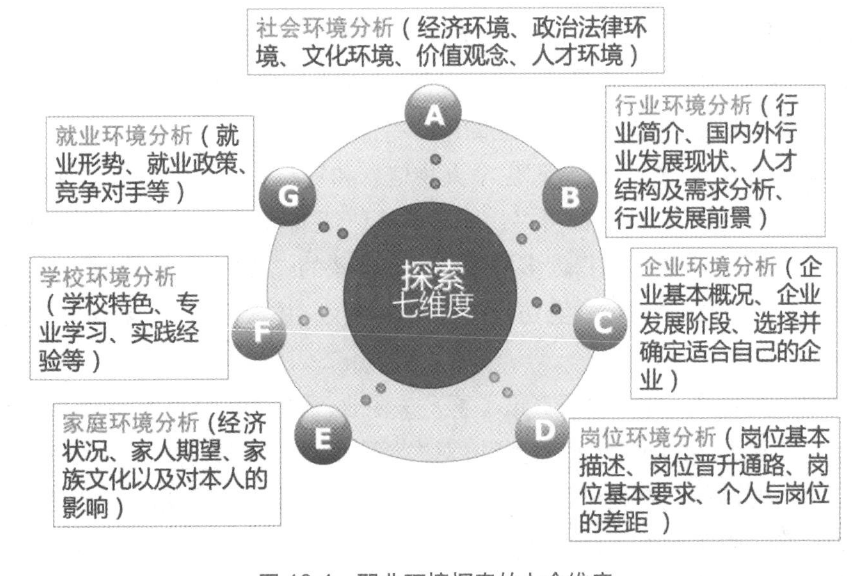

图 10-4　职业环境探索的七个维度

【心理小贴士】

好行业的定位

从工作的角度看，一个好的行业可以给我们带来以下方面。

（1）喜欢的工作内容。

（2）平衡的生活方式。

（3）接触所稀罕和仰慕的人群（包括内部的同事、行业的同人和外部的客户）。

（4）自己所期望的社会地位和荣誉。

（5）理想的收入。

（6）能够实现最核心的理想和使命。

每个人都怀有对这六个方面的期望，但未必能同时满足。在追求这六个方面的时候需要我们学会取舍。

2）职业环境分析的途径和方法

在职业环境分析的过程中，一个最基本的工作就是要尽量多地获取关于职业环境的信息，获得的信息越多，质量越高，就越有助于我们做出更加适合的职业选择和职业规划。搜集职业环境信息是一个需要花费大量时间和精力的过程，但在职业生涯规划的过程中起着至关重要的作用。网络、生涯人物访谈和实践等方法都是进行职业环境分析的途径。

（1）网络。在网络技术高度发展的今天，网络无疑是大学生获取信息的重要手段。网络的方便快捷使得人们对社会环境、行业环境等信息的获取更加容易。当然，网上信息鱼龙混杂，也需要我们学会分辨信息的真伪。

（2）生涯人物访谈。生涯人物访谈是通过选择一个目标职业的在职对象，对他/她进行采访，从而了解该岗位的实际工作情况，判断对工作是否真有兴趣。这种方式可以了解目标职业的确切信息，借鉴别人的职场历程和经验，面对面的交流方式也可以近距离地了解从业者的工作感受和体会，了解岗位和职业的第一手信息。

生涯访谈前，我们需要搜集、整理生涯人物信息和资料。访谈人的选择，可以通过多种方式，如教师、校友、他人介绍等都可以。同时做好访谈准备，联系访谈人，并准备好需要访谈的问题，访谈问题也不能准备得太多或太少。在访谈的过程中，最好采用面对面的访谈方式来获取第一手的资料，同时要注意访谈过程中的礼仪。访谈后要对访谈人表示感谢，并及时整理访谈后获得的资料。

（3）实践。实践出真知。要想真正了解一个职业，最好的办法就是亲自去体会。网络、生涯人物访谈等方法都是间接地搜集资料。对大学生而言，参加各种形式的社会实践、实习、兼职等则是最后的选择。参观、实习、社会实践、职业体验等方法都是职业规划者需要直接参与的方法。选择职业应当选择与自己目标职业相符或者相关的。当然，大学生也可以通过行业协会来了解行业环境，通过参加多种形式的招聘会或通过面试来认识目标职业所需的能力和素质，以便有针对性地做好准备。

4．职业决策

哈佛大学曾做过一个关于人生目标的调查，调查的对象是一群智力、学历、环境条件都差不多的大学毕业生，调查结果发现：27%的人没有目标，60%的人目标模糊，10%的人有清晰但比较短期的目标，3%的人有清晰且长期的目标。经过25年的跟踪研究，结果发现他们的生活状况及分布现象有一定规律：3%有清晰且长期目标的人，他们大都成了社会

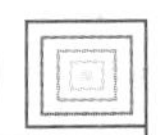

各界的顶尖成功人士，其中不乏白手起家的创业者、行业领袖、社会精英；10% 有清晰但目标比较短期的人，大都生活在社会的中上层，成为各行业的不可或缺的专业人士，如律师、医生、工程师、高级主管等；60% 的目标模糊的人，几乎都生活在社会的中下层，他们能安稳地生活与工作，但都没有什么特别突出的成绩；剩下的 27% 的没有目标的人，几乎都生活在社会的最底层，他们的生活过得并不如意，常常失业，并且他们常常抱怨他人，抱怨社会，抱怨世界。可见，目标对人生有巨大的导向性作用。

确定职业目标是职业生涯规划中关键的一步，有无目标、目标是否明确关系到个体的职业生涯能否顺利发展。

1）确定职业目标的原则

目标和路径的确定要建立在自我知识和职业知识的基础之上，同时，确定职业目标时，应当遵循 SMART 所代表的五个原则。

S（specific）代表具体化原则。当谈论目标的时候，一定要具体而不能抽象模糊。例如，"我要找份好工作"只是愿景，不是具体的规划，所以不能具体执行；而"我的目标是成为年销售额 ×× 元的销售员"则是具体的目标。

M（measurable）代表可量化原则，目标的确定一定要可衡量、可测量，有一定的评定标准。

A（achievable）代表可达到原则，目标必须是可以实现和达到的，目标如"跳一跳够得着的桃子"，而不是虚无和无法实现的目标。

R（realistic）代表现实性原则，目标必须与其他目标相关联，设定的职业规划要和岗位的工作职责相关联，不能跑题。

T（time-based）代表时限性原则，指的是目标必须具有明确的截止期限，规定好在什么时间内达成。

2）职业目标决策的方法

（1）SWOT 分析法。SWOT 分析法由美国哈佛大学安德鲁斯教授提出，主要是分析组织和个人内部的优势（strengths）与劣势（weakness），以及外部环境的机会（opportunities）与威胁（threats），以便制订未来的发展策略。

SWOT 分析法是一种功能强大的分析工具，是检查个人技能、能力、职业、喜好和职业机会的有用工具。利用这种方法可以从中找出对自己有利的、值得发扬的因素，以及对自己不利的、要避开的东西，发现存在的问题并找出解决办法，然后明确以后的发展方向。

【心理训练游戏】

用 SWOT 分析法分析我的职业目标

你的职业目标是什么？请利用 SWOT 分析法（图 10-5）展开详细的分析吧。

心理训练：我的职业目标 SWOT 分析

选　项		内部因素	
		优势（S） （学过什么，曾做过什么，最成功的是什么）	劣势（W） （性格的弱点，经验的欠缺，最失败的事情）
外部因素	机会（O） （创造机会，寻找机会，等待机会）	S-O 发挥优势，抓住机遇	W-O 创造机会，弥补劣势
	风险（T） （眼前风险，潜在风险，未来风险）	S-T 规避风险，等待机会	W-T 正视劣势，另辟蹊径

图 10-5　应用 SWOT 分析法

（2）生涯平衡单法。生涯平衡单也用来帮助决策者面对多种选择时，从具体的各个角度分析和评价各种可供选择的方案，进行利弊分析，以便决策者做出理性决策。“条条大路通罗马”，当面对有数个方向可选择的时候，可以利用给“分数”的方法，将每个选择的得失利弊用分数高低进行表示，帮助我们做出选择。当然也需要考虑加权的项目，要明确哪个项目比较重要和迫切。

【心理小贴士】

莎莎的“生涯决定平衡单”

莎莎上大学三年级，就读于职业院校的会计专业。她心里很矛盾，既希望未来工作稳定，又希望未来工作能有挑战性。她的个性外向、活泼、能力强、自主性高，目前她考虑的三大方向是考公务员、国内读研究生、到国外去读 MBA。对于这三条路径，她的考虑如表 10-2 所示。

表 10-2　莎莎的三个选择

考虑方向	考 公 务 员	国内读研究生	国外读 MBA
优点	• 满意的工作收入 • 铁饭碗 • 工作稳定轻松，工作压力较小 • 一劳永逸	• 和国内产业发展不会脱节，能建立与师长、同学、朋友的人际关系网 • 较高文凭 • 日后工作升迁较容易	• 圆一个国外留学的梦 • 增长见识，丰富人生 • 提高英语能力 • 锻炼独立性 • 日后工作升迁较容易 • 激发潜力 • 旅游
缺点	• 铁饭碗会“生锈”，容易产生厌倦感 • 不易升迁 • 无法想象自己是否能坚持做一辈子的公务员 • 不符合自己的个性	• 课业压力大 • 没有收入	• 课业压力大 • 语言、文化较不适应 • 花费较大（一年可能需要几十万元人民币） • 挑战较高 • 没有收入
其他	爸妈支持	家人的期望	• 工作两年有积蓄，但不是很充裕 • 自己一直想到国外生活及学习一段时间

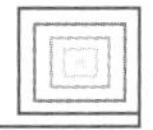

利用决策平衡单，莎莎又进一步做了如表10-3所示的分析，若你是莎莎会作何抉择？

表10-3 莎莎的决策平衡单

考虑项目（加权范围1～5倍）	第一方案（考公务员）		第二方案（国内读研）		第三方案（出国留学）	
	得	失	得	失	得	失
（1）适合自己的能力		-4	5		6	
（2）适合自己的兴趣		-3	4		8	
（3）符合自己的价值观	5		3		7	
（4）满足自己的自尊心		-2	3		7	
（5）较高的社会地位		-5	3		6	
（6）带给家人声望	2		1		2	
（7）符合自己理想的生活形态	3		5			-3
（8）优厚的经济报酬	7			-1		-8
（9）足够的社会资源	2		8			-1
（10）适合个人目前处境	5		2		1	
（11）有利于择偶以建立家庭	7		5			-5
（12）未来有发展性		-5	5		8	
合 计	31	-19	44	-1	45	-17
得失差数	12		43		28	

5．实施行动

在确定了职业生涯目标后，行动便成了关键的环节，行动方案是为实现某个目标而制订的具体方案和措施。没有相关行动，目标就难以实现，也就谈不上事业的成功。计划分为三部分：一是短期计划，主要是指大学期间的计划，比如专业学习、职业技能培养、社会实践等；二是中期计划，是指三至五年计划，比如职场适应，知识、人脉等方面的积累及职位升迁等；三是长期计划，是指五到十年的计划，比如工作生活、身心健康、婚姻家庭、子女教育等。

6．评估调整

俗话说“计划赶不上变化快”，影响职业生涯规划的因素很多，要使个人的职业生涯规划行之有效，就需要不断地对职业生涯规划进行评估，修正职业目标，调整职业策略。评估与修正的内容包括职业的重新选择、职业生涯路线的选择、人生目标的修正、实施措施和计划的变更等。评估和修正的时间因人而异，对大学生来说，可以半年左右评估一次。

第三节　大学生择业心理偏差和调适

一、择业心理的偏差

大学毕业是人生旅途的一个重要转折点，就业过程中，大学生面临就业的复杂形势、机遇和挑战，心理必然承受一定的压力，在求职择业的过程中也会出现一些不健康的心理现象，这些问题如不及时解决，则会影响到择业的过程和结果。

1．求职焦虑

众所周知，必要的焦虑是人的正常心理现象，但一旦超过限度，会成为心理问题，应当引起我们的重视。大学生求职焦虑心理主要表现为：希望自己尽快地走向社会，获得理想的职业，但是又非常担心自己的理想不能实现，发放出去的大量求职信犹如“石沉大海”，害怕被用人单位拒之门外；参加面试不断遭遇失利，四处奔波参加招聘却找不到适合自己的工作，或担心自己在择业过程中的失误导致终身遗憾；对走向社会准备不充分，害怕自己不能适应社会，在择业的过程中感到无所适从等；签订就业协议后要求悔约而得不到用人单位的支持等。以上情形如不加以关注，不给予心理引导和帮助，往往会积聚形成更加严重的心理问题。

2．急功近利

近年来由于受多种因素的影响和干扰，应届毕业生择业的期望值过高是普遍的心态，主要表现在不少大学生目光短浅，注重当前利益，不愿意从基层做起，更不愿意到边远贫困地区就业。薪酬、地域、个人发展机会和要求专业对口等个人功利取向方面都在影响大学生的个人社会定位，没有结合实际认真考虑自身的知识和能力水平、专业的社会适应性、自身的个性特征等各种综合因素，是造成学生产生急功近利心理的最大原因。比如，刚毕业的学生完全无视自己的工作经验与能力，就期待年薪十几万元，面对寥寥无几的实习工资更是不屑一顾，这种不良心理会严重影响学生就业去向，造成就业困难。

3．自卑

自卑是大学生在择业过程中经常出现的心理现象，如在职业竞争中对自己能力评价低，觉得自己不如他人，缺乏自信心等。一方面，自卑有时可使人加倍努力以弥补自身的不足，使自己变得更加出色；另一方面，如果过于自卑就会无限扩大自己的弱点，无视自己的优点，最终认为自己完全不能满足用人单位的需要。在求职就业中自卑的人更多表现为逃避，如面试时唯唯诺诺，不敢大胆表现自己，不敢参与竞争，甚至不敢大方地递交自己的求职履历等。有些大学生因害怕遭到用人单位的拒绝，没有尝试就放弃了求职的机会。

4．自负

一部分大学生自恃学有所长，过高地估价自己，在择业时往往以主观择业标准去衡量社

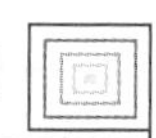

会需要,结果常常是高不成低不就。这类人认为自己高人一等,能够胜任所有工作,如果实习被安排公司服务事务（如打印、接待客人等）就会产生不满,认为自己堂堂大学毕业生,哪能做这些工作,完全不考虑用人单位的要求和自己的实际情况。有些学生倚仗自己良好的家庭背景,认为无论自己在校期间表现如何,都能找到一份理想的职业,如果不能如他所愿,他们的情绪就会一落千丈,变得烦躁不安或者消沉失落。

5. 依赖

有的大学生从小依赖家庭,从读书到择业,缺乏独立和自主承担责任的意识,由此在就业上存在依赖心理。大学生应以什么样的态度去接受社会挑选,应以什么样的状态在用人单位面前出现,应选择哪种行业、哪类单位、什么性质的岗位、什么样的工作环境和待遇等,都是应该充分考虑的问题。随着越来越多的独生子女进入大学,他们常常在家人的庇护下成长,往往缺乏独立思考、自我决定的勇气,遇事习惯于依赖家人、亲朋好友或教师,求职就业时出现“全家总动员”现象。而个人不善于把握应聘机会,不愿走入人才市场参与激烈的选拔性竞争,最终会错失许多难得的就业机会。

6. 攀比

大学生血气方刚、喜欢争强好胜、虚荣心较强,容易引发攀比心理。表现在求职择业过程中,忽视自身特点,对自我缺乏客观正确的分析,不从自身实际出发,不考虑所选单位是否适合自己,而是盲目攀比,总想找到一份收入超过别人的工作。这种攀比心理使得不少毕业生迟迟不愿签约,从而丧失就业机会。

7. 从众

顺利就业是每一个学子和家人的期望,作为大学生理应认真、理性地对待求职就业,以积极的态度做好就业准备,结合自身条件,合理确定就业目标和就业方向,主动参加竞聘活动。在实际工作中,有的学生由于平时对个人职业发展规划不够重视,对自身的职业倾向和性格特征了解不够,不清楚自己的优势和劣势,在选择就业目标、设计就业计划和确定就业意向等方面缺少主见,在择业态度上人云亦云,甚至不知所措或盲目作决定。如有的同学看到身边的朋友开店赚钱,自己也要创业等,在激烈的就业竞争中容易陷于被动,甚至出现随意悔约现象,最终势必会影响到个人的职业发展。

二、择业心理的调适

1. 正确认识自己

择业过程就是主体条件与客观要求相适应的过程。每名毕业生都应对自己的能力、个性特长有一个客观认识,才能在择业就业中保持良好的心态,获得理想的职业。在择业时,不仅要考虑“我想从事什么职业”“我愿意干什么工作”,更要用全面的眼光审视自己“我能干什么”“我适合做什么”,要扬长避短发挥优势。

2．做好求职准备

机会从来都是留给有充分准备的人的。首先，要全面了解当前就业政策和趋势，尤其是对将要应聘的企业单位进行充分的了解。对企业单位的信息掌握得越多、越全面、越可靠，越有利于就业。其次，要认真参加院校组织的就业模拟招聘活动，克服择业竞争紧张心理，直接从模拟的择业实践中积累经验，从而提高择业实践的成功率。最后，要备好求职材料，不要让求职简历千篇一律、毫无特色。

毕业生在求职前须从宏观上了解国家的有关政策，从微观上要了解自己专业就业的基本情况和改革趋势，正确地认识自己所处的求职地位，积极主动地适应社会需要。心理准备是求职择业过程中重要的准备工作，心理准备的效果直接影响求职择业过程中个人水平的发挥，从而影响到求职择业工作的成败。这就需要我们以健康的心态，从容应对成功和失败。大学生需要做好如下心理准备。

1）正确认识就业形势，树立正确就业期望

我国人口众多，近年来，高校每年的毕业生总人数不断攀高，当前及今后一个时期大学生的就业形势会相当严峻。凡事“预则立，不预则废”，大学生只有认清就业形势，正视就业现状，方能做到心中有数、处变不惊。大学生需要根据自己的实际情况和就业形势调整自己的就业期望值。在择业时要看得长远一些，学会规划自己整个人生的职业生涯。

2）积极转变角色，主动适应职场需求

大学生要做好从“学生”到“社会人”的角色转变。学生时代，毕业生主要以学业为主，而社会人的身份需要毕业生们尽快适应职场，职场中能否摆正自己的角色取决于两方面：一是对自己的认识要客观，二是对职业的选择要实际。只有这样才能找准自己和职业的结合点。

3）努力转变求职择业观念

大学生在就业前要主动适应社会要求，转变求职择业的错误或不良观念（如好高骛远、盲目从众、骄傲清高等），加强自我理解与分析的能力培养，以平常心面对就业形势。首先要改变一次就业即终身就业的观念。在就业形势严峻的情况下，可以先就业再择业，不要因为第一次择业不够理想就丧失信心。要抱定豁达乐观的择业态度，坚信“天生我材必有用”“西方不亮东方亮”，在实践中寻找适合自己的工作岗位。其次要改变一步到位的观念。大学毕业生择业一般很难一下子就能找到合适的理想工作，在就业问题上要树立逐步到位的观念，勤奋务实，努力上进，专心致志，勇于创新，正确对待事业挫折，在曲折的工作经历和多次的工作更替中实现自己的人生抱负。

4）积极推销自我

在人才竞争中，毕业生需要具备一定的推销意识，向用人单位积极展现自我。如在招聘会上，充满自信地向用人单位展示自己的优势和特长；如果不能与用人单位直接见面，就应根据用人单位的招聘信息，将事先准备好的求职材料寄送过去，并主动与用人单位保持电话联系；网上求职，可选择适合自己的单位。

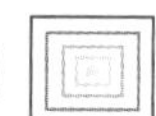

3. 加强自我调适

在择业过程中,每个人都会出现不同程度的自卑、焦虑等心理。学会自我调适,掌握一定的解决心理问题的方法,对每个毕业生来说十分必要。自我调适的方法主要有自我激励、自我转化、情绪宣泄、借助外力等。在求职遇到挫折或处于不利境地时,通过自我鼓舞及自我激励来重振精神,增强自信。就业中遇到不如意的事或情绪低落时,要学会把自己的情绪转移到其他活动中去。当出现较大的心理压力及自我调节难以奏效时,要积极向专业心理人员咨询。

【案例讨论】

三个世界技能大赛金牌得主背后的故事

世界技能大赛是最高层级的世界性职业技能赛事,每两年举办一次,被誉为“世界技能奥林匹克”,其竞技水平代表了当今职业技能发展的世界先进水平。

在第 46 届世界技能大赛中, 21 岁的侯坤鹏、22 岁的唐高远在移动机器人项目比赛中,以高出第二名 16 分的绝对优势获得金牌;在时装技术项目比赛中,董青获得时装技术项目比赛冠军,为中国代表团再添一枚金牌。

获得金牌的背后,他们的起点并不比别人高多少。侯坤鹏、唐高远都是农家子弟,分别于 2017 年、2018 年进入漯河技师学院电气工程系学习。董青则是初中毕业后,就进入职业学校服装专业学习。

侯坤鹏选择专业受到父亲的影响,他的父亲是名电工,闲暇在家时就爱捣鼓各种家电。由于父辈尝到了一技傍身的甜头,这让他早早就意识到“只要家伙事儿端得稳,照样也能出人头地”。唐高远在高二辍学,他曾当过厨师、服务员,在社会上摸爬滚打了一番,发现没有技能加持,很难立足。他毅然决定再回到学校,踏踏实实学一门技术。董青则是从小对服装设计就表现出了非凡的兴趣,她将自己的兴趣发展成了职业。读小学和初中时,每年寒暑假到妈妈打工的广东服装车间玩耍,成了她最快乐的时光。耳濡目染之下,董青渐渐喜欢上了服装制作。初中毕业后,董青选择进入职业学校服装专业学习。她坚信:“拿好手上的剪刀,缝好每一针一线,加上热爱,就可以用技能改变人生。”

侯坤鹏和唐高远就读职校后,逐渐发现了自己的天赋,职校不同于普通高中的教学方式也激起了他们的学习动力。他们报名进入了院系组建的精英班。刚进精英班时,唐高远一度搞不懂函数的使用原理;侯坤鹏则对装配机器人不熟练。两人面对困难的解决方案从来就只有一个——拼尽全力破局。晚上下课后,唐高远开始疯狂刷题,只为更好地体会函数的作用;侯坤鹏则留出 1 小时专门用来练习拧螺丝等动作,克服紧张情绪……董青在北京集训期间,每天至少有 8 小时站着,训练的过程非常艰苦,董青却毫无懈怠,一整天重复着画图、打版、排版、裁剪、制作等工序。她手上磨起的茧子掉了又结,经历了几轮。

再次获得金牌后,董青说,未来将再次以学生的身份扎实打牢理论基础,再把参加世赛经验和学到的技能毫无保留地传授给同学们,要下力气培养综合能力全面的选手和匠人。

侯坤鹏则说:“感谢这个劳动光荣、技能宝贵的伟大新时代,感谢世界技能大赛这个青春大舞台让我圆了‘工匠’梦!”他还说,推动中国制造和服务业迈上中高端及实现经济高质量发展,新一代青年技能人才肩负着不可替代的使命,“我将不负使命,继续苦练技能,做一名新时代的大国工匠!我坚信,在这个新时代,技能一定能成就我未来精彩的人生!前路虽长,但无比坚定!”

“党的二十大报告里提到,要深入实施人才强国战略,加快建设国家战略人才力量,努力培养造就更多大师、战略科学家、一流科技领军人才和创新团队、青年科技人才、卓越工程师、大国工匠、高技能人才。其中,培养大国工匠、高技能人才,我们技工院校是‘主战场’之一。”唐高远表示,以前是自己的教练们潜心钻研,匠心传承,传授技能,带领大家走向世界;未来,他也要将这种精神传递下去,为他所钟爱的事业愿意毕生全心付出!

讨论:

1. 技能改变命运。侯坤鹏、唐高远和董青从职业院校学生成长为世界技能大赛金牌得主,这对我们树立职业目标有何启发?

2. 金牌的背后是无数汗水与付出。从三个金牌得主的身上,你觉得如何实现自己的职业目标?

3. 唐高远曾经尝试过很多职业,在进行职业探索时,我们可以通过哪几种途径探索工作世界?

【心理测试】

职业价值观测试

请回答以下题目(表10-4),若答案为“很不重要”则选1,“较不重要”则选2,“一般重要”则选3,“比较重要”则选4,“非常重要”则选5。

表10-4 职业价值观测试

题号	题目	分数				
1	你的工作必须经常解决新的问题	1	2	3	4	5
2	你的工作能为社会福利带来看得见的效果	1	2	3	4	5
3	你的工作奖金很高	1	2	3	4	5
4	你的工作内容经常变换	1	2	3	4	5
5	你能在你的工作范围内自由发挥	1	2	3	4	5
6	你的工作能使你的同学、朋友非常羡慕你	1	2	3	4	5
7	你的工作带有艺术性	1	2	3	4	5
8	你的工作使你能感觉到你是团队中的一份子	1	2	3	4	5
9	不论你怎么干,你总能和大多数人一样晋级和加工资	1	2	3	4	5
10	你的工作使你有可能经常变换工作地点、工作场所或工作方式	1	2	3	4	5
11	在工作中你能接触到各种不同的人	1	2	3	4	5

续表

题号	题目	分数				
12	你的工作上下班时间比较随便、自由	1	2	3	4	5
13	你的工作使你有不断取得成功的感觉	1	2	3	4	5
14	你的工作赋予你高于别人的权利	1	2	3	4	5
15	在工作中,你能实行一些你的新想法	1	2	3	4	5
16	在工作中,你不会因为身体或能力等因素被别人瞧不起	1	2	3	4	5
17	你能从工作的成果中觉得自己做得不错	1	2	3	4	5
18	你的工作经常要出差或参加各种集会、活动	1	2	3	4	5
19	只要你干上这份工作,就不会再调到其他意想不到的组织或岗位上	1	2	3	4	5
20	你的工作能使世界更美丽	1	2	3	4	5
21	在你的工作中,不会有人常来打扰你	1	2	3	4	5
22	只要努力,你的工资会高于其他的同龄人,或升级、加工资的可能性比其他工作大得多	1	2	3	4	5
23	你的工作是对智力的挑战	1	2	3	4	5
24	你的工作要求你把一切事情安排得井井有条	1	2	3	4	5
25	你的工作环境中有舒适的休息室、更衣室、浴室及其他设备	1	2	3	4	5
26	你的工作有可能结识各行各业的知名人物	1	2	3	4	5
27	在你的工作中,能和同事建立良好的关系	1	2	3	4	5
28	在别人的眼中,你的工作是很重要的	1	2	3	4	5
29	在工作中,你经常接触到新鲜事物	1	2	3	4	5
30	你的工作使你常常能帮助别人	1	2	3	4	5
31	你在工作组织中,有可能经常变换工作内容	1	2	3	4	5
32	你的作风使你被别人尊重	1	2	3	4	5
33	你的工作单位的同事和领导人品较好,相处比较随便	1	2	3	4	5
34	你的工作机会使许多人认识你,相处比较随便	1	2	3	4	5
35	你的工作场所条件很好,比如有适度的灯光,舒适的座椅,安静、清洁的环境,宽敞的工作间甚至恒温、恒湿等优越的条件	1	2	3	4	5
36	在工作中,你为他人服务,使他人感到满意,你自己也就高兴	1	2	3	4	5
37	你的工作需要计划和组织安排别人的工作	1	2	3	4	5
38	你的工作需要敏锐地思考	1	2	3	4	5
39	你的工作可以使你获得较多的额外收入,比如,常发实物,常购打折扣的食品,常发紧俏的商品购物券,有机会购买进口货等	1	2	3	4	5
40	在工作中,你是不受别人差遣的	1	2	3	4	5
41	你的工作结果应该是一种艺术品而不是一般的产品	1	2	3	4	5
42	在工作中,你不必担心会因为所做的事情领导不满意而受到训斥或经济惩罚	1	2	3	4	5

续表

题　号	题　　目	分　　数				
43	在工作中,你能和领导有融洽的关系	1	2	3	4	5
44	你可以看见自己努力工作的成果	1	2	3	4	5
45	在工作中常常要你提出许多新的想法	1	2	3	4	5
46	由于你的工作能帮助很多人,经常有许多人来感谢你	1	2	3	4	5
47	你的工作成果常常能得到上级、同事或社会的肯定	1	2	3	4	5
48	在工作中,你会成为负责人,虽然可能只领导几个人,但你信奉“宁做兵头,不做将尾”的俗语	1	2	3	4	5
49	你从事的工作经常在报纸、电视中被提到,因而在人们心目中有较高的地位	1	2	3	4	5
50	你的工作有数量可观的夜班费、加班费、保健费或营养费等	1	2	3	4	5
51	你的工作体力上比较轻松,精神上也不紧张	1	2	3	4	5
52	你的工作需要和电影、电视、戏剧、音乐、美术、文学等方面打交道	1	2	3	4	5

计分规则与结果解释：职业价值观测试

【能量补给】

1. 请为5年后的你设想一下职业生涯发展目标吧。为实现目标,从现在起你想做哪些方面的努力?

2. 审视自己的性格,对职业规划而言,自己具备什么优势呢?

3. 请设想一下十年后的你将从事的工作,并为之设计一张名片。名片是什么颜色的?正反面内容是什么?上面的图标、职务是什么呢?为实现名片上的称呼,你当下想从哪些方面做起?

【拓展阅读】

1. 图书《你的降落伞是什么颜色?》

如果你正在求职或者打算跳槽,这是一本你无论如何不应错过的著作,否则你将错过以下方面：①聆听全世界最权威的职业指导大师30年研究心得的机会；②了解如自己这般杰出的优秀人才为何屡屡在求职场上铩羽而归的原因；③洞悉现存求职体系薄弱内幕的良机；④走出求职误区的可能；⑤领会最有效的求职思路和方法的机会……

2. 电影《我要成名》

该片讲述了一位到我国香港地区演艺圈发展的内地女孩历经种种磨难,在经纪人帮助下最终问鼎威尼斯影后的故事。

第十一章　真诚面对　疗愈心灵——心理问题的预防与应对

【学习目标】

知识目标：了解各种水平的心理问题及分类，了解心理咨询的一般内容、方式与过程。

能力目标：提升应对一般心理问题的意识和方法，掌握求助心理咨询的有效途径。

素养目标：提高自我认识的意识和水准，促进自身身心健康发展与完善。

思政目标：形成积极健康的人文观念与环境。

【思维导图】

思维导图：心理问题的预防与应对

【案例导读】

纳西瑟斯是希腊神话里的美少年。他出生时得到神谕：长大后会因为迷恋自己的俊美容貌导致郁郁而终。于是，纳西瑟斯的母亲刻意送他去往深山老林生活，远离溪流、湖泊、大海，让他无法映照自己的容貌。

终于，纳西瑟斯平安长大为世间第一美男子，少女们无不为之动心。可他却性格高傲，对此不屑一顾，只喜欢与友伴在林间打猎。复仇女神十分看不过眼，决定教训他。

一天，酷热的天气让狩猎中的纳西瑟斯汗流浃背。一阵清风习习而至，引他走到一个水清如镜的湖边。纳西瑟斯从没见过湖。他走近湖水，瞬间看见一张完美面孔！纳西瑟斯惊叹：这美人是谁?！多么漂亮！他不禁痴痴凝望（图 11-1）。

图 11-1　纳西瑟斯与艾蔻

纳西瑟斯不明白，美人其实就是自己的倒影，他竟然自此深深地爱上了倒影。

他日夜痴守在湖边，不寝不食，不眠不休，终于憔悴而终。爱神怜惜他，把他化作盛开在水边的花儿，以便时时望见倒影。花儿就是 narcissus，也就是水仙花。

故事结束了，同学们觉得水仙花向我们隐喻了什么？纳西瑟斯到底遭遇了什么问题？你是否有办法帮助他？有兴趣寻找答案的同学可以仔细学习本章内容。

本章先介绍了不同水平的心理问题与其分类，然后讲解如何帮助自己提升心理"免疫力"，最后说明如何有效地获得来自专业人士的帮助。

第一节 不同水平的心理问题

生命的各个阶段有着不同的发展课题。人们在成长中体验着兴奋、喜悦、欢乐、自信以及焦虑、苦恼、悲观、失望，身心也在突破困惑与矛盾冲突中愈发成熟。如同某些疾病痊愈后能使身体的免疫力得以提升。人们的心理也是如此。

那么，心理问题的轻重又是怎么呈现的呢？让我们由浅至深一起了解一下。

一、常见的心理困扰

心理困扰是由个人心理素质（如过于好强、孤僻、敏感等）、生活事件（如工作上不顺利、人际关系紧张、失恋等）、身体不良状况（如劳累、疾病）等因素共同引起的。

1. 心理困扰的主要特点

（1）症状持续时间短，一般在一周内得以缓解。

（2）对生活影响较小。处于心理困扰状态的人一般都能正常完成日常工作、学习和生活，大多只是情绪不佳，痛苦感大于愉快感，"真烦""无聊""郁闷"等是他们的口头禅。

（3）有能力自己调整。大部分人能通过自我调整、放松来改善心理状态，如休息、聊天、运动、娱乐等方式都有助于心态的改善。如果不能及时调整，不良心态可能会相对持续发展。此时应尽快寻求专业心理机构的帮助。

【心理小贴士】

判断心理健康的简单方法

关于心理健康，有一个简明的主观判断标准，即是否拥有安全感、充实感、自信感和精神愉快感这"四感"。其中最重要的是精神愉快感，就像身体完全健康的人气血通畅、精力旺盛、浑身都感觉很舒服一样。

2. 大学生心理困扰的主要议题

生活中，任何人都免不了心理困扰。大学生的常见心理困扰主要发生于环境适应、学习学业、人际关系、恋爱与性、求职择业等几方面。具体参考阅读第一章第二节。

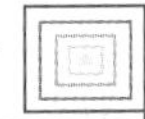

3. 大学生心理困扰的主要内容

1) 自豪感与自卑感的矛盾

大学生群体群英荟萃,个体以往的学业优势未必能继续延续,而环境、人际也往往给大学生提出新的挑战,心理状态容易在自豪与自卑之间波动。

2) 新鲜感与恋旧感的矛盾

大学生活往往意味着陌生城市、新鲜的学业与人际,需要大学生在生活方式与处事态度上继续发展变化,既带来新奇、新鲜的吸引力,又蕴含挑战。另外,告别过去、面对未来的生命成长话题也同时浮现出来,那些思念家乡、怀念旧友、想念亲人的时刻也是成长发生的时刻。

3) 独立感与依赖感的矛盾

大学生远离了父母约束、教师监督,进入相对更为自由、自主、开放、包容的大学环境,需要慢慢积累社会经验,逐渐摆脱依赖感,发展独立自主的意识,发现并经营自己所追求的生活。

4) 社交需要与独处需要的矛盾

人类作为群居生物需要社交。社交是人类存在和发展的本能需要,也是大学生的强烈需要,如共同外出打工、结伴游玩、分工合作学习、挥汗球场、月下夜谈……社交也帮助我们在一些人生阶段不会陷于"闭门造车"的状态。独处也是人类的需要。人们在独处中觉察自己、了解自己、理解自己、挑战自己。人们在社交中了解世界,在独处中了解自己。

5) 理想自我与现实自我的矛盾

大学阶段,青年人往往在社会、家人和自己的期望影响下勾画理想中的自我,往往充满理想主义色彩。当自我期望的高低、优越感的强弱在自己与周围人的评价之间发生比较,就容易发现差距甚至产生矛盾。虽然有时会令人困惑,但也会启动自我再认识和自我实现的过程。

【心理训练游戏】

发现你的声音

《释放内在的小孩》一书中说:用声音表达喜怒哀乐是呼吸一般自然的事。人们可以悲叹、呻吟、痛哭、喊叫、朗声大笑、咯咯偷笑,这些声音会流露不同的情绪,这个天赐的能力表达着人们的紧张、放松、快乐、忧郁……

心理训练:发现你的声音

让我们做一些声音游戏探索有关声音的情绪表达吧。

1) 准备

声音活动不存在做法对错,请放心大胆地去做。如果你不想让别人听见,可以寻找可以让你舒服地发声的地方,如浴室、山顶。不要选择在那些可能批评你的人面前尝试这个活动。尽量放松,玩得开心。如果"内在的音乐评论家"跳出来,你可以让他等一等，等你完成活动。

2）活动

（1）找个舒服的姿势坐着，关注呼吸。双手放在肚脐下方，注意吸气和呼气的节奏。让呼吸变得更慢、更深，让吸进来的气充满腹部和整个身体。这样做几分钟，让自己彻底放松。

（2）把手放在腹部的上方，找到自己觉得声音的力量发出来的地方，顺着这股力量向上，经过气管。然后，在呼气的时候发出声音。发出任何声音都可以，以下是一些发声的建议：呼气的嘶嘶声，打哈欠的声音，叹气声，啊声，笑声，元音字母的声音，呻吟或呜咽声。

（3）找到一种你愿意多花时间发出来的声音。顺其自然，尝试不同的音量和音高。你可以轻声，也可以大声，只需按照自己的意愿来做。

二、常见的神经症

神经症旧称神经官能症，是一组由精神因素造成的非器质性的、大脑神经机能轻度失调的心理病症，会在一定程度上妨碍人们的心理或社会功能。

1．神经症的表现特点

（1）一般没有明显或持续的精神病性症状。焦虑、抑郁、强迫、疑病等症状可以单独存在，但大多是混合存在，罕见明显或持续的精神病性症状、行为。

（2）没有明显的器质性病变基础。神经症性症状均可见于感染、中毒、物质依赖、代谢或内分泌障碍及脑器质性疾病等多种器质性疾病中，在疾病的早期和恢复期最为常见，故诊断前须排除器质性疾病。

（3）自知力充分，对疾病体验痛苦，有求治要求。他们大多在疾病发作期保持较好的自知力，他们的现实检验能力通常不受损害。但随着疾病加重或者病程的慢性化，也可能使少数患者丧失自知力。

（4）社会功能相对完好。他们基本上能生活自理、坚持学习、坚持工作，言行通常都保持在社会规范范围之内，但他们的工作、学习效率和适应能力均有不同程度的减退，效率和适应性低。

（5）起病常与心理社会因素有关。许多研究表明，神经症患者在病前相较于他人遭受更多的应激性生活事件，主要以人际关系、婚姻与性关系、经济、家庭、工作等方面的问题多见。

（6）病前性格在神经症性病症的发生、发展中起一定作用。有研究认为，古板、严肃、焦虑、敏感等性格的人易患神经症。

2．神经症的常见类型

（1）焦虑症。焦虑症是一种以焦虑情绪为主的神经症，包括惊恐性障碍和广泛性焦虑障碍。焦虑症主要表现为发作性或持续性的焦虑、紧张，常伴有头晕、胸闷、心悸、呼吸困难、

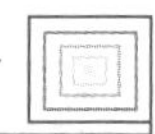

口干、尿频、尿急、出汗、震颤和运动型不安等症状。

(2) 强迫症。强迫症是以强迫观念和强迫动作为主要表现的神经症。强迫症患者在主观上会感到某种不可抗拒、被迫无奈的观念、情绪、意向或行为的存在,虽然能够清醒意识到这些都是毫无意义且毫不合理的,却无法克制,越抵制越紧张。

(3) 抑郁症。抑郁症是一种常见的神经症类型。抑郁症患者表现为情绪低落、兴趣减低,感到悲观,思维迟缓,缺乏主动性,经常自责,饮食睡眠差,担心自己患有各种疾病,感到全身多处不适,严重的会出现自杀念头和行为。

(4) 恐惧症。恐惧症是指对某些特殊事物或情境有强烈的恐惧感,且恐惧感与引起恐惧的事物、情境极不匹配,他们明知不切实际,但却无法自控。常见的恐惧症有社交恐惧、旷野恐惧和动物恐惧。

(5) 疑病症。疑病症以对自身健康的过分关心和持有难以消除的成见为特点。疑病症患者怀疑自己患了某种事实上并不存在的疾病,反复就医检查并确定正常,但医生的解释仍不能打消其顾虑,常伴有焦虑或抑郁情绪。

心理自查:常见心理障碍的简易自评

三、常见的人格障碍

人格障碍又称人格异常或人格疾患。一般认为,人格障碍是指个体在没有认知或智力障碍的情况下表现出异常的情绪反应、动机和行为,出现人格发展的内在不协调。

1. 人格障碍的表现

1) 人格障碍的突出表现:行为与认知方面

人格障碍的突出表现为行为和认知上的障碍,并对他人造成影响甚至伤害。

心理学家科尔曼说:人格异常的人觉得自己对别人是没有责任的,即使做了什么不道德的事情也没有负罪感,更不会为此后悔。甚至他会把自己的问题和困难都归咎于他人或者命运的不公,是“人人负我”,自己是没有问题的。无论走到哪儿,都会把自己的固执想法带到哪里。当他把周围人搞得鸡犬不宁的时候,自己却可以泰然处之。

2) 人格障碍的其他表现:情感和意志活动方面

人格障碍还表现为情感和意志活动的障碍,虽然他们的思维智力并无异常。

著名印象派画家凡·高(图 11-2)的画作举世闻名,他的形象思维达到了极高的高度。然而,形象思维与其他能力发展得不平衡、不协调,导致他难以适应生活环境,使其精神极为痛苦。当然,也有很多著名人物摆脱了这样的困扰。例如,爱因斯坦的抽象思维能力很高,但他平时也注意培养自己形象思维的发展,如平时喜欢拉小提琴等。作为一个尖端的理论物理学家,他的人格中也充满了人文味道。

图 11-2 凡·高自画像

【心理小贴士】

人格障碍与异常行为

英国有一个叫托马斯的图书馆管理员，钓鱼的时候总将自己打扮成一棵树；还有一位叫查尔斯的绅士，野外郊游时总爱睡吊床，并把脚伸出来期待吸血蝙蝠的光顾，好让他见识一下中世纪的吸血鬼传说。

如果遇到这样的人，不知你会有何感想？会不会把他们划分到人格障碍的群体中去呢？不，这些只能算是人格异常行为，并非人格障碍。他们只是满足了内心一些比较可笑的想法，让自己的身心得到调节放松罢了，是快乐的样本。

临床心理学研究表明，在这些有怪癖的人当中，只有 1/4 可能属于人格障碍。人格障碍在正常和异常的范围中居于中间位置，不像精神分裂那样严重，又比一般生活中的异常要厉害。人格障碍在行为表现上有程度的差别，严重的人格障碍才会伴有身体或精神性问题。

2．人格障碍的类型

依照《精神障碍诊断与统计手册》的划分，人格障碍有三大类。

1）古怪和偏执的人格障碍

（1）偏执型人格障碍。偏执型人格障碍主要表现为对他人的不信任和猜忌。这类人会持续、无端地猜忌他人，一旦发现自己不受重视或被藐视，就会很愤怒甚至使用暴力，会心存怨恨多年。但他们自己可以藐视别人的意见，或者表现为情绪冷淡。他们往往敏感且教条，能从无关的情境中找到隐含的不愉快意义，认为朋友会背叛自己，配偶会不忠。如果进一步发展，会形成偏执型精神分裂症。

（2）分裂样人格障碍。分裂样人格障碍表现为脱离正常的社会人际交往，情感表达范围受限。尽管通过团体治疗等手段，分裂样人格障碍患者可以习得足够的社交技能，但由于社交动机的匮乏，这类患者往往不会主动选择接受治疗。因此，也有人说他们就像是现代社会里的隐士——无欲无求、独来独往。

（3）分裂型人格障碍。分裂型人格障碍表现为社会交往困难，并伴有认知与知觉扭曲和古怪行为。他们可能会有不合常理的怪异信仰或稀奇古怪的想法，比如，相信自己有千里眼、读心术等。这类患者在与直系亲属之外的人交往时，可能会发生过度的焦虑反应，但他们也往往不会主动寻求治疗。据统计，男性患分裂型人格障碍的比例比女性要高。

2）戏剧或情绪化的人格障碍

（1）反社会型人格障碍。又称悖德型人格障碍、违纪型人格障碍、无情型人格障碍，是指破坏社会准则，无视别人权利、需要和感受的人格障碍。

他们无论是在亲密关系还是在人际交往上都有严重问题，不履行责任，不会歉疚反省，严重的会滥用药物，没有羞耻心和同情心，只想满足自己的欲望。这种类型的人在少年时即表现出违法特征，多见于男性。

（2）边缘性人格障碍。主要以情绪、人际关系、自我形象的混乱和不稳定为特征。

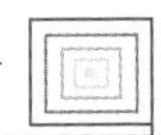

边缘性人格障碍的典型特征是“稳定的不稳定”,有时候由于焦虑或抑郁而使自己的情绪低落,但几小时后又会转为兴奋。他们对愤怒的情绪难以控制,容易与人争执、冲突,通常还会伴有自我毁灭的举动,如自伤、自杀、吸毒等。这种人格障碍成因复杂,往往伴有其他障碍症状,治疗难度很大,女性的发病率高于男性。

(3) 表演型人格障碍。又称癔症型人格障碍或戏剧型人格障碍,是指以过分的感情流露或夸张的言行表现自我获取他人关注的人格障碍。

这种类型的人情绪外露、表情丰富、喜怒哀乐皆形于色。他们是以自我为中心者,不停地追求他人对自己的夸奖和赞扬,十分关注外表,有的人为了获得别人的瞩目,甚至常表现出挑逗行为。如果不能成为万众瞩目的人物,他们的不正常行为和认知就会显露出来,表现为人格异常。女性的发病率约为男性的 2 倍。

(4) 自恋型人格障碍。其基本特征是对自我价值感的夸大和缺乏对他人的共情。

这种类型的人容易海阔天空地自我陶醉,却十分自私,不愿意分担责任,缺乏人际交流,对其他人的看法表现得不屑一顾,其实内心非常在意别人的关注和赞扬。

3) 焦虑或恐惧的人格障碍

(1) 逃避型人格障碍。又称回避型人格障碍,其特点是行为退缩,心理自卑,逃避挑战。

这一类型的人很容易因他人的批评或不赞同受到伤害；除了至亲之外,没有好朋友或知心人（或仅有一个）；除非确信受欢迎,一般总是不愿卷入他人事务之中；行为退缩,对需要人际交往的社会活动或工作总是尽量逃避；心理自卑,在社交场合总是缄默无语,怕惹人笑话,怕回答不出问题；敏感羞涩,害怕在别人面前露出窘态；在做那些普通的但不在自己常规之中的事时,总是夸大潜在的困难、危险或可能的冒险。只要满足其中的四项,即可诊断为回避型人格障碍。该类型的退缩与分裂型障碍不同,分裂型人格障碍的独来独往是自愿,而逃避型人格障碍则是出于自卑。

(2) 依赖型人格障碍。对亲近与归属有过分的渴求,这种渴求是强迫的、盲目的、非理性的,与真实的感情无关。

他们往往缺乏自信,表现得顺从,宁愿放弃个人的趣味、人生观,只要能找到一座靠山,时刻得到别人对他们的温情就心满意足了。依赖型人格障碍的这种处世方式使得他们越来越懒惰、脆弱,缺乏自主性和创造性。由于处处委曲求全,依赖型人格障碍患者会产生越来越多的压抑感,这种压抑感反过来又阻止他的行动力和判断力。

(3) 强迫型人格障碍。僵化地要求严格、秩序和完美,容易把冲突理智化,具有强烈的自制心理和自控行为。

这种类型的人对自我过分克制,过分注意自己的行为是否正确适当,因此表现得特别死板。责任感特别强,往往用十全十美的高标准要求自己,同时又墨守成规,过于谨小慎微,常因过分沉溺于细节而忽视全局。他们总是焦虑紧张,很少享受轻松、愉快的满意感,同时容易陷入与自己、与他人、与环境的冲突之中。

四、常见的精神疾病

精神疾病是指人脑机能活动失调，丧失自知力，不能应付正常生活，且不能与现实保持恰当接触的严重心理障碍。

1．精神疾病分类系统

1）《中国精神疾病分类与诊断标准》（CCDM）

1958 年，全国精神疾病防治工作会议上首次提出精神疾病分类草案，将精神疾病划分为 14 类；1979 年，中华神经精神科杂志正式公布《精神疾病分类（试行草案）》；1989 年，中华神经精神科学会精神科常委扩大会议通过《中国精神疾病分类方案与诊断标准》第二版，2000 年修订第三版。

《中国精神疾病分类方案与诊断标准》将精神疾病分为 10 个类型，包括器质性精神障碍；精神活性物质与非成瘾物质所致精神障碍；精神分裂症和其他精神病性障碍；心境障碍；癔症、应激相关障碍、神经症；心理因素相关的生理障碍；人格障碍、习惯和冲动控制障碍、性心理障碍；精神发育迟滞、童年和少年期心理发育障碍；童年和少年期的多动障碍、品行障碍、情绪障碍；其他精神障碍和心理卫生情况。

2）《精神障碍诊断与统计手册》（DSM）

《精神障碍诊断与统计手册》于 1952 年在欧美地区问世，由美国精神病协会在 2013 年修订到第五版，该手册已经成为精神卫生领域临床实践的主要参考书之一，也成为全球广泛使用和认可的精神障碍分类系统。

3）《国际疾病分类》（ICD）

《国际疾病分类》是世界卫生组织（WHO）编写的一项国际指南，它不仅可以分类精神障碍，还可以分类所有公认的疾病和医疗状况。第十一版于 2019 年获批发布，这是该分类标准近 20 年来的首次修订，更好地记录了医疗安全方面的数据，以避免健康损伤事件。

2．几种常见精神疾病

1）双相情感性精神病

双相情感性精神病是以心情的高涨或低落为基本症状的精神病。情绪高涨时，伴有联想加速、活动过多、话多和夸大，称为躁狂发作或躁狂症；情绪低落时，伴有悲观情绪，缺乏乐趣，缺乏精力，以致动作和思维迟钝，称为抑郁发作或抑郁症。躁狂和抑郁可以单独发作，也可以交替发作，因此又称躁郁症。

2）精神分裂症

精神分裂症是一种由于大脑功能出现问题，感知、思维、情感、行为等多方面出现障碍，以精神活动不协调和精神活动与环境不协调为特征的一种最常见的精神病。患者的思想、情感、行为与现实脱节，不能分辨幻想与现实，因而丧失或降低自理能力以及对社会生活的适应能力。它属于重性精神病之一，严重影响病人的日常工作、社交和生活。

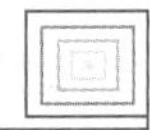

3）偏执型精神病

偏执型精神病是一组疾病的总称，其共同特点是以持久、系统且比较固定的妄想为主要特征，行为、情感反应与妄想观念相一致，无幻觉或偶伴幻觉，病程长而无精神衰退，智能保持良好。

4）反应性精神病

反应性精神病是由剧烈或持续的精神紧张性刺激直接引起的精神疾病。这些刺激包括个人损失、居丧、凌辱、自然灾害等。这类精神病大多数为期短暂，常随诱发因素的消退而减轻，经适当治疗，精神状态可恢复正常，愈后良好，一般不复发。

第二节 提升心理“免疫力”

一、影响心理健康的因素

1．生物学因素

（1）遗传。人们发现，亲属中人格障碍的发生率会与血缘关系成正比，血缘越近，发生率越高。双生子与寄养子调查结果都支持遗传因素作用的观点。人格障碍患者的子女即使从小寄养在正常家庭，仍有较高的发生率。另外还有染色体异常的影响，47XYY 综合征和 47XXY 综合征患者中，人格障碍的发生率也非常高。

（2）神经发育。情绪不稳定型人格障碍患者较多表现为神经系统软体征，在神经心理学测验中也显示轻微脑功能损害。有学者发现，常有攻击行为的男人中，57% 具有异常脑电图，且多表现在前颞区，被认为问题可能在网状激活系统或边缘系统。

（3）躯体机能。临床证明，中枢神经系统的传染病，如斑疹伤寒、流行性脑炎等，由于病菌、病毒损害神经组织结构而导致器质性心理障碍或精神失常，可以阻碍心理的发展，造成智力迟滞或痴呆。

2．环境因素

1）社会因素

文化涵盖了人类社会的全部领域，时刻影响着人们的生活，使个体由一个无知的自然人成长为具有丰富内心活动的社会人，形成不同文化下各有差异的、丰富多样的身心特点。有时，这些文化差异表现得十分显著，例如，在某些民族中，躯体的异常状态被认为是正常甚至是美观的，而在另外的民族中则被认为是病态，如图 11-3 所示。

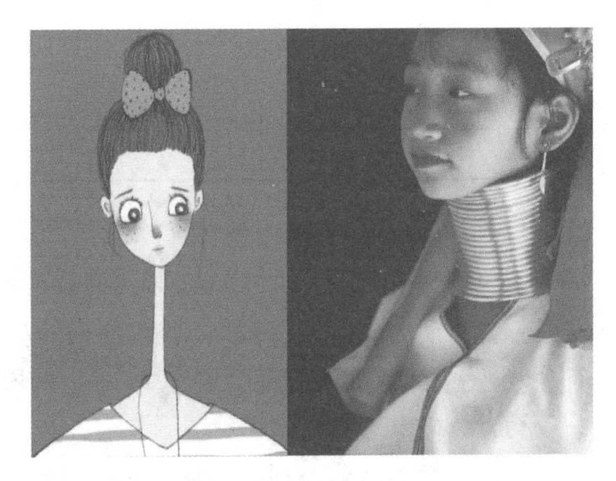

图 11-3 这么长的脖子正常吗？

【心理小贴士】

社会文化对人格的影响

社会文化对人格具有塑造功能，这可以体现在不同文化的民族有其固有的民族性格。社会心理学家米德等人曾做了一项关于非洲新几内亚民族的研究，发现三个不同民族的人格特征各有特色，很鲜明地体现出社会文化、地理环境对人格的影响。

在山丘地带居住的阿拉比修族，崇尚男女平等的生活方式，成员之间相亲相爱，团结协作，没有弱肉强食、恃强凌弱，没有争强好胜，整个民族展现了一幅平和、幸福的画面。

在冰川地带居住的蒙杜古姆族以打猎为生，男女之间存在权力和地位的争夺，对孩子的教育也极为严厉。这个民族的成员表现出很强的攻击性，以及冷酷残忍、妄自尊大的人格特征。

在湖泊地带居住的章布里族，男女性别角色差异明显，有一些母系民族的影子，女性是这个社会的主体，她们掌握着经济实权。而男性则处于社会的从属地位，负责养育孩子，从事艺术、工艺、祭祀等活动。这种社会分工使女性表现出刚毅、支配的性格，而男性则更多表现出一种自卑感。

2）家庭教育

幼儿大脑发育未成熟，强烈的精神刺激会影响其心理发展。例如，父母对子女的遗弃、虐待、专制、忽视、溺爱和放纵都会影响子女的人格发育，甚至导致人格障碍。父母的教育方式对儿童个性的影响如表 11-1 所示。

微课：控制型养育对个性发展的影响

表 11-1 父母的教育方式对儿童个性的影响

父母的教育方式	儿童的个性
支配	消极、自主性差、依存、顺从
干涉	癔症、神经质、被动、幼稚
娇宠	任性、放肆、幼稚、神经质
拒绝	冷淡、暴躁
不关心	有攻击性、情绪不安定、冷酷
专横	反抗、情绪不安定、依存、服从
民主	协作、独立、坦率

3）学校教育

校园中，教师的行为示范，尤其是同学间的关系模式，会影响青少年的生活风格和人格发展。曾有研究发现，在冷酷、刻板、专横的教师所管辖的班级中，学生的欺骗行为会增多；而友好、民主的教师所管理的班级中，学生的欺骗行为会减少。

4）应激事件

重大生活变故形成的应激事件常可以改变一个人的生活甚至人格，如亲人离世、父母婚

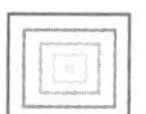

变、家庭不睦、好友反目、学业失败、自然灾害等事件。有美国学者认为，很多精神病患者住院前都经历过重大变故造成的心理创伤。也有学者发现，东南亚海啸的幸存者，会因为他人死亡、自己存活而产生负罪感，导致严重的心理障碍，甚至出现自杀倾向。但是仍有大量研究发现，重大生活变故这类外在刺激并非精神疾病的直接影响因素，真正对其产生影响的是人们对刺激的评价及其应对方式。

【心理小贴士】

霍尔姆斯的应激事件研究

霍尔姆斯对 43 件重大生活事件赋予分值（表 11-2），当个体一年累计分数超过 300 分，则来年患病的可能性为 70%；超过 200 分，则来年患病的可能性为 50%；低于 100 分，则健康安泰。他认为，当个体在某段时间内遭遇很多生活事件时，生活事件对个体的作用会累加，增加心理应激，影响个体的身心水平。

表 11-2 生活应激事件量表

顺序	生活事件	评分	顺序	生活事件	评分
1	配偶死亡	100	23	子女离家	29
2	离婚	73	24	司法纠纷	29
3	与配偶分居	65	25	突出的成就	28
4	坐牢	63	26	配偶开始或停止工作	26
5	亲人死亡	63	27	升学或辍学	26
6	受伤或疾病	53	28	生活条件变化	25
7	结婚	50	29	生活习惯改变	24
8	被解雇	47	30	与上级有矛盾	23
9	复婚	45	31	工作时间或条件改变	20
10	退休	45	32	搬家	20
11	家人患病	44	33	更换学校	20
12	怀孕	40	34	娱乐	19
13	性生活问题	39	35	宗教活动改变	19
14	家庭增加新成员	39	36	社会活动改变	18
15	调换新工作	39	37	小量贷款	17
16	经济状况改变	38	38	睡眠习惯改变	16
17	好友亡故	37	39	家庭成员变化	15
18	职业性质改变	36	40	饮食习惯改变	15
19	夫妻不和	35	41	假期	13
20	大量借贷	31	42	圣诞节	12
21	抵押或借贷到期	30	43	轻度违法	11
22	职位变化	29			

二、自我支持与调节

人们遇到心理问题时,会有不同的反应,有时候同一个人在不同时段遭遇同样的情景也可能会有不同的结果。许许多多的主客观因素塑造、雕琢着生命的形态,作为生命的主体及人生的主人,我们可以为自己做些什么呢?

1. 心理问题应对能力的影响因素

1) 社会支持

社会支持是指个体知觉或接收到的他人关于精神、物质、信息等各方面的多种支持,可以是情绪的支持、尊重的支持,实质性的支持、工具性的支持,以及信息、网络等方面的支持。支持可以是源于家人、亲戚、朋友、同事或者社会团体等。

社会支持使人们相信自己是被爱、被关心、被尊重的,自己是有价值的,会认为自己是社会网络的一环,可以在网络中获得物品、服务、关心,遭遇危险时可以互相保护。

2) 控制感

控制感包括以下两部分。

(1) 控制的信念。又分为内在控制观、外在控制观两种情况,前者是指相信能控制自己的成败信心;后者是指相信自己的生活掌握在诸如运气之类外在因素的情况,这些人会容易感到无助,感到自己无法避免消极的结果,容易放弃追求的目标。

(2) 自我效能感。是指人们对自己能否完成某项特定任务或应对某种情景的自我判断,通常自我效能感优越者更务实,更不容易恐慌。

有研究发现,控制感在免疫功能的变化中起着重要作用;另外,缺少自控感的人与有较强自控感的人相比生活习惯差,容易患病,而且不太会主动积极寻求咨询或者治疗。

3) 性格特征

有研究发现,面临压力时,具有坚毅性格特征的人更不容易生病。其中,对坚毅性格描述了三个特征:①控制,也就是前面提到的控制感;②承诺,即对生活的事件、活动和人物持续地努力与不放弃;③挑战,即把改变视为成长机会而非安全威胁。

还有观点认为,坚毅的人能更好地处理压力情境,更能吸引或寻求社会支持。

4) 认知

同样的问题情境对有些人来说重如泰山,对另一些人则轻如牛毛,这样的差别往往也与认知因素有关,就如古希腊哲学家伊壁鸠鲁所言"人类不是被问题本身所困扰,而是被他们对问题的看法所困扰"。

5) 行为模式

有理论研究认为,人们的行为模式可以分为三种类型。

(1) A 型行为模式。具备该行为模式的人通常个性强,爱竞争,固执,好争辩,说话带有挑衅性,急躁,紧张好冲动,大声说话,做事快,走路快,说话快,总是匆匆忙忙,富含敌意,具有攻击性等。

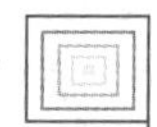

(2) B 型行为模式。该行为模式的人则安宁,温和,松弛,包容,随遇而安,顺从,沉默,声音低,节奏慢。

(3) C 型行为模式。也称为癌症行为模式,该行为模式的人容易因不善于宣泄和表达焦虑、抑郁情绪而压制自己的负面情绪,尤其过分压制愤怒情绪。随之出现系列退缩表现,如屈从于权势,过分自我克制,回避矛盾,姑息迁就,为取悦他人或怕得罪人而放弃自己的需要等。

在面对问题情境时,A 型行为模式者无论在心理、行为和生理上反应都比较快、比较强,常常把问题情景视为对个人控制的威胁;B 型行为模式者通常不容易受困于事件压力,倾向于多角度考虑问题,也更容易接受问题情境是一个客观事实;C 型行为模式者则常常因为无力应对生活压力而感到绝望和孤立无援,其癌症发生率高出常人 3 倍。

2．应对心理问题的策略

1）寻求滋养环境

滋养环境包括真诚、接纳、欣赏、抱持等特质,通常一个人与朋友、亲戚、邻居、社区、工作或单位,乃至与宠物的联结所产生的支持性关系,都可以减轻压力事件对人的冲击影响,都属于滋养性环境。

2）建立良好的人际关系

良好的人际关系与人际氛围更为滋养人,有时只是与大家保持日常联系,分享经历,共同对话,也对心理健康十分有利。例如,与朋友一起散步、听音乐或是发会儿呆,都可以在一定程度上消除消极状态的困扰。

3）积极调整情绪

情绪宣泄、注意力转移、认知调节、放松训练等都是有效的情绪调节方法。

【心理小贴士】

深度休息的 10 项活动

有意识地花时间休息,有助于人们做出更好的决定,帮助增强记忆力,有利于降低抑郁风险,还能减少患感冒的次数。到底做什么才算休息呢?《深度休息》一书中列举的一项调查发现,最有助于休息的十项活动依次排名如下:①正念;②看电视;③放松地空想;④洗个舒服的热水澡;⑤舒心地出去走走;⑥什么也不做;⑦听音乐;⑧独处;⑨走近大自然;⑩阅读。

4）直面自身问题

充分了解问题之所在,向有经验的人和处理心理困扰的专家请教,或到专业机构寻求心理咨询师、心理治疗师的直接帮助。

5）暂不做重大决定

处于严重困扰中的个体处理问题的能力比平时要低,收集和理解信息的能力受限,常无法做出正确决策。在这种情况下匆忙做出重大决定反而会造成更大的伤害。

3．避开认识误区

1）病耻感

有些陷入心理困境的人容易表现负性情绪体验，容易自我污名化，无论对其本人还是对社会都是一种精神和现实的二次伤害。尝试多角度理解陷入心理困扰或心理障碍的人群，例如，抑郁症实则也是躯体疾病，是神经内分泌和中枢神经递质功能异常，与其他躯体疾病一样需要服药或住院治疗。

2）缺少识别身心异常症状的知识

对身心异常症状一无所知，却容易断章取义给自己或周围人贴标签，一方面容易造成正常心理现象被贴上错误疾病标签的情况，另一方面也会使得人们对于心理疾病的理解过度简单化或者掩盖真实的病情而影响治疗。

3）抱侥幸思想

心理疾病自愈者往往是少数，如果患者不按疗程治疗容易导致复发率增高，并可能加重症状、延长病程，徒增康复难度。

第三节　寻求来自专业人士的帮助

越来越多的人注重提升身心生活质量，期待从专业的心理机构和人员那里获得帮助。人们应对各种层面的心理问题时，可以获得帮助的途径也很多，如精神卫生医院、心理门诊、心理咨询机构等，大学生拥有更为便利的求助条件——从学校设立的心理咨询中心获得帮助。

一、心理咨询概述

心理咨询是一种专业的助人过程，帮助人们解决心理适应过程中出现的问题，求得自身能力的最大限度发挥，寻求更高质量的生活。

1．心理咨询的作用

1）从心理咨询师职责的角度

心理学家布拉默和肖斯通认为，心理咨询师提供心理咨询服务过程中的主要职责如下。

（1）知道来访者的困难或适应不良的症状，知道来访者需要倾诉生活苦恼，需要获得帮助。

（2）建立咨访关系。

（3）引导来访者表达感受，同时对问题做出澄清和详尽说明。

（4）共同探讨来访者的感受和个人信息。

（5）探索改变的理想方向。

（6）对来访者的感受做适当处理，通过强化、解释等方法促进来访者发生改变。

（7）协助来访者促进自我觉察，发展观察和分辨能力。

(8) 评估整体的咨访关系。

在这个过程中,心理咨询师会以良好的职业道德保守秘密,并帮助人们实现“心灵的再度成长”。

【心理小贴士】

伦理守则与保密例外

心理咨询师要特别注意道德修养,具备高尚的职业道德,不能利用工作之便做出有损于来访者的事。除了依靠心理咨询师自身诚实自省遵守职业道德之外,心理咨询起步较早的国家,往往通过立法和专业学术团体对心理咨询师的行为做出明确规定,并严格执行,督促心理咨询师加强责任感,保护来访者利益。这样的规定通常叫作“心理咨询师伦理道德守则”,包括:①价值中立;②知情选择;③隐私保密;④避免双重关系;⑤持续成长;⑥转介。

其中,保密原则包含以下例外的情况。

- 当来访者企图要自杀或伤害自己时,心理咨询师为保护来访者生命安全,须通知家属或有关医疗急救人员;
- 当来访者企图要伤害他人或危害公共安全时,心理咨询师为了保护来访者免于犯罪,以及保护其他无辜的第三者免于受害,须通知有关机构与无辜第三者;
- 当来访者的行为涉及家庭暴力或儿童虐待时,心理咨询师依法为保护受害人,以及预防家庭暴力的继续发生,须通知相关机构。

2) 从来访者成长的角度

具体地讲,心理咨询可以在以下四个方面为来访者提供帮助。

(1) 了解自己,学会管理自己的情绪,拥有积极稳定的心态,避免罹患各种心理障碍和心理疾病。

(2) 拥有更健全的人格,摆脱自卑、自恋、自闭等不良心态,更好地投入学习、工作和生活中去。

(3) 摆脱因失恋、失业等造成的痛苦,学习应对生活中种种挫折的方法。

(4) 迎接人生各阶段的种种挑战,在人生重大问题上做出合理抉择。

3) 从咨访关系的角度

心理咨询中,心理咨询师带着真诚、尊重、理解、关心和支持的态度与来访者建立的良好的咨访关系不仅是心理咨询的基本条件,更是足以令来访者发生改变和成长的必要组成部分。

(1) 传递信任与爱,让健康心态和生命力通过咨访关系潜移默化地传递出来。

(2) 促进发生改变,使来访者敞开内心世界,欢迎咨询师协助自己打通个人内心与外在环境的沟通渠道,调整自我与社会的情感、认知、态度和价值观,重建心理适应与平衡。

总之,心理咨询是以“助人自助”及帮助来访者自我实现为目的,提升来访者爱自己、爱他人、爱世界的能力,从而更加幸福地工作和生活。

2．心理咨询的类型

心理咨询的种类按照不同的标准可有不同的划分方法。

1）依据性质和对象划分

（1）发展性心理咨询。指面对不同成长阶段的心理困扰进行的辅导，如恋爱、婚姻、择业、求学、职业适应等，引导求助者更好地认识自己，发挥潜能，提高生活质量。

（2）障碍性心理咨询。指其心理咨询对象出现心理异常并影响了正常学习和生活时进行的辅导。需要注意，严重心理障碍者必须接受配合药物的系统心理治疗，心理咨询只是辅助手段。

【心理小贴士】

心理咨询与心理治疗异同

心理咨询与心理治疗常被当作同义词，但两者的区别仍然显而易见。

- 心理咨询的对象主要是正常人，他们的主要困难是现实生活中的适应与发展问题，而心理治疗的对象主要是有较严重心理障碍的人，如重度人格障碍；
- 心理咨询着重处理的是日常生活中人际关系、职业选择、教育过程中的问题，心理治疗的适应范围是身心疾病、精神病患者的康复期适应等；
- 从事心理咨询的是心理学工作者、社会工作者等，而从事心理治疗的多是临床心理学家、精神科大夫。

心理咨询师的实践常被治疗师看作心理治疗，心理治疗师的实践又被心理咨询师看作为心理咨询，它们的确有许多相似之处。

- 采用相同的专业基础理论方法；
- 均强调帮助来访者成长和改变；
- 都注重帮助者与求助者之间良好关系的建立，并认为这是帮助求助者发生改变的必要条件；
- 目标都是维护和增进心理健康。

2）依据心理咨询对象人数划分

（1）个别心理咨询。个别心理咨询是指心理咨询师与来访者一对一单独进行的心理咨询，是最为常见的心理咨询类型。

（2）团体心理咨询。团体心理咨询是指将具有类似问题的来访者组成小组或团体，进行共同讨论和辅导。团体心理咨询的人数没有固定标准，但最多不超过20人。

3）依据心理咨询开展形式划分

（1）当面心理咨询。当面心理咨询是指来访者与专业机构进行的面对面心理咨询，是最常见的心理咨询途径，有利于建立具有治疗意义的咨访关系，以及取得良好的心理咨询效果。医院门诊心理咨询、学校心理咨询一般都采用当面心理咨询的形式。

（2）文字心理咨询。文字心理咨询是指以信函、移动媒体文字对话、刊物专栏等方式与

 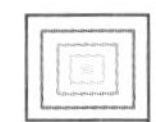

来访者书面沟通后所完成的心理咨询，适用于部分口头交流困难或口头语言受限的来访者；其缺点在于信息拖沓，耗时过长，难以深入。

(3) 语音心理咨询。语音心理咨询是指利用电话、网络音频等手段与来访者沟通完成的心理咨询，适用于时间紧迫和不愿意暴露身份的来访者；其缺点是咨询效果有限。目前，很多城市都设有的心理热线就属于语音心理咨询。

(4) 视频心理咨询。视频心理咨询是指心理咨询师借助网络视频的手段完成的心理咨询，适用于行动或地域受限情况下的求助者，但是心理咨询效果也相对受限。

4）依据心理咨询的时长划分

(1) 短程心理咨询。这类咨询一般持续 8 ～ 16 次的会谈，主要聚焦于来访者的某个特定问题，比如焦虑、抑郁、愤怒情绪等。多数轻中度的情绪状况都能在短程心理咨询中获得不错的改善。

(2) 长程心理咨询。这类咨询一般持续一年以上，在充分稳定的空间、时间里对复杂心理问题及深层潜在原因进行探索和讨论，不仅帮助来访者去除症状、问题，还可以改善来访者行为模式，完善人格。如修通成长中的创伤、依恋关系的影响等，通常需要 12 ～ 18 个月才能产生效果。

3．心理咨询的过程

心理咨询过程基本分为以下三个阶段。

(1) 起步了解阶段。该阶段的主要目标任务是建立良好的咨访关系，了解来访者的求助问题，收集相关资料信息。

有的来访者误以为心理咨询一旦开始，就可以立即解决问题。实则除非来访者自己同意，否则心理咨询师无法进入来访者的内心世界，更无法协助来访者觉察潜在感受与需要，发现问题症结。故而，心理咨询第一阶段需要建立良好的咨访关系。

在这一过程中，心理咨询师全神贯注地聆听来访者描述的问题，并在必要的时候做出回应，传递出对于来访者的了解。很多时候为了收集资料，心理咨询师也会适当提问，但通常收集到的资料只是一些外显信息，不是来访者深层的内心体验。

(2) 深入探索阶段。该阶段的主要目标任务是深入探讨来访者问题，探索其背后的根源。

在良好咨访关系的基础之上，心理咨询师可以协同来访者进入深层的内心世界，探索来访者过去所未觉察到的经验、感受和需要。心理咨询师会根据前一阶段收集到的信息，携手来访者深入探索某一方向的相关主题，从表面的外显行为回溯到问题背后深远的根源。主题方向方面，在不同的学派理论框架之下，探索的方向会有所不同。

(3) 稳定进步与结束阶段。该阶段的主要目标任务是协助来访者采取行动、解决问题并结束咨询。

来访者在第二阶段中理解了自身的问题与根源，有的来访者可以在探索过程中直接顿悟并产生行为变化，有的来访者需要继续经由咨询师协助拟订改变计划，逐渐从顿悟发展到形成健康行动，从而改善现实生活。至此，心理咨询进入尾声，心理咨询师适时结束咨访关系，但是，必须经过心理咨询师与来访者双方的同意方可结束。

4．心理咨询前的准备

无论是什么缘由促使一个人计划进行心理咨询，在真正进入心理咨询之前注意做好以下几方面的准备。

1）了解是否适合进行心理咨询

不仅心理困扰、神经症患者可以进行心理咨询，心理完全健康的普通人也可以进行心理咨询，从而发现自己的盲点并开发潜能。但是，人格障碍和患有精神病的来访者必须留心，须要向精神科医生确认在药物治疗期间是否适宜进行心理咨询，何时辅以心理咨询，通常心理咨询开始于药物治疗的中后期。

2）觉察自己内在的求助愿望

如果来访者没有求助的愿望，仅仅是被家人、师友逼迫而来，往往不情愿谈及真实的自我，初始心理咨询效果会受到影响。当然，帮助来访者看到自己存在的问题，认识到自己具有的资源和能力，厘清解决问题的方法和途径，都是心理咨询师愿意协助来访者去完成的任务。

3）放下一些顾虑和担心

首次进入一段心理咨询之前，对心理咨询的工作方式抱有疑问，并对心理咨询师专业胜任力怀有疑虑是正常的。有的来访者还会担心谈话的内容外露，会犹豫不决是否隐去某些问题……其实，专业的、有操守的心理咨询师会注重保持专业化的自我学习与成长，遵守专业伦理中的保密和价值中立原则，这些都是心理咨询师需要遵循的最基本的职业道德。

4）选择合适的心理咨询师

心理咨询前，要了解一些关于心理咨询师的情况，如职业背景、从业经历、擅长领域等，注意寻找受过正规专业训练且具有从业资格的心理咨询师。与心理咨询师接触后，如果感觉不合适，可以提出中止心理咨询或请求转介。

【心理小贴士】

如何识别优秀的心理咨询师

在尝试进行心理咨询且非常想找一位优秀的心理咨询师时，可以参考《菊花心语》提供的这段说明。综合西方心理咨询界的研究，优秀的心理咨询师通常具备以下特质。

(1) 对自己、来访者和心理咨询的效果有信心。

(2) 态度积极。

(3) 凡事不轻易下论断。

(4) 能够容忍模糊不清的事物和局面。

(5) 仁爱，富有同情心。

(6) 具有高度的创见性，精力充沛。

(7) 男性心理咨询师比一般男性更敏感。

(8) 女性心理咨询师比一般女性更自信、更有冒险精神。

5）了解心理咨询设置

心理咨询前，需要向心理咨询师提前了解心理咨询设置。例如，通常每次心理咨询时长约50分钟；心理咨询次数可多可少，依据来访者心理问题的程度和心理咨询师的心理咨询方法，有的需要1次、2次，有的则需要1年、2年；心理咨询一般需要提前预约，来访者应按照预约时间准时赴约，如遇特殊情况需提前联系更改时间等。

二、主流的心理咨询

1. 精神分析疗法

精神分析理论的创始人弗洛伊德认为，心理障碍是由于本能欲望或意念被压抑在潜意识当中无法释放而导致的结果。当无意识心理过程上升为有意识，破除了潜抑作用，揭穿防御机制的伪装，病人真正了解症状的意义，症状就会消失了。这个转变过程就是精神分析。他认为最适合采用精神分析治疗的是歇斯底里、强迫症和恐惧症。精神分析师通常使用解析、自由联想、催眠、释梦等技巧，分析梦的隐意，厘清症状的真意，破除阻抗。

经典精神分析疗法的疗程很长。通常每周治疗3～6次，每次1小时，至少需要持续半年、1年甚至多达4年。累计费用很高。

目前，由经典精神分析治疗发展而来的精神动力学治疗，在治疗理论和手段上都有了发展。治疗通常每周治疗1次，每次50～60分钟，持续几个月到几年不等。累计费用相应减少。

2. 行为疗法

行为疗法的基本理论来自行为主义的学习原理，即经典的条件反射原理、操作条件作用原理和模仿学习的原理。

行为治疗认为，异常行为与正常行为一样，都是通过学习、训练和后天培养而获得的。人的心理问题既然可以通过学习获得，同样也可以通过学习而改变或消失。常用的行为疗法包括系统脱敏疗法、满灌疗法、厌恶疗法、生物反馈疗法等，强调利用控制环境及实施强化等手段使来访者习得良好行为。

【心理小贴士】

常用的行为疗法

（1）系统脱敏法。系统脱敏法于20世纪50年代由精神病学家约瑟夫·沃尔帕首次使用，用于治疗来访者在特定情境下的超常紧张、焦虑或恐惧症状。系统脱敏法的主要做法是诱导来访者缓慢暴露于焦虑情境，同时通过心理放松状态对抗焦虑情绪，消除症状。

（2）满灌疗法。满灌疗法又称冲击疗法、暴露疗法，主要做法是一开始就迅速向来访者呈现其害怕的刺激，直至他对此刺激习以为常。

（3）厌恶疗法。厌恶疗法又称对抗性反射疗法，是利用惩罚性的厌恶刺激来矫正、消除某些适应不良行为的方法，多用于戒酒、戒烟、性变态以及青少年不良习惯。厌恶疗法的基本原理是让不愉快的惩罚性刺激与不良行为同时出现，对抗并取代旧有的愉快、激励性感受,形成新的条件反射,消除不良行为习惯。

(4) 生物反馈疗法。生物反馈疗法是借助仪器将某些生理活动的信息(如肌电活动、心率、血压、脑电信号、皮肤温度等),以视觉或听觉方式呈现给人们,从而有意识地控制生理和心理活动、调整机体功能,达到防病治病的目的。生物反馈疗法可用于治疗头痛、偏头痛、哮喘、高血压、皮肤病,以及焦虑症、恐惧性神经症、失眠、腰背痛等,可配合药物及其他治疗方法使用。

3. 以人为中心的治疗

以人为中心的治疗是人本主义的心理治疗方法之一。创始人卡尔·罗杰斯的思想基础是对人性的深刻理解,以及对人的尊重和信赖。他认为人性发展的基本属性是建设性的,人有追求美好生活和为之奋斗的本性。

以人为中心的治疗主要有两种形式:一是个别谈话治疗,二是通过小组进行小团体治疗。

4. 认知疗法

认知疗法由美国心理学家艾伦·贝克创立。它强调人的信念系统和思维,对于行为、感觉的影响是非常重要的。行为和情感的中介是认知过程,情绪障碍和非适应行为都源于不良认知,即歪曲的、不合理的、消极的信念或思想。矫正这些不合理认知,就能使情感和行为得到改变。

认知疗法一般包括四个过程:建立求助动机;矫正不良认知;在处理日常生活问题的过程中培养观念的竞争,用新的认知对抗原有的认知;改变有关自我的认知。

5. 森田心理疗法

森田心理疗法简称森田疗法,由日本慈惠医科大学森田正马教授于1920年创立,适用于神经症的治疗。森田疗法是一种顺其自然、为所欲为的心理治疗方法,分为门诊治疗和住院治疗两种形式。治疗以一个月为一个进程,也就是说,来访者只有实践到一个月的时候才可能有一定的体会。总的实践时间短则三个月,长则半年。

【心理小贴士】

神经症的故事

《菊花心语》一书中有以下这样一个诠释神经症的小故事。

一对师徒走在路上,徒弟发现前方有块大石头,他皱着眉头停在石头前面,师父问他:“为什么不走?”

徒弟苦着脸说:“这块石头挡着我的路,我走不下去了怎么办?”

师父说:“路这么宽,你怎么不会绕过去呢?”

徒弟回答道:“不,我不想绕,我就想要从这块石头前穿过去!”

师父:“可能做到吗?”

 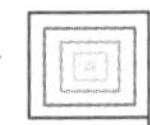

徒弟说："我知道很难，但是我要穿过去，就要打倒这块大石头，我要战胜它！"徒弟表现得很痛苦，"连这块石头我都不能战胜，我怎么能完成我伟大的理想？！"

师父说："这两者压根就不是一回事，你太执着了。"

神经症患者就像故事中的徒弟，被症状（大石头）所困扰，而森田疗法的治疗师就像故事中的师父，让神经症患者（徒弟）对症状视而不见，带着症状继续正常地生活（绕道继续往前走）。这就叫作"顺其自然，为所当为"。

顺其自然包括：①对情感活动顺其自然；②对各种想法和观念顺其自然；③对症状顺其自然；④对事物的客观规律顺其自然。

为所欲为包括：①忍受痛苦，为所欲为；②面对现实，陶冶情操。

经典的森田疗法是住院治疗，是严重神经症患者的最佳治疗方法。森田疗法的治疗程序大致分四个时期：卧床期、轻度作业治疗期、重度作业治疗期、复杂的实际生活时期。

6．心理咨询理论与技术的新发展

心理治疗经过一百多年的发展，其理论与技术日趋多元，在融入诸多文化、学科和不同的技术领域的同时，为人们提供了丰富的治疗选择。

1）东方文化背景的心理咨询模式

融合了东方文化的心理咨询模式除了森田疗法，主要还有坐禅疗法、内观疗法等。

（1）坐禅。禅在禅宗中指的是"集中"与"观照"，是对现实的顿悟与超越，是一种自我疗愈的途径。在我国的传统医学与哲学宗教影响下，禅被人们视为一种追求理想人生境界的方式。其具体方法：一是遵循"四圣谛""八正道"；二是练习打坐冥想，从而依次达到"夺人不夺境""夺境不夺人""人境俱夺""人境俱不夺"的开悟境界，如同弗洛姆所说的"对人类普遍性的活生生的体验"。

（2）内观。内观在佛教中指观察事物与身心的本来面目，后来在日本被改造为适用于普通人的方法。具体做法是：个体在心理咨询师协助下隔绝一切工作与活动，静坐反省"对方为我做的、我为对方做的、我给对方添的麻烦"三项内容，由母子关系到父子关系再到亲人关系逐一进行。过一两个小时与心理咨询人员会谈三四分钟，持续进行一两周。内观的方法适用于去除"我执"成分，觉察个人的错误并了解他人赋予的爱。

2）东西方融合下的心理咨询模式

（1）焦点解决短程疗法。焦点解决短程疗法从后现代思维倾向主观性、内容性的现实视角出发，结合积极心理学的技术方法，着力于协助来访者发掘内在既有资源构建富有生命力的未来图景。该疗法并不探讨事件发生的原因，而是鼓励和肯定来访者积极正面的做法，探索内外资源以及过往成功经验，形成建设性的新模式去诠释生活中的困境，确立正面可行的目标并立即行动，从而转变过往的行为模式。

（2）整合疗法。整合疗法不再局限于某种理论取向，转向关注来访者人格特点、需要和治疗愿望，以及心理咨询师的态度、人格特点和咨访关系，在技术层面上根据特点、症状和不同问题的不同阶段进而选取各个心理流派中最有效的手段和方法，将其组合起来应用于心理咨询过程。例如，接受与承诺疗法（简称 ACT）运用正念、接受、冥想、认知离解等技术，强调聚焦当下；辩证行为疗法（简称 DBT）在传统的认知行为疗法基础上结合东方禅学的辩证思想，强调在“改变”和“接受”之间寻找平衡。

3）艺术化的心理咨询模式

（1）美术治疗。美术治疗是通过作者、作品和心理咨询师之间互动让来访者自我观察、整合感受、发展人格的心理咨询过程，兼具人格评估和咨询治疗两重功能。美术治疗是非语言性的，更容易帮助语言功能障碍的来访者，更具象征性表达的特点，也使来访者的防御性降低。美术领域的绘画、雕塑、拼贴、书法、陶艺等形式都可以与心理治疗结合。

（2）音乐治疗。音乐治疗通过来访者、心理咨询师和音乐的互动帮助来访者在生理、心理两个层面实现改变，包括音乐倾听、再创造与即兴演奏三种方式。音乐倾听用于镇痛、放松、改变内分泌、影响脑波等，还可以引发各种情绪，如同中医所言“五音入五脏”；再创造与即兴演奏则需要心理咨询师具备一定的音乐素养，运用音乐的技巧引导来访者觉察和表达自身的感受与觉知。

（3）意象对话治疗。意象对话治疗认为：人类心理最浅层是行为，中层是逻辑思维，深层是原始认知。意向对话属于在深层领域进行的互动，咨访双方在意象互动中觉察情绪状态与矛盾冲突，诱导来访者改变心理意象，从而消除心理障碍。意象对话治疗适用于各类心理障碍，但精神分裂症例外。

（4）游戏治疗。游戏治疗是借助游戏来进行的心理咨询。心理咨询师运用游戏象征手段帮助来访者表达情绪、愿望和想法，构建自由表达的信任关系，从而觉察内在意义，领悟内心冲突，解决问题。游戏治疗多数适用于儿童行为矫正，但也有广泛用于各年龄段的游戏治疗，如沙盘游戏治疗。

4）融入科学技术的心理咨询模式

虚拟现实技术、脑神经科学等在心理咨询领域的融合越发深入。例如，在线心理测试、智能心理咨询、冥想放松治疗设备等都属于虚拟现实技术融入心理咨询领域的成果；大脑感觉统合神经结构功能的发展与学习障碍的关系，抑郁症患者用药前其后额叶前部皮层与颞叶皮层的活性变化，创伤应激障碍患者在心理咨询前后的海马组织活性的改变等，都属于脑神经科学与心理咨询领域的共同研究领域。

【案例讨论】

喜剧电影《火柴人》上映之后，引发了心理学家和医学界人士对强迫症的关注。

“火柴人”是一句美式俚语，是指那种能让你掏心掏肺并掏钱的骗子。即使他手上只有一盒火柴，都会有高明的办法夸大火柴的效能，让一堆人举着现金去抢购他的火柴。影片主角罗伊就是这样一个职业骗子，并同时患有强迫症与广场恐惧症。

罗伊“工作”时沉着冷静、巧舌如簧，事业“蒸蒸日上”。可一旦离开“职场”，他就得依靠药物来维持精神状态。他几乎拒绝一切户外活动，拒绝阳光，拒绝电视，拒绝一双踩在地毯上的鞋，拒绝掉落在地毯上的任何肉眼可见的杂物，甚至拒绝一片漂浮在游泳池中的枯叶。他不仅容不下丝毫混乱，还不能置身于开放空间，否则就会崩溃。所以只能像个“套中人”似的窝在房间或车子等密闭空间里，偶尔出门就得戴上墨镜，给世界“染”个色才感觉舒适些。

罗伊因一次意外而失手打翻了药瓶，接下来的几天里他没日没夜地、不断地打扫房间，直至每个角落都锃亮，直至自己精疲力竭。

我们来看电影中的另一个片段：宽敞舒适的客厅整洁得如同五星级宾馆客房，宽大的玻璃门被百叶窗遮得严严实实，令室外灿烂的阳光“望而却步”。罗伊走到窗前，轻轻掀起一页窗帘，一脸严肃，用他那挑剔的眼神巡视了一下正对着窗门的游泳池，池水湛蓝清澈，在阳光下波光灵动，他满意地回转身。罗伊在柔软的地毯上每走几步，就弯腰轻轻地捡起一点散落的灰尘，脸上带着不满的神情。之后继续到各个房间检查，每开或关一次门，都要有相应的连续动作并重复三遍，口里数着“1、2、3”。检查完毕后，他“仔细”地穿上永远是锃光瓦亮的皮鞋。最后他来到厨房，洗手并用纸巾反复地擦干净后，从壁橱里拿出一瓶药，取出并吞下一颗。一切就绪之后，该出门了，临走时，罗伊又不放心地回身探视了一下各个房间，这才数着“1、2、3”关上房门，驾车离去。这是罗伊每天起床后到出门前的例行公事。

许多精神疾病患者面临“病在脑中不能讲”的挣扎与困扰，有时这些问题所带来的痛苦比疾病本身还严重。只有通过正式的临床心理治疗，这类症状才能够逐渐得到控制。

讨论：

1. 对影片主人公罗伊表现出的强迫症症状，你怎么看？

2. 你是否猜测过自己或者身边的朋友有类似症状？如有这样的自我猜测，你计划怎么办？

【心理测试】

测试自己是否有强迫倾向

亲爱的朋友，你想知道自己是否有强迫倾向吗？可以回顾自己最近一段时间的感觉，对照以下内容自行评定，分为没有这种情况、情况很轻、中等、情况偏重、情况严重。

1. 头脑中有不必要的想法或字句盘旋。
2. 忘性大。
3. 担心自己的衣装不整齐或者仪态不端正。
4. 感到很难完成任务。
5. 事情必须做得很慢以保证不出错误。
6. 做事必须反复检查。
7. 难以做出决定。
8. 反复想一些无意义的事。
9. 注意力不能集中。
10. 反复洗手，清点数目。
11. 反复做毫无意义的动作。

12. 经常怀疑自己的生活环境被污染。

13. 总是担心家人，会做出不好的联想。

14. 出现一些不可控制的相互对立的想法和观念。

计分规则与结果解释：测试自己是否有强迫倾向

【能量补给】

1. 在你身边，是否有与案例导读中纳西瑟斯类似的人？据你判断，他出现了哪方面的心理问题？针对评估结果，你会向他提供何种帮助或建议？

2. 如果你遭遇心理困扰，你会做些什么帮助自己渡过困境？或者有谁可以帮助你？

3. 如果你要寻找心理咨询师，你会选择什么样的心理咨询师？

【拓展阅读】

1. 图书《生命之重建：治愈你的身体》

人们生命中的每一段经历都是由自己缔造的。一个人此刻的所思所想在创造着他的未来。他相信什么，说了什么，决定了他未来将拥有的人生。生活可以充满阳光、充满希望，也可以充满悲伤、充满束缚。有的人明明想要活出生机勃勃的生命，却在内心纠结徘徊，这时唯有坚定的信念可以重建生命。

露易丝·海在书中向读者揭示了疾病、抑郁和纠结背后所隐藏的心理模式，为人们指明了重建生命健康的道路。如果你愿意从当下开始爱和疗愈，生活将充满新生的能量。

2. 电影《黑天鹅》

《黑天鹅》是 2010 年由达伦·阿伦诺夫斯基执导的电影，讲述了一个有关芭蕾舞者的超自然惊悚故事。女主角是一个资深芭蕾舞演员，她发现自己被困在了与另一个舞者的竞争状态中。随着一场重大演出的日渐临近，许多麻烦也随之而来。而且她不确定竞争对手是一个超自然的幻象，还是她自己出现了错觉。

第十二章　绽放生命　幸福生活——生命及幸福教育

【学习目标】

知识目标：了解生命的特性及意义和心理危机的分类及特点，掌握幸福五要素，了解大学生幸福的共性特征。

能力目标：学会识别心理危机，能科学应对危机，多途径不断提升生活幸福感。

素养目标：增强珍爱生命、幸福生活的意识，不断提升大学生活满意度和幸福感。

思政目标：树立正确的生命价值观和幸福观，积极创造乐观、美好的生活，为创建健康中国贡献力量。

【思维导图】

思维导图：生命与幸福教育

【案例导读】

来自编者的一封短信

亲爱的朋友：

你好！

很荣幸有机会在本章与你一起谈谈生命的意义。

最初知晓可以和大家聊一聊这个话题时，眼前仿佛瞬间升腾起一团宏大又光亮的云图，它气势磅礴地迎面而来，让我一度处于手足无措的蔚然与喟叹之中。于是我试着闭上眼睛、深呼吸两下，让自己的心稍稍沉静下来，并向内去倾听心灵的声音。随即，一团源自内心的温暖、坚定的光芒包裹着一颗种子缓缓浮现于脑海。

是呢，生命的意义，那该是温暖、有光的模样，更是发芽、生长的模样！

如果最先升腾的那一团宏大又光亮的云图属于浩瀚宇宙与文明长河，是无数生命的集结、相聚与消散，确实无法不令人肃然起敬。无须赘言星空宇宙的百亿年时光挪移，单单聚焦炎黄子孙的历史影像，便已然让人眼花缭乱、思绪纷繁。

看，那影像之中——

自有“欲穷千里目，更上一层楼”的生命探索与挑战；

也有“此生逍遥天休问，古来万事东流水”的生命自在与逍遥；

当有“沉舟侧畔千帆过，病树前头万木春”的生命顽强与抗争；

亦有“及时当勉励，岁月不待人”的生命珍视与感慨；

还有“纵浪大化中，不喜亦不惧”的生命智慧与超然；

……

无数先贤向我们呈现了他们的生命轨迹与意义，可终究，每个生命会绽放自己的光芒，每颗种子会长成他本来的模样。

有人不禁要问：我本来是何模样？又怎样生长？

嗯，这是个好问题，这个问题也需由你自己完整地回答。但是，如果你遭遇困惑时，不妨试着多向自己的内心靠近，倾听心灵的声音。当我们真正了解自己的感受、需要和愿望，生命的本源力量自会照见枝丫伸展的空间，心知道幸福的方向。

去帮助大家回答这个问题，也是这本书所力图达成的目标，希望可以协助同学们了解、懂得、接纳、成为和爱“原本的自己”。无论自己这颗种子最初被撒播于何处，平原密林抑或高山深涧，无论这颗种子是粮菌果蔬抑或花草藤树，都可以依循本来的面貌与需要，安然地向下扎根，稳稳地向光生长。

祝安康顺畅！

本书编者

第一节　探寻生命的意义

在我们这颗45.5亿岁的蓝色星球上，生命的存在已有35亿年，至今有超过3000万种动植物诞生和存在。三千万年前，人类作为“动物界 > 脊索动物门 > 哺乳纲 > 灵长目 > 人科 > 人属 > 智人种生物”开始出现在地球上，成为万千生命中的一份子。

一、生命概述

1. 什么是生命

对人类而言，生命除了是由高分子核酸蛋白体和其他物质所组成的生物体，还是自然属性与社会属性的高度统一体。生命不仅是自然界的一种客观存在，还是自然界矛盾运动的产物，同时，生命也是一种主观存在，是认知现实世界的主体。

1）生物学的角度

生命是一种复杂的有机体系结构，具有生产代谢、自我调节和自我复制等特征。生命需要获得能量和物质以维持自身的生存和发展，同时也需要与环境进行互动和适应。生物学属性是生命最基本的属性，也是其他一切属性的前提和基础。

2）社会学的角度

社会生命具有与他人互动、相互依存的特征，每个生命个体不仅仅单独存在，还在其生

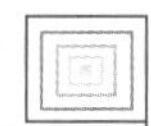

活环境中与他人共同形成群体与社会。这意味着生命的生存、行为、经验等都受到社会、文化和历史背景的影响。

3）心理学的角度

心理学视角下的生命是一种探索自我和外部世界的心理过程，包括情感、思维、认知、行为等，是具有自我认知和社会情境的主体。

4）哲学的角度

生命是一种独特的存在形式，它具有自主性、目的性、价值性的有机整体性。生命有自己的生存目的，以维持自己的存在。生命也被认为是一种强有力的价值基础，特别是在伦理与道德哲学中。

5）精神的角度

生命是一种深刻而神秘的存在，它包含了人性的各种精神参与、精神探索，包括自我超越、信仰、灵性、哲学、美学和宗教等方面。在这个层面，生命被视为灵魂的存在形式，具有和宇宙、神灵以及自然相连的精神意义。

人们还可以从经济学、文学、艺术等诸多角度探索和界定生命，也可从不同侧面丰富并完善对生命的认识。

2．生命存在的特性

生命的存在可以完整表现一个生命体的生存和发展，是生命体自身在与其周围环境系统的互动、联系中的交换与适应，可以实现个体在生态系统中的生命实存。

1）一切生命共有的特性

(1) 独特。每个生命是独一无二、不可替代、无法复制的。从生命体诞生起，其基因的不同就铸就了生命的独特性，生命体之间在结构、功能和表现形式等方面都呈现出显著差异，这种差异既表现在微观层面，如细胞结构、代谢途径等，也体现在宏观层面，如生活习性、生物形态和种群演化等。

每个人也都是独一无二的，这种独特性不仅来自人的身体和生理特征，还来自他们的性格、经历、态度、信仰、情感和思想等方面。每个人都有自己的独特心理和人生历程，会形成自己生命的独特内涵，这也是人类尊严的基础。

(2) 有限。每个生命体的时间、空间都是有限的，都会经历出生、成长、衰老、死亡这一系列生命历程，这是自然生命体存在的必然条件与规律。在这个过程中，生命体会不断地适应环境、抵御疾病和各种不利因素，但最终他们也必须接受生命的有限性，接受生命周期的终结。

人类的生命亦然，即便是百岁长寿老人也必然经历身体的衰亡，而一个家庭也只能容纳有限的人口和财富。当然，也正因为生命的有限性，促使着人们努力探索、积极创造、认真生活，为有限的生命注入更丰富的意义和价值。

(3) 不可逆。生命在出生时开始，到死亡时结束，这个过程不能逆转或改变。这世界上所有的动植物，它们都有各自的生命周期，即使是单细胞生物，一旦繁殖出来，也会在生命周期的尽头死亡。

不可逆性在人们的日常生活中也随处可见，如身体的衰老、精神的变化、能量的损耗等。这些不可逆性不仅与生命的存在有关，也与物质的特性有关，是人类面临的普遍现实和挑战，它提醒人们要珍惜和充分利用有限的时间和机会，去追求自己真正的目标和愿望。

(4) 不可预知。不可预知是指生命体系内各要素间交互作用的复杂性和多样性，使得生命现象的发生和演化具有不确定性和不可预测性。这不仅表现在生命体自身的内部，也涉及生命体与外部环境、其他生命体之间的相互作用。

人类生命、生活和命运中有很多变量是不可预测的，没有人能够预测自己的生命历程，谁也不会知道自己生命的下一刻会发生什么。虽然人类可以借助科技、理性思维等手段进行预测和规划，但生命的不可预知性也是目前许多自然科学难以完全解释和模拟的。

2) 人类独特的生命特性

人类生命的存在具有许多特性，这些特性可以从多个方面来看待。

(1) 高度发达的智力和语言。人类极其发达的大脑能够进行高级思维，发展了复杂的语言交流能力，有着丰富多样的表达方式。

(2) 自我感知和自我意识。人类生命具备自我感知和自我意识的特性，即人可以知道自己存在和在发生的事情，意识到自身身份和存在的意义。

(3) 多样性和适应性。人类生命的特性是多样性和适应性，人具有在不同生态环境中生存和发展的适应性。

(4) 同理心和情感。人类生命具有同理心和情感特性，人能够产生情感和情感联系，并在进行思考或决策时考虑到情感因素。

(5) 智能和创造性。人类生命的特性也包括智能和创造性，其思考、决策和创造的能力使得人类生命在生物种群中独具优势。

(6) 思想和道德。人类在思想和文化上表现出极高的复杂性和多样性，拥有自我思考、审美、宗教信仰、文学艺术、法律和政治制度等复杂的文化建构和表达方式，发展了从权利、义务、道德等角度判断价值的思考方式。

(7) 历史和文化。人类生命在其存在的过程中也产生了许多历史和文化。人类的文化已经发展至今，形成了人类生命的巨大影响，成为现代人类生命中不可或缺的一部分。

3. 生命存在的意义

生命存在的意义是一个广泛而又复杂的问题，对不同的人而言有不同的解读和体验。

1) 宏观系统视角下的生命意义

从科学角度看，生命的意义可以解释为生命体维持自身存在和延续物种的双重目标的结果，单纯从生物学这个角度理解生命的意义，就忽略了生命的伦理和价值；从哲学角度看，生命的意义与人类的自我意识、目的和意图有关，是一种对于自身存在的主观感受；还有宗教，如佛教、基督教或伊斯兰教等认为生命的存在和意义都非常复杂，涉及超越人类理解力的领域；对于社会学家而言，“社会”被认为是创造人类意义的根源所在，人们对生命的理解受到社会文化的影响，而个体也通过与他人的互动创造生命意义，例如，个体在家庭、朋友和同事等关系中寻找归属感。

2）微观个体视角下的生命意义

（1）在于实现生命的目的与价值。人生命的存在具有自己的目的和意义，有些人认为生命的目的是寻找个人的幸福和快乐，而有些人认为是为他人做贡献及服务社会，还有些人认为是追求自我实现和精神成长；生命的价值体现在人类社会的各个领域中，如医疗、艺术、思想、科技、教育等，包括对于社会和人类进步的贡献、对于和谐社会的追求等，告诉人们在生活中该以怎样的价值观和人生理想去规划、实践自己的人生。

（2）在于实现生命的探索与创造。生命是一次探险之旅，探索和发现自身的潜力、创造和贡献是一个天然过程。每个人在生命中不断学习、思考，发现并发展自己的潜力与独特性格，探索自我的内在世界并创造自我的外在世界，与他人构建真诚的关系，探索社会与世界的意义，为他人和社会创造积极价值。

（3）在于为他人、社会服务和贡献。很多人认为生命的意义在于为他人服务及帮助他人，凭借自己的能力、资源为他人和社会的利益与福利做出贡献，促进社会的发展与稳定。例如，参加义务工作及志愿服务，参加或创建非营利组织，参与生态环保运动，保护野生动物，减少资源浪费等。

（4）在于与大自然和谐共生。生命是生态系统的一部分，与自然环境互相依存和影响。维护自然环境，与自然和谐共生不但是历史发展的必然选择，也是未来实践进步的重要理念，是人类构建和谐社会的内在动力与助力。

生命的意义是复杂多样的，人们所赋予它的意义也颇有差异。每个人需要从自己的生活经验、哲学思考、精神追寻中找到属于自己的生命意义。

二、生命的价值观

每个生命体都有着自身的价值，都是独特而珍贵的存在，具有不可替代的意义。与此同时，生命体参与并构成了更大的社会、生态以及生命体系，形成了对他人和系统的意义与价值。

1. 大学生的常见生命困惑

有调查研究发现，当代大学生面临的生命困惑基本有以下两方面。

1）生命目标和意义的迷茫

当一个人的生命缺乏真正的、有价值的目标和方向感，无法清晰地找到自己存在的意义和目的，往往容易表现出人际交往上的冷漠、焦虑或者悲观。校园生活中，有的大学生没有明确的人生规划，探寻不到内心的人生目标和方向感；有的大学生人生目标过于功利化，在义与利、是与非、公与私等选择面前无所适从，陷入价值观迷失，缺乏幸福感和满足感，对自己的成长和未来发展呈现出不安和质疑。当一个人单纯追求物质满足及将生命目标局限于有限的物质存在，很容易丧失精神层面的选择和评判力，势必带来更多的生命困惑。

面对这些情况，需要给自己足够的时间、空间来理解和思考，同时也可以主动建立与他人交流互动的机会或寻求专业心理机构的资源协助。寻找和确认生命的目标和意义需要经历一个长期的人生过程，需要不断学习和探索自己的想法并尝试行动，并获得支持和帮助，收获积极乐观的态度。

2）生命动力和活力的缺失

当一个人感受到自己缺乏变革积极性、缺乏对生命的激情和推动力，往往容易出现意志力不足，缺乏进取精神，难以完成任务，对工作和生活不满或者退缩等情况。我们可以在校园中观察到，一些大学生懒散、无精打采，有的上课睡觉，有的翘课刷剧或玩游戏，有的对新事物和新想法的接受力下降，缺乏对他人的信任和解决问题的热情，甚至不关心自己的身体健康。

要增强生命活力和动力，可以尝试更多地进行自我理解和自我肯定，主动发现自己的兴趣和优势，进一步规划目标要点，并采取积极的行动去尝试实现它。此外，利用正面的情感调节技术、适当的运动以及健康生活方式也是常见的有效方法。

2．生命的成长观

1）在日常的平凡中安顿自我

我们大多数人的一生都是朴实无华、安逸舒适的所谓平凡人生，这是生命的常态。但我们人人皆可活出自己的风格并留下生命的善举，可以在平凡中成就价值及获得满足感。我们也可以留心欣赏和尊重其他人的生活方式与态度，不强求、不比较，热爱生活及享受乐趣，懂得容纳自我与他人。

2）在追求的过程中使自我变得圆满

大多数人都有自己实现的目标、理想和成就，然而面对其中的挑战与变化时，我们可能会产生喜悦、懊恼、贪婪、焦虑、烦躁等各种情绪。但是，恰是这些时刻可以测试我们的耐力、智慧和能力，这是洞察自我的机会。在这些时刻，也许我们需要有勇气去面对恐惧和不安，也许我们需要有智慧去面对贪心和自负，但无论如何，请给自己设置合理的目标和时间，增进自我认同，相信自己的价值和能力，从而真正地实现自我。

3）在创造的体验中超越自我

创造包括个体创造和集体创造，是一个具有激情和多样性的过程，在这个过程中，我们可以开拓自己的能力和天赋，寻求知识、智慧和灵性的支持，在创造中激发动力、灵感和信心，从向内的探究中获得和培养内在自强与自我推动的力量，在协作中互相学习，拓宽眼界，增长阅历，共同实践，扩展影响力，从而超越自我。

4）在脆弱的境遇中拥抱自我

人类的生命旅程里随处皆有竞争，总会经历各种挑战和挫折，会让人感到无助和脆弱。在某些时刻，当我们意识到自己内心正在抗拒或者更倾向去寻找某些舒适、温暖的事情去做的时候，请留意，给自己足够的时间与空间去觉察、接纳，去建立内在的安全感，恢复与自己情绪的连接；我们也需要寻找、储备一些珍贵资源，从而获得支持与协助，例如，在家人和朋

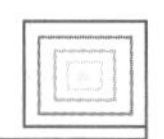

友中找到那些真正关心和鼓励自己的人，与他分享自己的情感。给自己机会在脆弱中拥抱自我，可以帮助我们寻回宁静与力量，这是构建幸福生命的重要一步。

三、珍爱生命

珍爱生命是一种价值观和生活态度，意味着人们意识到生命的宝贵和短暂，关注自己和他人的健康与安全，尊重自身和他人并关怀自己以及周围的生命，积极投入自己喜欢并有意义的人生经历中去，为未来的自己、家人和社会创造良好、健康的环境。这可以体现在运动、饮食、健康、心理、情感、社交、环保等方方面面。

1. 对自己的生命负责

(1) 呵护身心健康。保持良好的饮食习惯、适量的运动和有规律的生活作息，定期体检；遇到生命中的困扰和压力不要独自承受，可以及时寻求可信亲友以及专业的心理帮助，重新寻回内心的平衡和支持。

(2) 持续探索人生。人们应该尽可能地体验、探索生活的各个方面，尤其向内探索自己的心灵世界，那里有一座充满潜能和创造力的宝山，也包括向外探索工作、娱乐、休闲，以及与家人、朋友和自然界的连接。珍惜每个过程，尊重自己和每个人的观点与建议。

(3) 灌注生命意义。尝试探索、了解并确认自己的生命价值与目标，逐步厘清自己的人生使命，同时提升自我认知。这个过程不仅可以为生命个体注入活力，也彰显出人们对生命的尊崇与珍重。

(4) 守护生命信念。每个人都可以有自己的生活原则、价值观念和人生信仰，无论何时，我们都可以用智慧和力量守护内心的灯塔，不断发现生命的真正意义与价值所在。

(5) 活在此刻。人生只有一次，请尽可能珍视每个当下，就像阅读至此的你是否留意了此刻的自己升腾了怎样的所思、所感、所行呢？如果我们可以专注每一个当前的瞬间，享受美妙生命，真诚地面对每一天，就可以体验到顽强且富有创造力的非凡生命旅程了。

2. 与世界和谐相处

(1) 珍爱他人生命。爱己亦爱人，需要我们注意维护和创造安全环境，在力所能及的资源条件下热心帮助他人，在紧急时刻及时地提供救助渠道或者求助于专业、有效的救助服务；传递正面的能量，树立积极形象，为改善周围的生命环境提供可能的发展空间。

(2) 担负社会责任。在日常生活中，可以注意文明礼仪，尊重他人权利，践行和谐的人际关系；可以参加志愿服务，为社区、弱势群体提供帮助；关注国家大事，了解法律法规、国家政策和战略等，确立自己的民族意识以及培养自己的邦际视野；关注高新技术的发展方向，推动科技创新，从而创造更丰富、更美好的生命体验。

(3) 尊重文化的多样化。了解、传承和保护本民族、本地区的语言与习俗遗产，尝试了解来自不同区域的文化和思想，理解和接受多样化背后的差异，避免用自己的标准评价和量化他人的文化，不自视甚高，不贬低他人，在平等、友好的基础上加深彼此之间的了解与交流，维护和谐、平等、开放和自由的人文环境。

(4) 爱护地球生态环境。地球只有一个，应让科学地使用自然资源成为自己的日常习惯，减少浪费和对环境的污染，使用低碳交通工具，推行节能环保的生活方式，尽己所能地保护生态系统平衡和生物的多样性。万物皆有灵，生命的魅力在于生生不息。让我们一起爱护生命并守护地球家园。

爱生命，创造更多价值与幸福，让生活变得真挚而美好。

第二节 大学生心理危机的识别与应对

一、心理危机概述

1. 心理危机的概念

心理危机的概念最早由美国心理学家杰拉尔德·凯普兰（Gerald Caplan）提出，他认为每个人都在努力维持内心稳定的状态，保持着自身和环境的平衡和协调。通俗地讲，当重大危机事件来临时，我们难以面对和解决，自身与环境的平衡被打破，正常生活会受到干扰，随之出现认知、行为、情绪上的一些紊乱，便会进入一种失衡的状态，这就出现了心理危机。人生不如意十之八九，我们难免会遭遇一些负面的事件，起初我们会尝试用原有的资源和方法来应对，但是反复尝试后发现这些方法都无效，当我们也不知道该怎么去应对时，便出现了恐慌、紧张、焦虑、抑郁等负面情绪，有的人甚至精神崩溃并产生轻生的念头。

心理危机人人都可能会遇到，它可以由重大突发事件引起，也可以由长期的心理压力导致；同时，心理危机只是一种短暂的失衡状态，不是病。对于大学生而言，因大自然及社会重大事件导致的心理危机概率相对较低，大多都是在学校学习、生活过程中引发的。

2. 心理危机的分类

关于危机的分类，国内学者结合心理学家布拉姆（Brammer）的分类结果，将危机分为发展性危机、境遇性危机、存在性危机、障碍性危机四类。

(1) 发展性危机：在个人成长发育和新环境适应过程中，急剧的变化或转变所导致的危机反应。比如闪婚、怀孕生子、中年、退休等生活的重大转变都可能导致发展性危机。发展性危机常被认为是正常的危机。

(2) 境遇性危机：当出现个人无法预测和控制的罕见创伤性事件，比如海啸、地震、车祸、亲人突发的疾病和离世等而导致的危机。境遇性危机具有突发性、震撼性、强烈性、灾难性和不可预见性等特点。

(3) 存在性危机：围绕人生的重要议题，如人生的目的、责任、意义等出现的个体心理失衡崩溃的状态。存在性危机可以是基于现实的，也可以是关于人生意义的思考与探索。比如，高考前同学们的奋斗目标是考大学，但是许多同学进入大学以后，便会陷入一种困局：人为什么要学习？什么才是生活最重要的事情？生活的价值和意义又是什么？此类困惑也

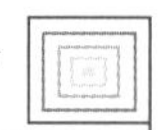

会引发危机。

(4) 障碍性危机：又称为病理性危机，主要是个体由于精神病或者内在精神病理机制而导致的心理危机。

3．大学生心理危机的特征

探讨大学生心理危机特点，对于人们应对心理压力及提升心理弹性具有重要的意义。

(1) 普遍性与特殊性。危机的普遍性表现在人人都可能会遇到，因为危机情境、危机事件在生活中无处不在，没有人能够完全幸免；但心理危机又具有特殊性，大学生处在人生发展的特殊阶段，此时面临着心理和经济上的独立、职业准备、婚恋准备以及社会责任的担当等重大发展性议题，角色的不断转变容易产生诸多发展性危机。特殊性还表现在面对完全相同的环境事态，不同人也会产生不同的危机表现。

(2) 易发性与暂时性。大学生正值心理发展从不成熟向成熟发展的过渡阶段，具有情绪波动较大及易激惹、易冲动等特点，使得生活中稍微遇到一点刺激和小小的冲突就会引起波澜，甚至会导致悲剧事件发生。虽然心理危机易发，但心理危机不是疾病，是在特殊情境状态下的一种正常反应，我们经过一段时间的自我疗愈或者是通过专业的帮助，可以缓解这种负面状态，所以它只是一种暂时的状态。

(3) 复杂性与多变性。大学生心理危机的产生并非单一因素引发的，往往是多种因素交互作用下导致的。这也是我们经常听到有的同学说所有事情都挤到一起而让人受不了的状况。比如即将就业的毕业生，同时面临着个人恋爱问题、生活经济压力等问题时，一件不起眼的小事儿可能就是"压死骆驼"的那根"稻草"。此外，心理危机不仅是复杂的，也是在时刻发展变化的，任意环节的应对不当都有可能引发继发性心理危机，进而产生严重后果。

(4) 危险性与机遇性。心理危机是紧急的、危险的，因为它在短时间内可能让大学生情绪崩溃，甚至会导致严重的心理障碍或异常行为，对大学生、家庭、学校及社会都可能产生不良后果和影响。但事情都是两面的，危险的事情中也会孕育着成长的机会，危机发生有时会迫使大学生去寻求更多帮助，有时学校、社会等会给予其及时、适当、有效的支持或干预，不仅能防止心理危机的发展，而且可以帮助其获得新的应对技巧，从而"浴火重生"，转"危"为"机"，实现自我突破及自我成长。

二、心理危机的识别

危机事件发生后，人们常常会出现一系列反应，比如生理方面，会出现肠胃不适、心跳加速、失眠、头痛、呼吸困难、吞咽困难、肌肉紧张等反应；情绪反应方面，常出现害怕、焦虑、不信任、悲伤、易怒、无助、烦躁、警觉等反应；认知方面，可能出现注意力不集中，缺乏自信，难以决策，记忆力下降，闪回等反应；当然，还可能出现人际关系方面的一些行为障碍，比如回避、退缩、孤独、冷漠等行为的改变。

心理危机会随着时间的变化而不断发展变化，危机后的反应一般会维持 6 ~ 8 周，之后有些人就会慢慢缓解，但也有人可能会变得更加严重。因此，我们需要了解一下心理危机的反应阶段，以便我们在生活中更好地去识别与应对危机。

1．心理危机的发展阶段

（1）冲击期。危机事件发生后，我们会感到恐慌、焦虑、不知所措，原有内心的平衡被打破而失衡。此时，我们会将情境看作一种威胁或挑战，自我修复的能力或本能会被激发，我们便会使用一些自己习惯的方法来做自我调整，极少去求助外界。

（2）危机期。此时我们想控制焦虑和情绪紊乱状态，以恢复心理上的平衡，但不知怎么做，会出现否认、退缩、合理化等应对方式。我们尝试努力解决，但发现自己原有的资源和应对策略无效了，我们的紧张程度便会继续加重，甚至会达到难以忍受的程度，此时我们会感到巨大的痛苦，希望得以解脱，我们便开始想探索其他的办法来解决问题，有着强烈的求助别人的愿望。

（3）适应期。这个阶段我们会用积极的办法去接受现实，寻求各种资源努力设法解决问题。此时，我们在自身努力或外界的帮助下，开始采取一些措施来应对危机，随着干预效果的显现，我们焦虑感会减轻，自我价值感上升，社会功能逐渐恢复，便开始慢慢适应社会生活。

（4）危机后期。此时危机事件给每个人带来一系列影响和结果。理想状况下，我们危机中经过自我调整或寻求心理帮助，最终内心变得更成熟，自我学习到新的应对危机的技巧和资源，心理健康水平恢复或好于之前的水平，这种状况是我们比较期待的状态；但同时也有一部分人表面上暂时渡过危机问题，但在心理上却留下了一些创伤，导致适应能力下降。更有甚者，当事人危机中没有得到及时的帮助或有效干预，使其陷入崩溃，出现抑郁、滥用酒精、药物等状况，甚至有可能出现自伤或自毁。

2．大学生常见的心理危机

（1）适应危机。大学新生入校后，理想与现实的落差，生活、学习以及人际方面的变化，陷入迷茫、空虚以及放任自我的状况，心理健康状况堪忧，此时同学们常常出现沉迷游戏、逃课、迷失自我的状况。

（2）交往危机。中学阶段，单凭成绩就可以轻松得到教师和同学的信任，大学中的人际交往相对复杂，需要个体有一定的人际交往能力和技巧。然而部分学生从最开始就难以融入群体，不会与同学交往，因此出现自闭、自恋、自负甚至回避与他人关系的状况，面对交往中难免的摩擦和冲突，如果得不到及时的解决，就会产生人际关系的危机。

（3）就业危机。近年来，大学生就业形势日益严峻，理想中对“好工作”的期待与残酷的就业现状落差较大，使得一些同学处在长期的焦虑和紧张情绪之中；频繁的求职失败，也会导致毕业生情绪低落，身心俱疲，可能也会引发相应的心理危机。

（4）学业危机。大学期间的学习内容、方式较高中变化较大，学生们可以根据兴趣和职业规划自主选择学习内容，然而部分学生面对自主学习和规划，往往呈现“专业没兴趣、自己没特长”的尴尬境况而茫然度日，结果可能会导致逃课、多门挂科、考试作弊、强令退学等危机事件的发生，引发心理危机。

(5) 情感危机。恋爱问题已成为大学生心理危机产生的重要方面。面对大学生问题解决能力及情绪自控力明显不足的现状，他们在感情受挫后，难以应对，不知所措，在极度的悲伤、恐惧、紧张、抑郁、焦躁情绪下，极易导致精神崩溃，甚至引起自杀。如果处理不当，出现心理或行为异常，会造成一系列情感危机。

(6) 突发事件危机。在成长道路上，大学生难免会经历一些突发意外事件，比如亲人离世、突发重病、车祸、诈骗以及网暴等，都可能产生焦虑、抑郁、恐惧、无助等情绪反应，此时这些困难不能有效解决，负性情绪难以缓解，同时又缺少应对技巧和支持资源，就很容易陷入危机。

(7) 障碍危机。随着青少年心理健康问题的日益严峻，许多大学生从中学阶段便患有抑郁症、双相情感障碍、精神分裂症等心理疾病，自身病程长，外加治疗干预不规范，情绪长期遭受折磨，生活提不起兴趣，进而产生自伤、自杀的念头，导致心理危机。

三、心理危机的预防与应对

1. 心理危机的预防

(1) 塑造良好的心理弹性。心理弹性主要是个体遭遇生活挑战时，心理和身体健康仍能维持，且从中得到恢复或提升的能力。危机会给我们带来痛苦和困难，但是它并不会决定生活的结局，因为生活中还有很多我们可以掌控、改正和与之成长的方面，因此，塑造良好的心理弹性不仅能帮助你渡过难关，还促进你成长，使你的生活更加幸福。心理弹性不是少数人才具备的人格特质，它是一项我们每个人都可以学习和培养的能力。

【心理小贴士】

塑造心理弹性的途径

① 自我接纳：可以积极接纳自我的各个部分，无论是你的强项还是弱项，不管是你的优点还是盲点，接纳并热爱那个真实的自己。

② 个人成长：持之以恒地对生活及学习新事物抱有热爱，感受成长带来的喜悦，以及“做得到，做得不错”的成就感和自我价值感。

③ 生活目标：努力拥有指引生活的目标或信仰。我们要不断寻求生活的意义感，或因工作而收获价值感，或因被他人需要。总之，世界因你的所作所为而变得更好，生活因你变得更有意义。

④ 环境掌控：拥有工作胜任力及对复杂环境的管理能力。比如，管理班级事务，理财，处理宿舍关系，做好个人卫生，保持健康等。

⑤ 自主：自我主导，掌握生活主动权并独立开展学习或工作。“做你自己”及遵从自身价值观和兴趣的引领就是自主的表现。

⑥ 与他人的积极关系：拥有积极的人际关系。积极的人际关系可以让我们体验到温暖、满足及信心，并拥有同理心及获得亲密感。比如定期与闺蜜、朋友、恋人或同学约会、聚餐等，积极的人际关系在于“质”而不是“量”。

（2）建立成长型思维模式。心理学家卡罗尔·德韦克在《终身成长》一书中讲道："决定人与人之间差异的，不是天赋，而是思维模式。"成长型思维的人通常认为，人的能力可以通过努力来培养。因此面对危机事或挑战时，他们会更积极面对，并且努力在危机中不断寻找机会；他们喜欢探索新事物，并将每一次的失败都作为一次生动的教育课堂，坚韧、乐观地面对危机处境。

2．心理危机的自我支持

（1）暂时避免作重大的决定。身处危机中，因情绪的应激反应，我们处理问题的能力比平时要低，搜集信息和处理信息的能力也受到一定限制，面临危机处境无法进行深入的分析，更无法做出理性正确的决策，同时危机初期处理会让我们产生焦虑和挫败感，因此，在危机时期，我们要避免做重大的决定，这将有利于个体的自我保护，以免再次受到伤害。

（2）积极接纳并调整情绪。危机初期，危机事件的发生会感到焦虑、紧张甚至沮丧，在负性情绪的困扰下，我们难以理性地思考应对策略，因此及时接纳并调整自己情绪就显得尤为重要。此时我们可学习一些正念练习方法，比如身体扫描、正念呼吸、葡萄干冥想等，给我们提供一些处理负面情绪的技巧，让我们更好地专注当下，并且也能合理地运用正念练习，我们将不再被恐惧、愤怒和绝望裹挟，而是能更从容地应对这些情绪。

【心理训练游戏】

葡萄干冥想练习

① 拿起一枚葡萄干放在手掌上。认真观察，就好像你以前从未见到过这种东西一样，感受它的重要和阴影。

② 花一点儿时间全神贯注于这枚葡萄干。让你的目光扫过它的每一个部分，审视每一个光亮的部位、阴暗凹陷、褶皱和凸脊。

③ 用手指反转这枚葡萄干，探索它的纹理结构。将它放在另一只手的拇指和食指指尖，现在感觉如何？

④ 现在将葡萄干放在鼻子下面闻一闻，它是否有某种气味？如果没有气味，或气味很淡，也要如实感受。

⑤ 慢慢将葡萄干放入口中，注意你的手掌和胳膊如何准确实施这一动作。然后注意感受舌头"接纳"它的动作。不要咀嚼，仅仅品味它在舌头上引发的感觉。

⑥ 当你准备好以后，有意识地咬一口，感受葡萄干和口腔内的变化以及它释放的任何味道。继续慢慢咀嚼，但暂时不要吞咽。

⑦ 当脑海中出现第一个吞咽念头时，你是否能感觉得到？在真正吞咽前，要全神贯注体会，有意识地感受葡萄干慢慢落入胃部的过程。

⑧ 用一点儿时间感受吃完葡萄干后的影响，它有余味吗？没有葡萄干后口腔的感受是怎样的？

请用一点时间，将刚刚练习中的感受写下来吧……

(3) 积极认知，正视危机。当危机事件发生后，我们经常会在脑海里不断回想。但随着情绪的不断稳定，我们开始尝试寻求应对措施，此时我们可以尝试了解当下的需求和恐惧，比如试着对当下的艰难经历进行 20 分钟左右的自由写作，深入挖掘自己最深层次的想法和感受，最重要的是使这些想法跃然纸上，可以帮助自己正视恐惧，正视危机，然后在探索完经历的阴暗面之后，我们要尝试去思考它积极的一面。比如试着列出当下的经历可能带来的积极影响。对危机事件的积极认知评价，有助于我们在危机过程中进行自我探索，更有助于我们在经历危机后获得成长。

(4) 寻求支持，及时求助。个体面对危机时，能够及时寻求他人的帮助，是一项十分重要的自助能力。当危机发生时，如果自己想尽办法，利用各种资源都无法解决，就要及时、主动地寻求社会支持，向同学、朋友、亲人、教师等求助，这种求助欲不一定是非常强烈的情感支持，哪怕是与他们保持日常的联系，共同分享经验，共同面对事件也可以。或者寻求专业组织机构，比如学校的心理咨询机构、医院、心理援助热线等，他们会借助专业知识给予我们专业的帮助和支持，帮助我们度过心理危机。

第三节　积极心理　幸福人生

一、幸福的概念

对于幸福的概念和诠释，每个人都有自己独特的理解。幸福感是人的主观感受和客观条件得到满足后的产物，是一种积极情感。从人们的主观感受出发来界定幸福感，可以认为幸福感包括三个方面。

(1) 积极的情绪状态。即感到快乐，愿意探索世界，对生活感到满意。

(2) 积极的心理功能。包括能够自我接纳，具有个人成长动力，有生活目标和方向，对环境有掌控感，能够自主掌握和调节自身行动。

(3) 社会性的幸福感。包括能够接纳他人的行为和想法，相信社会可以变得更美好，相信奉献社会和团体活动是有意义和价值的，认为社会事件的发生是合理且可预测的，对某一团体有归属感并愿意与团体分享自己的生活。

微课：幸福五要素

二、幸福的五要素（PERMA 模型）

美国心理学家塞利格曼认为，幸福是构建的概念而非真实的存在，它不局限于对生活的满意程度，而是由五种具有真实性且可测量的要素组成（图 12-1），每种要素都能促进幸福，但没有一种可以单独定义幸福。

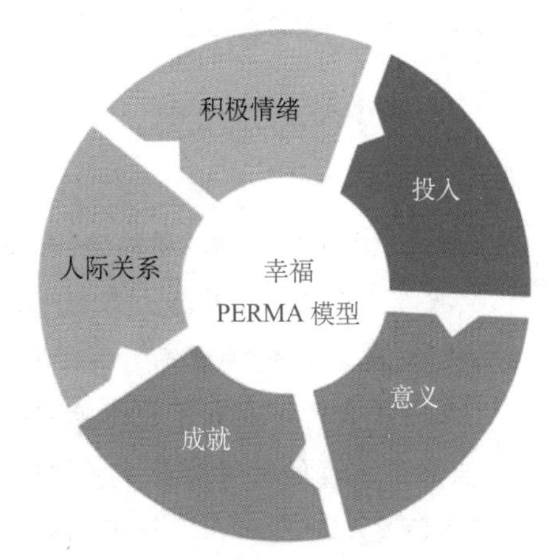

图 12-1　幸福的五要素

1. 积极情绪（positive emotion）

积极情绪是一种轻盈的、微笑的、放松的生命状态，主要包括快乐、感恩、平静、希望、自豪、乐趣和爱等。积极情绪能产生更多的幸福体验，同时也是幸福体验的产物。体验到积极情绪的人能开心地回顾过去，充满激情地享受当下，满怀希望地憧憬未来。积极情绪还具有蔓延作用，它能帮助我们建立良好的人际关系，使快乐感染更多人。

【心理训练游戏】

心理训练：彩色一周

彩 色 一 周

请将自己每天遇见的积极情绪事件在表12-1中记录下来。共十种积极情绪：喜悦、感激、宁静、兴趣、希望、自豪、幽默、激励、敬畏、爱。

表12-1 彩色一周

积极情绪	星期一	星期二	星期三	星期四	星期五	星期六	星期日
喜悦							
感激							
宁静							
兴趣							
希望							
自豪							
幽默							
激励							
敬畏							
爱							

2．投入（engagement）

个体在投入时易产生一种充满喜悦并被当下的一切吸引的状态，时间好像停止了，自我意识好像消失了。但投入状态不是在当下感知的，而是通过事后回顾产生的对过去投入的主观感受。我们可能在跑步、听音乐、绘画、跳舞或工作时有过这样的投入体验，在这样的投入体验中最容易发现自己独特的潜能。

【心理小贴士】

心 流 体 验

心流（flow）也称沉浸体验，是指因内在驱动力而完全沉浸于一项活动时所表现出的全神贯注、投入忘我的心理状态。心流产生的同时会有高度的兴奋及充实感，通常在此状态时，不愿被打扰，也抗拒中断，甚至感觉不到时间的存在，事件完成后会感受到非常满足且充满能量。

人们什么时候最有可能体验到心流？是工作中还是娱乐时？大多数人会不假思索地回答：当然不工作的时候是最幸福的！然而，研究者却发现事实并非如此。契克森米哈赖指出，心流体验更多地发生在工作中，其原因之一就是工作可以为我们提供有能力、有成就和充实的感觉。

在技术和挑战达到最佳平衡的时候,心流体验最有可能出现。米哈里·契克森米哈赖提出使心流发生的活动有以下特征。

(1) 倾向于要从事的活动。

(2) 能够专注其中的活动。

(3) 有清楚目标的活动。

(4) 有立即回馈的活动。

(5) 对活动有主控感。

(6) 在从事活动时我们的忧虑感会消失。

(7) 主观的时间感改变——失去时间感。

(8) 活动具有挑战性且需要一定的技能。

心流体验的发生是非常普遍的,以至于无论你从事什么工作,都可以品尝到它的甘醇。当然,不同的人产生心流体验的频率是有差异的。它的频率高低,与我们的行为方式有关。一个愿意不断挑战的、形成了专注习惯的、从事自己喜欢且擅长的工作的人,一定能经常获得这种美妙的心流体验。

3. 人际关系(relationships)

社会神经科学家约翰·卡乔波认为,孤独对生活产生的消极作用极大,良好的人际关系是人类幸福的基石。个体与家庭成员、朋友、邻居、同事、爱人构建的关系网络有助于提升幸福感。

当我们与他人倾诉困扰时,问题就已经在得到解决;当我们与他人分享幸福的体验后,更多人的积极情绪被调动出来,幸福得到传递;当我们感受到来自他人的接纳、信任、感激、欣赏、关爱和支持时,我们会觉得人生更加美好。

4. 意义(meaning)

意义是指投身于你认为能够实现自我超越的事情并为之努力,是具有主观成分的要素。有意义的人生意味着归属于某些超越你自身的东西并为之奋斗,比如一个人的理想,为理想而奋斗就是一种意义。

5. 成就(accomplishment)

成就代表个体对环境的掌控能力,但拥有成就并不代表拥有幸福。成就能够产生一种自我满足感,不管这种成就是否被社会所认可,但是这种满足感也会促进幸福的产生。我们可以追求成就,但成就不代表一切,享受追求目标的过程远比成就更重要。

【心理训练游戏】

我的 PERMA 时光

请依据幸福的五个要素(PERMA 模型),回忆过去生活中你经历的 PERMA 时光,并在表12-2中对事件内容进行简单的描述和记录,指出该事件中包含五个要素中的哪几个要素。

表 12-2　我的 PERMA 时光

对事件的简单描述	P（积极情绪）	E（投入）	R（人际关系）	M（意义）	A（成就）

心理训练：我的 PERMA 时光

三、幸福大学生的共性特征

1．积极的内在特质

1）积极的心态

乐观是对未来事件的积极期望，相信更有可能得到好的结果。拥有乐观、开朗的内在积极状态，能使大学生以积极的方式看待和评价事物，由此产生的内在感受更多是快乐、积极的，因此更可能产生幸福的主观体验。乐观对人生的积极影响表现如下。

（1）避免产生无助感。乐观者遭遇逆境时能更快地从消极情绪中走出来，采取行动做出应对或寻求改变。

（2）有助于充分发挥潜能。乐观者相信付出会有回报，相信自己的努力可以影响未来，因而更具坚韧性，生活会更具有动力。

（3）有助于维持良好的健康习惯，增进免疫机能。乐观者的积极情绪影响儿茶酚胺和内啡肽等神经类物质的活性，使个体的免疫机能状态更好。

2）稳定的情绪

稳定的情绪并不意味着不会出现如烦恼、焦虑、抑郁等负面情绪，而是对情绪有较强的调适感。情绪稳定者的情绪会稳定地随着客观事物的变化而变化，当刺激物消失，情绪反应也应随之逐渐消失。因此，很难说情绪变化过快的人对生活会有一种积极、正面、稳定的幸福体验。

另外，拥有积极情绪的大学生也更能体验到幸福感。积极情绪是个体因为需要的满足而产生的伴有愉悦感受的情绪，能让人们感觉良好，通过改变思维内容来扩展思维的广度和边界，让人们看到生活中更多的可能性，抑制消极情绪。

3）提高自我效能感

美国著名心理学家班杜拉于 1997 年提出自我效能感（self-efficacy）的概念，是指个体根据自身所具有的能力水平、推测和判断自己能否有能力完成某一行为的内在感受，是个体对完成特定任务所具有的行为能力的自信程度。其包括以下三层含义。

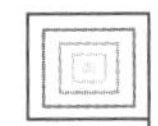

(1) 是对能否达到某一表现水平的预期，产生于活动发生之前。

(2) 是针对某一具体活动的能力知觉，与能力的自我概念不同。

(3) 是对自己能否达到某个目标或特定表现水平的主观判断。

班杜拉还提出自我效能感具有三个维度，即幅度（magnitude）、强度（strength）和普遍性（generality）。

- 幅度：指一个人认为自己所能完成的、指向特定目标行为的难易程度。
- 强度：指一个人对自己实现特定目标行为的确信程度。
- 普遍性：指在某个领域内的自我效能感之强弱，会在多大程度上影响到其他相近或不同领域中的自我效能感。

高自我效能感者在生活中能更正确认识自身及肯定自身的价值，对自己充满信心，能够很好地适应各种环境，因而会更加幸福。

2．良好的人际关系

良好的人际关系能使大学生体验到更加快乐的生活状态，拥有更加良好的心理健康状况，有助于幸福感的生成。如果大学生拥有广泛的社会支持系统，在遇到困难时能得到及时而充足的援助，有利于他们减少挫折感，降低挫折和困难造成的心理伤害，增强适应性，培养健康心态，进而提升幸福感。

3．清晰的目标定位

清晰的目标意味着明确的自我定位，能使人感到生活有意义并产生自我效能感，从而对幸福感产生积极影响。努力实现目标的过程，既是帮助个体应对各种问题，使其在社会生活中保持良好状态的过程；也是个体通过自主选择追求目标并完成目标，从而增加幸福感的过程。

4．良好的时间管理

良好的时间管理者具有较强的时间管理、统筹能力，通过计划、安排、设定优先级等一系列时间管理行为，能够形成时间控制自信心，缓解时间压力感所带来的紧张，并能培养出较强的自信心和自尊心，有强烈的自我实现动机和行为。

5．坚定的理想信念

习近平总书记在指导大学生树立理想信念时说道："学会思考，善于分析，正确抉择，做到稳重自持、从容自信、坚定自励。要树立正确的世界观、人生观、价值观，掌握了这把总钥匙，再来看看社会万象、人生历程，一切是非、正误、主次，一切真假、善恶、美丑，自然就洞若观火、清澈明了，自然就能做出正确判断、做出正确选择。"理想信念坚定的大学生，必然拥有强大的内心，会带来不竭的精神动力，进而受到鼓舞将信念转化为行动，不断创造新的成绩。

6. 健康的习惯爱好

以健康、良好的习惯爱好进行休闲活动，可以较好地分解心理压力，降低大学生学习生活中所产生的心理资源消耗，激发内部动机，从而增加积极情绪，增加满意度以提升幸福感。

四、如何获得幸福感

1. 塞式幸福法则

短暂的幸福我们很容易获得，而长久的幸福却比较难，如何才能提升幸福的持久度呢？塞利格曼提供了一个幸福公式，可以帮助我们获得持久的幸福：

$$H=S+C+V$$

其中，H 是幸福持久度；S 是幸福的范围；C 是生活环境；V 是可控制因素。幸福的范围因受到先天因素的影响而难以轻易改变，但是可以通过调节生活环境和其他可控因素来提升幸福持久度。基于此，塞利格曼提出了"塞式幸福法则"（图 12-2），即幸福与人们对过去、现在和将来的态度以及所体验到的情绪有关。

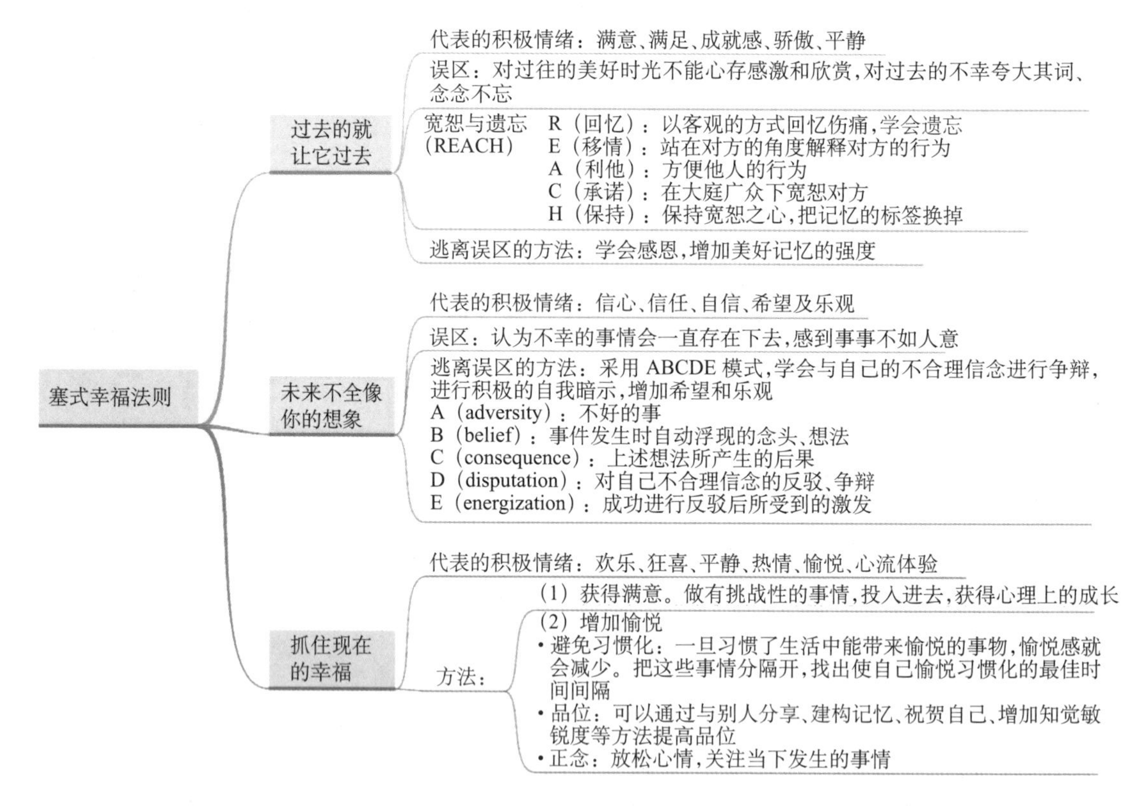

图 12-2　塞式幸福法则

2. 弗迪斯幸福的 14 个要点

心理学家弗迪斯基于幸福个人的已知特征，提出了增进幸福的 14 个要点：保持忙碌；积极花时间参加社交活动；开展有意义且卓有成效的工作；重视对事情的组织和规划；停

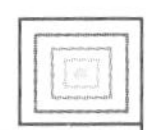

止无谓的担忧；降低期望和抱负；培养积极乐观的思维方式；着眼于当下；培养健康的人格；培养外向型、社会型人格；做自己；忘记负面情绪和困难；建立亲密的关系；重视幸福本身。

3．幸福感自我提升策略

1）树立正确的幸福观

幸福观是对幸福的看法和观念，直接影响大学生的幸福感。习近平总书记勉励广大青年：“幸福是奋斗出来的，奋斗本身就是一种幸福。”积极健康、合理科学的幸福观，能提高大学生认识幸福及追求幸福的品质和能力，帮助大学生实现对幸福生活的建构，是提升幸福感的认知前提。大学生应以社会主义核心价值观引领人生方向，为树立正确的幸福观提供不竭的精神养分。

2）培养健全的人格品质

塞利格曼和彼得森通过归纳和分类，总结出了能使人们获得幸福感的 6 种美德和 24 种优势（图 12-3），基本上涵盖了关于人格的各种内在特质。

塑造健全的人格，可以促进人格魅力的增长，性格、气质、品质和能力等亦随之提升，大学生就能更好地融入人际环境，被包容，被接纳，感受到更多的快乐和幸福。

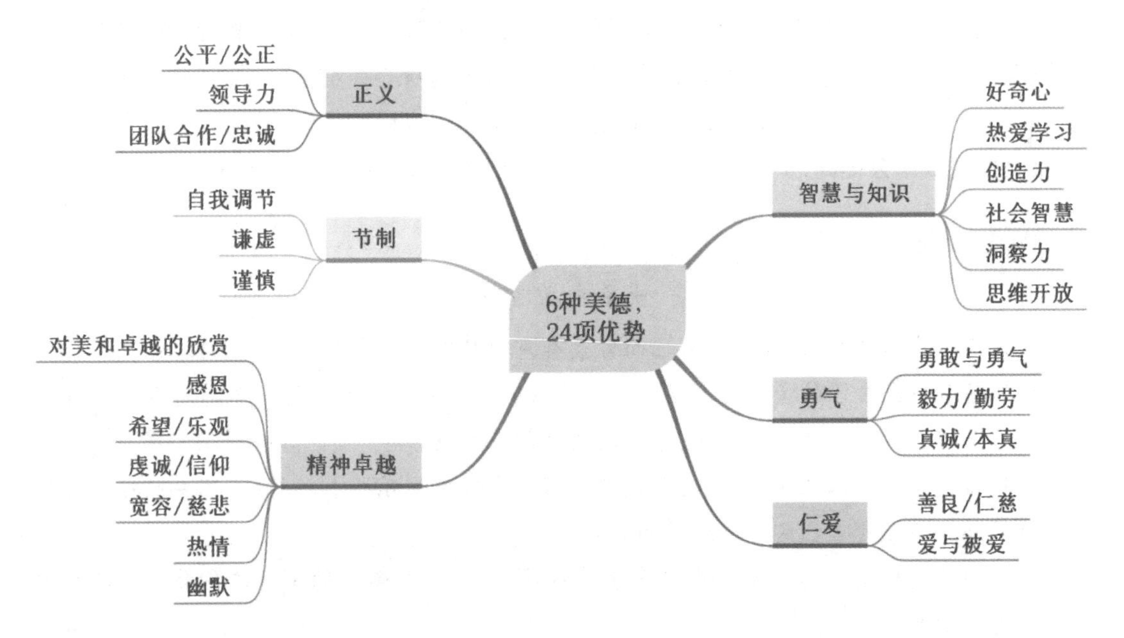

图 12-3　幸福的 6 种美德和 24 项优势

3）保持健康的身心状态

作为幸福的基本保障，大学生首先应关注自己的身体健康，摒弃不良生活习惯，加强体育锻炼，注意均衡饮食，保证睡眠质量。此外，大学生更要有意识地提升心理健康水平，具体表现在如下几个方面。

（1）情绪：善于调整情绪，保持乐观开朗的心态。

（2）意志：勇敢果断，意志坚定，善于控制自己的行为，积极主动去迎接挑战。

(3) 理性：理性对待自我和现实，客观地看待问题。

(4) 人际交往：热情、真诚地接纳他人，乐于助人，增强建立亲密关系的能力，关心和积极参加集体活动。

(5) 自我认知：辩证地看待自己、评价自己，严格要求自己，培养生活热情。

4) 明确发展任务和人生定位

处在人生关键阶段的大学生，必须在大学阶段明确今后的发展方向，清晰地规划自己的人生定位，自觉承担社会责任，自觉将个人的成长发展与实现中华民族伟大复兴的历史使命结合起来，以更加自信、自主的姿态，力争对自己的未来有指向、有期待、有把握。

5) 对生活抱有积极的认知

幸福不是简单地建立在一些事物上，而是取决于我们对它们的认知。所以，是否幸福，要看我们选择关注什么。在平凡的生活中，我们总是对我们已经适应的事物视而不见，不知珍惜，认为它们是理所当然的，只有经过困苦之后才知道自己本身就是幸福的。因此，珍惜当下、活在当下，我们才能感受到最真实的幸福。

6) 尝试做一些改变

幸福并不是零压力，适当的压力会带来对生活的动力，尝试突破自己的“舒适圈”。一个人的成长，少不了尝试各种新的挑战，战胜了挑战，你就会对一件新的事情感到适应和舒服，不再紧张害怕。不过，最好不要做出太大的改变，否则身心很难适应，甚至会出现各种问题。对于承受巨大压力的人来说，重要的是学会尽量简化自己的生活，适当休息。少做一些事情，我们的效率会提高，生活的满意度也会上升，创造力和生产力也能增强。

【心理小贴士】

十条幸福忠告

(1) 遵循内心的热情，选择对自己而言最有意义且能够让自己快乐的事物。

(2) 尽量多和自己的亲朋好友在一起。亲密的人际关系才是获得幸福感的不二法门。

(3) 正确地看待失败。成功收获结果，失败收获智慧。

(4) 接受自己。人之所以为人，是因为他可以有喜怒哀乐等各种情绪，不要只接纳自己认为好的部分而否定自己认为不好的部分。

(5) 简化自己的生活。生活中很多事情都很美妙，但是美妙的事情过多会带来各种困惑而毫无幸福感。

(6) 有规律地为自己安排锻炼。适当做些体育运动，会大大改善身心健康。

(7) 保证高质量的睡眠。每天保持 7 ~ 9 小时的睡眠。

(8) 慷慨做人。没有钱、没有时间一样可以帮助别人，帮助别人实际上是在帮助自己！

(9) 勇气。即便心怀恐惧，依然勇敢向前。

(10) 始终保持一颗感恩的心。不要把得到的一切看成理所当然，每天记录 5 件值得感恩的事。

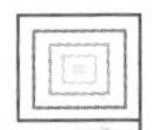

【案例讨论】

燃灯校长——张桂梅

2002年，在云南儿童之家工作的张桂梅因工作种种经历，让她决定创办一所免费女子高中。经她多方努力，2008年，华坪女子高级中学成立，这是全国唯一一所免费女子高级中学。

虽然命运对她十分不公，但是她执意行善助学。她徒步走山路，一字一句劝孩子们返回校园；孩子们没钱上学，她节衣缩食，前后共有40万元都捐给了学生；面对病魔，她不顾自身安危坚持讲课，直到把孩子们送上中考考场才去医院手术。14年来，帮助2000多名山区女孩圆梦大学。

感动中国颁奖词中这样描述她：烂漫的山花中，我们发现你。自然击你以风雪，你报之以歌唱。命运置你于危崖，你馈人间以芬芳。不惧碾作尘，无意苦争春，以怒放的生命，向世界表达倔强。你是崖畔的桂，雪中的梅。

讨论：

1. 看完张校长的故事，你对生命有哪些感悟？

2. 我们将如何提升生命的意义感？

【心理测试】

总体幸福感量表

亲爱的同学，你幸福吗？请仔细阅读下面的每一个问题，在合适的选项处画“√”，请您按实际情况作答，问题不存在对错之分，因此不要花很多时间去想。

1. 你的总体感觉怎样（在过去的一个月里）？

①好极了　②精神很好　③精神不错　④精神时好时坏　⑤精神不好　⑥精神很不好

2. 你是否为自己的神经质或“神经病”感到烦恼（在过去的一个月里）？

①极端烦恼　②相当烦恼　③有些烦恼　④很少烦恼　⑤一点也不烦恼

3. 你是否一直牢牢地控制着自己的行为、思维、情感或感觉（在过去的一个月里）？

①绝对的　②大部分是的　③一般来说是的　④控制得不太好　⑤有些混乱　⑥非常混乱

4. 你是否由于悲哀、失去信心、失望或有许多麻烦而怀疑还有任何事情值得去做（在过去的一个月里）？

①极端怀疑　②非常怀疑　③相当怀疑　④有些怀疑　⑤略微怀疑　⑥一点也不怀疑

5. 你是否正在受到或曾经受到任何约束、刺激或压力（在过去的一个月里）？

①相当多　②不少　③有些　④不多　⑤没有

6. 你的生活是否幸福、满足或愉快（在过去的一个月里）？

①非常幸福　②相当幸福　③满足　④略有些不满足　⑤非常不满足

7. 你是否有理由怀疑自己曾经失去理智，或对行为、谈话、思维或记忆失去控制（在过去的一个月里）？

①一点也没有 ②只有一点点 ③有些，不严重 ④有些，相当严重

⑤是的，非常严重

8. 你是否感到焦虑、担心或不安（在过去的一个月里）？

①极端严重 ②非常严重 ③相当严重 ④有些 ⑤很少 ⑥无

9. 你睡醒之后是否感到头脑清晰和精力充沛（在过去的一个月里）？

①天天如此 ②几乎天天 ③相当频繁 ④不多 ⑤很少 ⑥无

10. 你是否因为疾病、身体的不适、疼痛或对病患的恐惧而烦恼（在过去的一个月里）？

①所有的时间 ②大部分时间 ③很多时间 ④有时 ⑤偶尔 ⑥无

11. 你每天的生活中是否充满了让你感兴趣的事情（在过去的一个月里）？

①所有的时间 ②大部分时间 ③很多时间 ④有时 ⑤偶尔 ⑥无

12. 你是否感到沮丧和忧郁（在过去的一个月里）？

①所有的时间 ②大部分时间 ③很多时间 ④有时 ⑤偶尔 ⑥无

13. 你是否情绪稳定并能把握住自己（在过去的一个月里）？

①所有的时间 ②大部分时间 ③很多时间 ④有时 ⑤偶尔 ⑥无

14. 你是否感到疲劳、过累、无力或精疲力竭（在过去的一个月里）？

①所有的时间 ②大部分时间 ③很多时间 ④有时 ⑤偶尔 ⑥无

15. 你对自己健康关心或担忧的程度如何（在过去的一个月里）？

不关心 0 1 2 3 4 5 6 7 8 9 10 非常关心

16. 你感到放松或紧张的程度如何（在过去的一个月里）？

松弛 0 1 2 3 4 5 6 7 8 9 10 紧张

17. 你感觉自己的精力、精神和活力如何（在过去的一个月里）？

无精打采 0 1 2 3 4 5 6 7 8 9 10 精力充沛

18. 你忧郁或快乐的程度如何（在过去的一个月里）？

非常忧郁 0 1 2 3 4 5 6 7 8 9 10 非常快乐

19. 你是否由于严重的性格、情感、行为或精神问题而感到需要帮助（在过去的一年里）？

①是的，曾寻求帮助 ②是的，但未寻求帮助 ③有严重的问题

④几乎没有问题 ⑤没有问题

20. 你是否曾感到将要精神崩溃或接近精神崩溃？

①是的，在过去的一年里 ②是的，在一年以前 ③无

21. 你是否曾有过精神崩溃？

①是的，在过去一年里 ②是的，在一年以前 ③无

22. 你是否曾因为性格、情感、行为或精神问题在精神病院、综合医院精神病科或精神卫生诊所治疗？

①是的，在过去的一年里 ②是的，在一年以前 ③无

23. 你是否曾因为性格、情感、行为或精神问题求助于精神科医生、心理学家？

①是的，在过去的一年里　②是的，在一年以前　③无

24. 你是否因为性格、情感、行为或精神问题求助于以下人员？

A. 普通医生（真正的躯体疾病或常规检查除外）　①是　②否

B. 脑科或神经外专家　①是　②否

C. 护士（一般内科疾病除外）　①是　②否

D. 律师（常规的法律问题除外）　①是　②否

E. 警察（单纯的交通违章除外）　①是　②否

F. 婚姻咨询专家　①是　②否

G. 社会工作者　①是　②否

H. 其他正式的帮助　①是　②否

25. 你是否曾与家庭成员或朋友谈论自己的问题？

①是的，很有帮助　②是的，有些帮助　③是的，但没有帮助

④否，没有人可与之谈论　⑤否，没有人愿意与我谈论

⑥否，不愿与人谈论　⑦没有问题

计分规则与结果解释：总体幸福感量表

【能量补给】

1. 在你的成长经历中，出现过心理危机吗？
2. 如果你想提升你的心理弹性，你具体想做些什么呢？
3. 目前，你想做些什么来提升你的幸福感呢？

【拓展阅读】

1. 图书《幸福的方法》

作为哈佛大学最受欢迎的幸福课之一，泰勒・本-沙哈尔的这本著作以充满智慧的语言风格，将幸福的秘密如沐春风般地带入你的心灵深处。通过本书，读者将深刻理解幸福的真正含义和终极目标是尊重生命的核心价值，只有找到自己的真正使命并努力发掘潜力，全然投入到生活中去，才能达到人生的最终状态，感悟幸福人生。

2. 电影《幸福终点站》

影片讲述了主角维克多前往美国途中时家乡发生政变，政府被推翻，所持证件不被美国入境当局承认，被拒绝入境却又不能回国，被迫滞留肯尼迪国际机场期间的故事。滞留的9个月里，维克多不得不因地制宜，在机场生存，甚至还找了一份建筑工地的工作。然而维克多的行为却招来机场负责人弗兰克的不满，更令弗兰克嫉妒的是，美丽的空姐艾米利亚竟然爱上了维克多。处在甜蜜中的维克多，也在慢慢观察机场的人生百态，收获着幸福。

参考文献

[1] 樊富珉,费俊峰 . 青年心理健康十五讲 [M]. 北京：北京大学出版社，2006.

[2] 黄群瑛 . 大学生心理素质训练 [M]. 大连：大连理工大学出版社，2008.

[3] 王秀彦,高春娣 . 大学生心理适应指南 [M]. 北京：北京工业大学出版社，2010.

[4] 王文鹏,王冰蔚 . 高校学生心理健康教育与指导 [M]. 北京：清华大学出版社，2011.

[5] 刘晓明,杨平 . 大学生心理健康教育——体验 • 认知 • 训练 [M]. 北京：科学出版社，2009.

[6] 张将星,曾庆 . 大学生心理健康教育 [M]. 广州：暨南大学出版社，2013.

[7] 吴少怡 . 大学生人格教育 [M]. 济南：泰山出版社，2008.

[8] 臧平,张金明 . 大学生心理健康教育 [M]. 北京：高等教育出版社，2012.

[9] 杨雪梅,朱建军 . 大学生心理咨询与治疗案例解析 [M]. 北京：中央编译出版社，2011.

[10] 提摩西 • 威尔逊 . 最熟悉的陌生人：自我认知和潜能发现之旅 [M] . 段鑫星,等译 . 北京：人民邮电出版社，2014.

[11] 卡伦 • 达菲,伊斯特伍德 • 阿特沃特 . 心理学改变生活 [M]. 张莹,等译 .8 版 . 北京：世界图书出版公司北京公司，2006.

[12] 克里斯托夫 • 安德烈 . 自我评估：爱自己才能更好地与人相处 [M] . 徐牧,译 . 上海：上海人民出版社，2005.

[13] 弗雷德里克 • 方热 . 从自我苛求中解放出来 [M]. 周行,译 . 北京：生活书店出版有限公司，2016.

[14] 阿里斯 • 托马斯 . 快乐密码：心理测试 1000 问 [M]. 刘锦辉,等译 . 上海：百家出版社，2006.

[15] 简 • M. 腾格，W. 基斯 • 坎贝尔 . 自恋时代：现代人,你为何这么爱自己？[M]. 付金涛,译 . 南昌：江西人民出版社，2017.

[16] 布鲁纳 . 多变世界中的压力应对 [M]. 北京：高等教育出版社，2008.

[17] 卢海东 . 左手情商,右手逆商 [M]. 哈尔滨：哈尔滨出版社，2016.

[18] 冯江平 . 挫折心理学 [M]. 南昌：江西教育出版社，1991.

[19] 麦格劳 • 希尔编写组 . 妙趣横生的心理学 [M]. 王芳,等译 . 北京：人民邮电出版社，2013.

[20] 弗洛姆 . 爱的艺术 [M]. 北京：光明日报出版社，2006.

[21] 张晓 . 大学生恋爱心理面面观 [M]. 呼和浩特：内蒙古人民出版社，2003.

[22] 菲利普 • 津巴多 . 心理学与生活 [M]. 王垒,王甦,等译 . 北京：人民邮电出版社，2004.

[23] 郑日昌 . 大学生心理健康——自主与自助手册 [M]. 北京：高等教育出版社，2007.

[24] 理查德 • 格里格,菲利普 • 津巴多 . 心理学与生活 [M]. 北京：人民邮电出版社，2016.

[25] 戚炜颖 . 人格魅影：祛魅人格心理学 [M]. 北京：北京大学出版社，2007.

[26] 柳菁 . 菊花心语：生活中的心理咨询 [M]. 北京：北京大学出版社，2007.

[27] 郑雪 . 人格心理学 [M]. 广州：暨南大学出版社，2002.

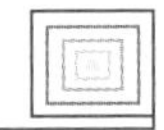

[28] 斯蒂芬•A. 米切尔，玛格丽特•J. 布莱克 . 弗洛伊德及其后继者——现代精神分析思想史 [M]. 陈祉妍，黄峥，沈东郁，译 . 北京：商务印书馆，2019.

[29] 方珏 . 阳光成长：高职大学生心理健康教育教程 [M]. 北京：高等教育出版社，2020.

[30] 盖瑞 • 查普曼 . 爱的五种语言 [M]. 王云良，等译 . 北京：中国轻工业出版社，1992.

[31] 张大均，吴明霞 . 大学生心理健康 [M]. 北京：清华大学出版社，2007.

[32] 段鑫星，程婧 . 大学生心理危机干预 [M]. 北京：科学出版社，2006.

[33] 黄希庭，郑涌 . 大学生心理健康教育 [M]. 上海：华东师范大学出版社，2020.

[34] 史蒂夫 • 鲍姆加德纳，玛丽 • 克罗瑟斯 . 积极心理学 [M]. 王彦，等译 . 上海：上海人民出版社，2021.

[35] 马丁 • 塞利格曼 . 持续的幸福 [M]. 赵昱坤，译 . 杭州：浙江人民出版社，2012.

[36] 王晓霞 . 象牙塔中的青春困惑——大学生心理咨询案例集 [M]. 长春：吉林大学出版社，2021.

[37] 熊秀兰 . 高职院校朋辈互助育人理论与实践研究 [M]. 南京：南京师范大学出版社，2017.

[38] 靳江丽，夏川生，杨淑芳 . 大学生心理健康指导 [M]. 北京：清华大学出版社，2020.

[39] 约翰 • 格雷 . 男人来自火星，女人来自金星：修炼亲密关系的方法 [M]. 周建华，杨晓贤，译 . 北京：中国友谊出版社，2018.

[40] 盖笑松 . 积极心理学 [M]. 上海：上海教育出版社，2020.

[41] 段鑫星，赵玲，李红娇 . 大学生心理健康教育 [M]. 北京：科学出版社，2017.

[42] 许素萍，吕冬诗 . 大学生朋辈心理辅导：交往 • 互助 • 成长 [M]. 北京：科学出版社，2020.

[43] 露西娅 • 卡帕基奥 . 释放内在的小孩：情绪的艺术疗愈 [M]. 黄珏苹，译 . 北京：中国人民大学出版社，2020.

[44] 露易丝 • 海 . 生命之重建 [M]. 闫翠翠，译 . 珠海：珠海出版社，2011.

[45] 朱永新 . 拓展生命长宽高 [M]. 北京：商务印书馆，2022.